Masa e Besimit

"Sepse, për hirin që më është dhënë, unë i them secilit prej jush të mos e vlerësojë veten më shumë se sa duhet ta çmojë, por të ketë një vlerësim të përkorë, sipas masës së besimit që Perëndia i ndau secilit."

(Romakëve 12:3)

Masa e Besimit

Dr. Xherok Li

Masa e Besimit nga Dr. Xherok Li
Publikuar nga Urim Books (Përfaqësuese: Kungtae Noh)
73, Yeouidaebang-ro 22-gil, Dongxhak-Gu, Seul, Koreja e Jugut.
www.urimbooks.com

Të gjitha të drejtat të rezervuara. Ky libër ose pjesë të tij nuk mund të riprodhohen në asnjë formë, të ruhen në ndonjë sistem kërkimi, të transmetohen në çfarëdo forme ose mjeti, elektronik, mekanik, fotokopjues, regjistrues ose mjet tjetër, pa miratimin paraprak me shkrim nga botuesi.

Përdorur me leje.
Citatet në shqip janë marrë nga Bibla e botuar nga A.B.S.

Të drejtat e autorit © 2016 nga Dr. Xherok Li
ISBN: 979-11-263-0105-8   03230
Të drejtat e autorit për përkthim © 2012 nga Dr. Ester K. Çung. Përdorur me leje.

Botuar më parë në gjuhën koreane në vitin 2002 nga Urim Books, Seul, Koreja e Jugut.

Botimi i parë, Maj 2016

Redaktor: Dr. Geumsun Vin
Dizajnuar nga Byroja e Redaktimit e Urim Books
Shtypur nga Prione Printing Company
Për më shumë informata, kontaktoni: urimbook@hotmail.com

Parathënie

Uroj që secili prej jush të arrijë të zotërojë besimin e të gjitha masave shpirtërore dhe të gëzojë lavdinë e përjetshme hyjnore në Jerusalemin e Ri në të cilin ndodhet froni i Perëndisë.

Botimi i fundit i publikuar *Mesazhi i Kryqit*, së bashku me botimin Masa e Besimit paraqesin themelin më të rëndësishëm për të jetuar një jetë të denjë të krishterë. Falënderoj dhe lavdëroj Atin Perëndi, i cili bekoi botimin e kësaj pune të çmueshme dhe bëri që mbretëria t'u zbulohej njerëzve të panumërt.

Sot, ka shumë njerëz që pohojnë se besojnë por nuk janë të sigurt për shpëtimin e tyre. Ata nuk e njohin masën e hirit dhe nuk e dinë se sa shumë hir duhet të kenë pranuar për të marrë shpëtimin. Njerëzit i thonë njëri-tjetrit "Ky njeri ka shumë besim" ose "Ky tjetri ka shumë pak besim." Megjithatë, nuk është e lehtë të dish se sa pret Zoti nga besimi yt ose të masësh sa i madh është besimi apo sa është rritur. Zoti nuk do që ne të kemi besim mishëror por besim shpirtëror të shoqëruar nga vepra. Njerëzve u është thënë të kenë besim mishëror duke dëgjuar e mësuar fjalën e Perëndisë, duke e memorizuar dhe duke e mbajtur atë si dije. Me vullnetin tonë ne nuk mund të arrijmë të kemi besim shpirtëror; por ky besim mund të arrihet vetëm nëpërmjet Perëndisë.

Prandaj Romakëve 12:3 na nxit, *"Sepse, për hirin që më është dhënë, unë i them secilit prej jush të mos e vlerësojë veten më shumë se sa duhet ta çmojë, por të ketë një vlerësim të përkorë, sipas masës së besimit që Perëndia i ndau secilit."* Ky varg na tregon se besimi shpirtëror i çdo personi është i dhënë nga Perëndia dhe përgjigjet e bekimet e Tij ndryshojnë në varësi të masës së besimit të çdo njeriu.

1 Gjonit 2:12 dhe vargjet e mëposhtme e përshkruajnë rritjen e besimit të një të krishteri sipas hapave të besimit të një foshnje, fëmije, të një të riu dhe të etërve. Tek e 1 Korintasve 15:41 lexojmë, *"Tjetër është lavdia e diellit dhe tjetër lavdia e hënës dhe tjetër lavdia e yjeve; sepse ndryshon në lavdi ylli nga ylli."* Ky pasazh na kujton se banesa në vendet qiellore dhe lavdia e çdo personi janë të ndryshme, në varësi të besimit të tij ose të saj. Është e rëndësishme të shpëtohesh dhe të shkosh në parajsë, por është edhe më e rëndësishme të dish se në cilin vend banimi do të hysh në qiell dhe ç'lloj kurore e shpërblimi do të marrësh.

Perëndia i dashurisë dëshiron që fëmijët e tij të rriten e të arrijnë masën e plotë të besimit duke pritur hyrjen në Jerusalemin e Ri ku ndodhet froni i Tij, dhe Ai të jetojnë me ta përgjithmonë.

Në përputhje me zemrën e Perëndisë dhe mësimet e Fjalës,

libri *Masa e Besimit* shpjegon pesë nivele të besimit dhe të mbretërisë së qiellit dhe i ndihmon lexuesit të masin nivelet e tij ose të saj të besimit. Masa e besimit dhe banimi në vendet e mbretërisë qiellore mund të ndahen në më shumë se pesë nivele, por kjo është shpjeguar në pesë nivele në mënyrë që të ndihmojë lexuesin ta kuptojë më lehtë. Shpresoj që ti të mund të përparosh vrullshëm drejt parajsës duke e krahasuar masën e besimit tënd me të parët e besimit në Bibël.

Vite më parë, jam lutur të merrja zbulimin e disa vargjeve në Bibël të cilat ishin të vështira për t'u kuptuar. Kështu, një ditë Perëndia filloi të më shpjegonte se mbretëria e qiellit është e ndarë dhe se banesat qiellore që janë dhënë për secilin nga fëmijët e Tij përcaktohen në bazë të masës së besimit të tyre.

Më pas predikova për vendet qiellore dhe masën e besimit. Këtë mesazh e hodha në letër dhe më pas e botova. Falënderoj drejtorin Geumsun Vin, dhe shumë punëtorë besnikë që punuan për botimin. Gjithashtu u jap falënderime edhe zyrës së përkthimit.

Uroj që çdo lexues i librit *Masa e Besimit* të arrijë masën e plotë të besimit, besimin e shpirtit të plotë dhe të gëzojë lavdinë e përjetshme të Jerusalemit të Ri në të cilin qëndron froni i Perëndisë, për këtë lutem në emër të Jezus Krishtit!

Xherok Li

Hyrje

Shpresoj që ky libër do të jetë një udhëheqje e paçmueshme në matjen e besimit të çdo individi, dhe të udhëheqë njerëz të panumërt në masën e besimit që kënaq Perëndinë.

Libri *Masa e Besimit* analizon pesë nivelet e besimit duke filluar nga masa e besimit të foshnjave shpirtërore që sapo e kanë pranuar Jezus Krishtin dhe kanë marrë Frymën e Shenjtë, e deri te masa e besimit të etërve të cilët e njohën Perëndinë, Atë që është nga fillimi. Nëpërmjet kësaj vepre, çdokush mund të kuptojë masën e besimit të tij ose të saj.

Kapitulli 1, "Çfarë është besimi?" përkufizon besimin dhe shtjellon modelin e besimit që kënaq Zotin dhe llojet e përgjigjeve e bekimeve që pasohen nga besimi i pranueshëm nga Zoti. Bibla e klasifikon besimin në dy lloje: "besim mishëror" ose "besimi si njohuri," dhe "besimi shpirtëror." Ky kapitull na tregon sesi të kemi besim shpirtëror dhe të jetojmë një jetë të bekuar në Krishtin.

Duke u bazuar kryesisht te 1 Gjonit 2:12-14, Kapitulli 2, "Rritja e besimit shpirtëror," përshkruan procesin e rritjes së besimit shpirtëror duke e krahasuar atë me rritjen e një qenieje njerëzore që nga foshnjëria, fëmijëria, rinia, deri tek pjekuria. Me fjalë të tjera, pasi pranon Jezus Krishtin, njeriu rritet shpirtërisht në besimin e tij, nga besimi i një foshnje në atë të një të rrituri.

Në Kapitullin 3, "Masa e besimit të secilit," masa e besimit që ka çdo individ shpjegohet me shëmbëlltyrën e asaj që lënë pas sprovave të zjarrit besimi prej kashte, argjendi dhe ari. Perëndia dëshiron që ne të arrijmë besimin e arit, vepra e të cilit asnjëherë nuk digjet në asnjë lloj sprove prej zjarri.

Kapitulli 4, "Besimi për të marrë shpëtimin," shpjegon masën më të ulët të besimit – i pari nga pesë nivelet e besimit. Me këtë lloj besimi, njeriu merr një shpëtim të turpshëm. Kjo masë e besimit gjithashtu është quajtur, "besimi i foshnjave" ose "besimi i kashtës." Përmes shembujve të hollësishëm, kapitulli 4 na nxit që të rrisim sa më shpejt besimin tonë.

Në Kapitullin 5, "Besimi për të provuar të jetosh sipas Fjalës," na tregohet se si ne duhet të arrijmë nivelin e dytë të besimit kur përpiqemi t'i bindemi Fjalës, por nuk mund ta realizojmë, dhe kemi shumë vështirësi në mbajtjen e fortë të besimit. Ky kapitull gjithashtu na mëson se si ta avancojmë besimin tonë në nivelin e tretë të besimit.

Kapitulli 6, "Besimi për të jetuar sipas Fjalës," shqyrton procesin e shkurtër ku fillon besimi në nivelin e tij të parë, e më pas rritet në nivelin e dytë, duke vazhduar në fazën e parë të nivelit të tretë, dhe rritet në shkëmbin e besimit në të cilin do të keni arritur më shumë se 60% të nivelit të tretë të besimit. Ky kapitull shpjegon edhe ndryshimin mes fazës së parë të nivelit të tretë dhe shkëmbit të besimit, pse nuk duhet të ndjehemi të rënduar kur qëndrojmë të fortë në shkëmbin e besimit, dhe rëndësinë e luftës kundër mëkatit deri në atë pikën e derdhjes së gjakut.

Kapitulli 7, "Besim për të dashur Zotin në nivelin më të lartë," shpjegon disa nga dallimet midis njerëzve të nivelit të tretë të besimit dhe atyre të nivelit të katërt duke krahasuar se si ata duan Zotin, dhe shqyrton llojet e bekimeve që vijnë mbi ata që e duan Zotin në shkallën më të lartë.

Kapitulli 8, "Besimi për të kënaqur Perëndinë," shpjegon nivelin e pestë të besimit. Ky kapitulli na tregon se për të arritur në nivelin e pestë, jo vetëm që duhet të shenjtërojmë veten tonë si Enoku, Elia, Abrahami, apo Moisiu, por duhet të jemi besnik në të gjithë shtëpinë e Perëndisë duke i zbatuar të gjitha detyrat e dhëna nga Perëndia. Ne duhet të jemi gjithashtu të përsosur deri në atë pike sa të japim jetën tonë për Zotin dhe të kemi besimin e Krishtit, besimin e plotë të frymës. Në fund, ky kapitull shtjellon llojet e bekimeve që mund të shijojmë kur e kënaqim Perëndinë në nivelin e pestë të besimit.

Kapitulli 9, "Shenjat që i shoqërojnë ata që kanë besuar," na tregon se kur ne arrijmë besimin e përsosur, besimi ynë shoqërohet nga shenja mrekullish. Gjithashtu, sipas premtimit të Jezusit tek Marku 16:17-18, kapitulli i shqyrton hollësisht këto shenja një nga një. Në këtë kapitull, autori thekson se një predikues duhet të shpallë mesazhe të fuqishme që shoqërohen nga shenja mrekullie dhe duhet të dëshmojë Perëndinë e gjallë me anë të këtyre mrekullive, t'u japë besim të madh njerëzve të panumërt në një kohë në të cilën bota është mbushur me mëkat dhe ligësi.

Në fund, Kapitulli 10, "Kurora dhe banesa të ndryshme qiellore," tregon se mbretëria e qiejve ka një numër të madh banesash, ku çdokush mund të hyjë nëpërmjet besimit në banesat më të mira, ku lavdia dhe shpërblimet janë shumë të ndryshme nga një mbretëri qiellore në tjetrën. Në veçanti, për të ndihmuar lexuesit që të vrapojnë drejt banesës më të mirë me shpresë dhe besim për parajsën, ky kapitull mbyllet duke përshkruar shkurtimisht bukurinë dhe mrekullinë e Jerusalemit të Ri në të cilin ndodhet froni i Perëndisë.

Nëse kuptojmë se ka ndryshime të mëdha në vendet qiellore dhe shpërblime të ndryshme sipas masës së besimit të secilit, sjellja e njeriut në jetën e tij në Krishtin padyshim që do të jetë plotësisht e transformuar.

Unë shpresoj që çdo lexues i librit *Masa e Besimit* të zotëroj llojin e besimit që kënaq Zotin, të marrë çfarëdo që t'i kërkojë Zotit dhe ta lavdërojë Atë madhërisht.

Geumsun Vin
Drejtor i Zyrës Botuese

Përmbajtja

Parathënie

Hyrje

Kapitulli 1
{ Çfarë është besimi? } • 1

1. Përkufizimi i besimit që Perëndia pranon
2. Fuqia e besimit nuk njeh kufij
3. Besimi mishëror dhe besimi shpirtëror
4. Të kesh besim shpirtëror

Kapitulli 2
{ Rritja e besimit shpirtëror } • 27

1. Besimi i foshnjave
2. Besimi i fëmijëve
3. Besimi i të rinjve
4. Besimi i etërve

Kapitulli 3
{ Masa e besimit të secilit } • 43

1. Masa e besimit të dhënë nga Perëndia
2. Besimi i gjithsecilit ka masë të ndryshme
3. Masa e besimit e sprovuar me zjarr

Kapitulli 4
{ Besimi për të marrë shpëtimin } • 59

1. Niveli i parë i besimit
2. A e ke marrë Frymën e Shenjtë?
3. Besimi i kriminelit që u pendua
4. Mos e shuaj Frymën e Shenjtë
5. A ishte shpëtuar Adami?

Kapitulli 5
{ Besimi për të provuar të jetosh sipas Fjalës } • 73

1. Niveli i dytë i besimit
2. Etapa më e vështirë e jetës në besim
3. Besimi i izraelitëve gjatë Eksodit
4. Vetëm nëse beson dhe bindesh
5. Të krishterët e papjekur dhe të krishterët e pjekur

Kapitulli 6
{ Besimi për të jetuar sipas Fjalës } • 93

1. Niveli i tretë i besimit
2. Derisa të arrijmë shkëmbin e besimit
3. Duke luftuar kundër mëkatit deri në derdhjen e gjakut

Kapitulli 7
{ Besimi për të dashur Zotin në nivelin më të lartë } • 119

1. Niveli i katërt i besimit
2. Shpirti yt ka mbarësi
3. Ta duash Perëndinë pa kushte
4. Ta duash Perëndinë mbi çdo gjë tjetër

Kapitulli 8
{ Besimi për të kënaqur Perëndinë } • 153

1. Niveli i pestë i besimit
2. Besimi për të sakrifikuar vetë jetën tënde
3. Besimi për të manifestuar shenja dhe mrekulli
4. Të jesh besnik në tërë shtëpinë e Perëndisë

Kapitulli 9
{ Shenjat që i shoqërojnë ata që kanë besuar } • 185

1. Dëbimi i demonëve
2. Të folurit në gjuhë të reja
3. Kapja me dorë e gjarpërinjve
4. Asnjë helm vdekjeprurës nuk do t'ju dëmtojë
5. Të sëmurët shërohen kur vini duart tuaja mbi ta

Kapitulli 10
{ Kurora dhe banesa të ndryshme qiellore } • 207

1. Parajsa e zotëruar vetëm me anë të besimit
2. Mbretëria e qiejve ka pësuar dhunë
3. Kurora dhe banesa të ndryshme qiellore

Kapitulli 1

Çfarë është besimi?

1
Përkufizimi i besimit që Perëndia pranon

2
Fuqia e besimit nuk njeh kufij

3
Besimi mishëror dhe besimi shpirtëror

4
Të kesh besim shpirtëror

"Dhe besimi është siguria e gjërave që shpresohen, tregim i gjërave që nuk shihen; sepse me anë të tij të moçmit morën dëshmimin. Me anë të besimit ne kuptojmë se bota është ndërtuar me fjalën e Perëndisë, sa që ato që shihen nuk u bënë prej gjërave që shihen"
(Hebrenjve 11:1-3).

Në Bibël shpesh mund të gjejmë që ka ndodhur ajo të cilën ne nuk e mendonim se mund të ndodhte dhe ajo që dukej e pamundur për fuqinë e njeriut ishte përmbushur nëpërmjet fuqisë së Perëndisë. Moisiu udhëhoqi izraelitët përmes detit të Kuq, duke e ndarë detin në mes, dhe ata e kaluan atë si të ecnin mbi tokë të tharë. Jozueu e shkatërroi qytetin e Xherikos duke marshuar 30 herë rreth tij. Përmes lutjes së Elias qielli dha shi pas tre vjet e gjysmë thatësie. Pjetri bëri të ecte një person të lindur sakat, ndërsa apostulli Pal ringjalli një djalosh nga vdekja pasi që kishte rënë nga kati i tretë. Jezusi eci mbi ujë, qetësoi stuhinë dhe dallgët, bëri që i verbëri të shihte dhe ringjalli një njeri që kishte qenë i varrosur prej katër ditësh.

Fuqia e besimit është e pamasë dhe me anë të saj çdo gjë është e mundur. Siç na thotë Jezusi tek Marku 9:23, "Nëse ti mund të besosh, çdo gjë është e mundshme për atë që beson," mund të marrësh çfarëdo që të kërkosh nëse ke një besim që është i pranueshëm tek Perëndia.

Atëherë cilin lloj të besimit e pranon Perëndia dhe si mund ta zotërojmë atë?

1. Përkufizimi i besimit që Perëndia pranon

Shumë njerëz sot pretendojnë se besojnë në Zotin e

plotfuqishëm, por ata nuk i marrin përgjigjet e Tij në lutjet e tyre pasi nuk kanë besim të vërtetë. Hebrenjtë 11:6 thotë, *"Edhe pa besim është e pamundur t'i pëlqesh Atij, sepse ai që i afrohet Perëndisë duhet të besojë se Perëndia është, dhe se është shpërblenjësi i atyre që e kërkojnë atë."* Zoti na tregon qartë që ne mund t'i pëlqejmë Atij vetëm me besim të vërtetë.

Asgjë nuk është pamundur nëse ke besim të përsosur. Besimi është themeli i një jete të denjë të krishterë dhe çelësi i përgjigjeve dhe bekimeve të Perëndisë. Por, ka shumë njerëz që nuk mund t'i gëzojnë bekimet e Tij ose të marrin shpëtimin pasi nuk e dinë ose nuk e kanë besimin e vërtetë.

Besimi është substanca e gjërave që shpresojmë dhe prova e gjërave që nuk shihen.

Atëherë, cilin lloj të besimit e pranon Zoti? Fjalori kolegjial *New World i Webster* e përkufizon "besimin" si "besim i patundur që nuk kërkon prova ose dëshmi," ose "besim i padyshimtë në Zotin, doktrinën fetare, etj." Besimi në greqisht është pistos, fjalë e cila do të thotë "të jesh i fortë ose besnik." Besimi është shpjeguar tek Hebrenjtë 11:1 si vijon, *"Dhe besimi është siguria e gjërave që shpresohen, tregim i gjërave që nuk shihen."*

"Siguria e gjërave që shpresohen" i referohet "asaj që shpresojmë të shfaqet si realitet pasi ne jemi të sigurt sikur të ishte e realizuar." P.sh, çfarë dëshiron më shumë një i sëmurë që ka dhimbje të mëdha? Natyrisht, dëshira e tij është të shërohet nga sëmundja e të ketë shëndet të mirë, dhe për të qenë i sigurt për shërimin duhet të ketë besim të mjaftueshëm. Me fjalë të tjera, shëndeti i mirë apo shërimi bëhet realitet për të nëse ai ka besim të përsosur.

Më pas, "Siguria e gjërave që nuk shihen" u referohet elementëve dhe çështjeve për të cilat ne jemi, me besim shpirtëror, të sigurt edhe aty ku jo çdo gjë është e dukshme me syrin tonë të lirë.

Për këtë, besimi ju mundëson të besoni se Perëndia krijoi gjithçka nga asgjëja. Paraardhësit e besimit e pranuan "sigurinë e asaj që shpresonin" si realitet me besim, dhe "bindjen ndaj asaj që nuk panë" si një objekt e ngjarje të prekshme. Në këtë mënyrë, ata përjetuan fuqinë e Perëndisë i cili krijon diçka nga asgjëja.

Ashtu siç bënë paraardhësit e besimit, ata që besojnë se Perëndia i krijoi të gjitha gjërat nga asgjëja janë në gjendje të besojnë se Ai, nëpërmjet Fjalës së Tij, krijoi në fillim gjithçka në qiell dhe mbi tokë. Është e vërtetë se askush nuk ka dëshmuar me sytë e tij krijimin e qiellit dhe tokës, pasi ky krijim u bë para se të krijohej njeriu. Por njerëzit me besim kurrë nuk dyshojnë se ishte Perëndia Ai që i krijoi të gjitha gjërat nga asgjëja, pasi ata e besojnë këtë gjë.

Për këtë Hebrenjtë 11:3 na kujton që me anë të besimit ne kuptojmë se bota ishte përgatitur nga Fjala e Perëndisë, prandaj ajo që shihet nuk u bë nga gjërat që shihen. Kur Zoti tha, "Le të bëhet drita," drita u bë (Zanafilla 1:3). Kur Zoti tha, *"Të mbijë toka gjelbërimin, barërat të nxjerrin farë dhe drurët frutore të japin në tokë një fryt që të përmbajë farën e tij, secili sipas llojit të tij,"* gjithçka u bë ashtu siç Zoti e urdhëroi (Zanafilla 1:11).

Gjithçka në univers që shohim me sytë tanë nuk u krijua nga

gjërat e dukshme. Megjithatë, shumë njerëz mendojnë se gjithçka u krijua nga gjëra të dukshme, por nuk besojnë se Perëndia i krijoi ato nga asgjëja. Këta njerëz kurrë nuk kanë mësuar, parë, apo dëgjuar që nga asgjëja mund të krijohet diçka.

Veprat e bindjes janë prova të besimit

Për të shpresuar atë që nuk është e mundur dhe për ta kthyer atë në realitet ju duhet të keni provën e besimit që pranon Perëndia. Me fjalë të tjera, ju duhet të tregoni provën e bindjes ndaj fjalës së Perëndisë sepse besoni në fjalën e Tij. Hebrenjve 11:4-7 përmend paraardhësit e besimit të cilët u deklaruan të drejtë nëpërmjet besimit të tyre sepse kishin shfaqur prova të dukshme të besimit. Abeli u lavdërua si njeri i drejtë sepse i ofroi Perëndisë sakrificën e gjakut, sakrificë e pranueshme tek Perëndia. Enoku u lavdërua si njeri që kënaqi Perëndinë duke iu shenjtëruar atij plotësisht; dhe Noeu u bë trashëgimtari i tyre duke ndërtuar arkën e shpëtimit me besim.

Le të shqyrtojmë historinë e Kainit dhe Abelit tek Zanafilla 4:1-15, në mënyrë që të kuptojmë besimin e vërtetë që është i pranueshëm nga Perëndia. Kaini dhe Abeli ishin bijtë e lindur nga Adami dhe Eva pas largimit nga Kopshti i Edenit për shkak të mosbindjes ndaj urdhrit të Perëndisë, *"Mos ha nga pema e njohjes të së mirës dhe të së keqes"* (Zanafilla 2:16-17).

Adami dhe Eva u penduan për mosbindjen e tyre sepse përjetuan dhimbjen e shkaktuar nga puna e rëndë e jetesës që duhet të fitonin me djersën e ballit dhe dhimbjet e mëdha gjatë lindjes në tokën e mallkuar. Adami dhe Eva u mësuan me zell fëmijëve të tyre rëndësinë e bindjes. Ata me siguri i kanë mësuar

Kainin dhe Abelin se duhej të jetonin sipas fjalës së Perëndisë, dhe duke u theksuar që të mos i shmangeshin kurrë bindjes së urdhrave të Tij.

Për më tepër, prindërit duhet t'u kenë thënë fëmijëve të tyre që duhet të flijonin kafshë dhe t'i jepnin Perëndisë flijimin e gjakut për faljen e mëkateve. Pas një kohe të gjatë, Kaini e tradhtoi Perëndinë ashtu siç kishte bërë e ëma e tij Eva, e cila nuk iu bind fjalës së Perëndisë.

Kaini ishte një bujk dhe ofertat e tij ishin drithërat e tokës, sipas mënyrës që ai pa të përshtatshme. Por, Abeli ishte bari dhe ofroi të parëlindurin e tufës dhe pjesën e tij të majme, ashtu siç e kishte urdhëruar Perëndia nëpërmjet prindërve të tij. Perëndia e pranoi sakrificën e Abelit por jo të Kainit i cili nuk iu bind urdhërimeve të tij. Si rezultat, Abeli u lavdërua si një njeri i drejtë (Hebrenjve 11:4). Historia e Kainit dhe Abelit na mëson se Perëndia të mëson poashtu miraton me të njëjtën masë që ti beson dhe i bindesh fjalës së Tij; edhe shembulli i Moisiut dhe Enokut e dëshmon këtë fakt.

Prova e besimit është vepra e bindjes. Prandaj, duhet të mbani mend që Perëndia të miraton dhe të siguron kur ti i shfaq Atij provat e besimit duke iu bindur fjalës së Tij me vepra gjatë gjithë kohës, dhe përpiqesh t'i bindesh Atij në çdo lloj rrethane.

Besimi sjell përgjigje dhe bekime

Pra, për të filluar nga "ajo që shpreson" me anë të besimit për të arritur "thelbin e asaj që ke shpresuar," duhet të ndjekësh rrugën e fjalës së Perëndisë. Nëse nuk ndiqni rrugën e Perëndisë, duke vepruar si Kaini i cili u largua prej Tij dhe humbi në tokën ku gjithçka prodhohet me vështirësi, nuk mund të merrni përgjigje dhe bekimet e Perëndisë sipas ligjit të mbretërisë shpirtërore.

Hebrenjve 11:8-19 na tregon në mënyrë të detajuar për Abrahamin i cili shfaqi veprat e tij të bindjes ndaj fjalës së Perëndisë si provë të besimit të tij. Ai u largua nga vendi i tij me besim ashtu siç e kishte urdhëruar Perëndia. Madje, kur Perëndia i tha të sakrifikonte për Të të vetmin bir të dashur, Isakun, të cilin Ai ia kishte dhënë në moshën 100 vjeçare, Abrahami iu bind menjëherë pasi ai mendonte se Perëndia do të ishte në gjendje ta ringjallte birin e tij nga vdekja. Ai kishte marrë bekime e përgjigje të mrekullueshme sepse besimi i tij ishte miratuar nëpërmjet veprave të tij të bindjes.

> *"Engjëlli i Zotit e thirri për të dytën herë Abrahamin nga qielli dhe tha: Unë betohem për veten time, thotë Zoti, se ti e bëre këtë dhe nuk kurseve tët bir, të vetmin bir që ke, unë me siguri do të të bekoj fort dhe do të shumoj pasardhësit e tu si yjet e qiellit dhe si rëra që ndodhet në brigjet e detit dhe trashëgimtarët e tu do të zotërojnë portat e armiqve të tij. Dhe tërë kombet e tokës do të bekohen të pasardhësit e tu, sepse ti iu binde zërit tim"* (Zanafilla 22:15-18).

Gjithashtu, te Zanafilla 24:1 shohim që *"Abrahami ishte tashmë plak dhe ishte në moshë të kaluar; dhe Zoti e kishte bekuar Abrahamin në çdo gjë."* Jakobi 2:23 na kujton gjithashtu, *"Kështu u përmbush Shkrimi, që thotë: 'Edhe Abrahami i besoi Perëndisë, dhe kjo iu numërua për drejtësi;*

dhe u quajt miku i Perëndisë.'"

Mbi të gjitha, Abrahami u bekua shumë në çdo gjë sepse i besoi Perëndisë që është në kontroll të jetës dhe vdekjes, bekimeve dhe mallkimeve, dhe çdo gjë i përkushtohet Atij. Në të njëjtën mënyrë, edhe ti mund të shijosh bekimet e Perëndisë në të gjitha mënyrat dhe mund të marrësh përgjigje të çfarëdo gjëje që i kërkon Perëndisë nëse kupton përkufizimin e vërtetë të besimit dhe nëse tregon prova të besimit tënd nëpërmjet veprave të përsosura të bindjes, ashtu siç veproi Abrahami shumë herë.

2. Fuqia e besimit nuk njeh kufi

Me anë të besimit mund të kesh bashkësi me Perëndinë pasi besimi është si porta e parë e mbretërisë shpirtërore në botën katër-dimensionale. Vetëm kur kalon përmes portës se parë ju hapen veshët shpirtërorë që të mund të dëgjoni fjalën e Perëndisë dhe ju hapen sytë e shpirtëror për të parë mbretërinë shpirtërore.

Si rezultat, ti do të jetosh me anë të fjalës së Perëndisë, do të marrësh çfarëdo që do të kërkosh me besim dhe do të jetosh me gëzim dhe paqe për mbretërinë e qiellit. Kur zemra të jetë e mbushur me gëzim dhe falënderim dhe kur në jetën tënde të rrjedhë shpresa për parajsën, ti do ta duash Perëndinë mbi çdo gjë tjetër dhe do ta kënaqësh Atë. Atëherë, bota nuk do të vlejë më për ty dhe besimin tënd pasi ti jo vetëm që do të jesh dëshmitari i Perëndisë me fuqinë që të është dhënë nga Fryma e Shenjtë, por do të jesh edhe besnik deri në vdekje, dhe do ta duash Perëndinë me gjithë jetën tënde, ashtu si apostulli Pal.

Bota nuk është e denjë për fuqinë e besimit

Në përshkrimin e fuqisë së besimit, Hebrenjve 11:32-38 ilustron besimin e paraardhësve si më poshtë,

"Dhe ç'të them më? Sepse nuk do të më mjaftonte koha, po të doja të tregoja për Jedeonin, Barakun, Sansonin, Jeftin, Davidin, Samuelin dhe për profetët, të cilët, me anë të besimit nënshtruan mbretëri, realizuan drejtësinë, arritën ato që u premtuan, ua zunë grykën luanëve, fikën fuqinë e zjarrit, shpëtuan nga tehu i shpatës, nga të dobët u bënë të fuqishëm, u bënë të fortë në betejë, thyen ushtritë e huaja. Gratë morën të vdekurit e tyre me anë të ringjalljes; e të tjerët u torturuan, sepse nuk pranuan çlirimin, për të fituar një ringjallje më të mirë. Dhe të tjerë hoqën përqeshje dhe goditje, madje edhe pranga dhe burgime. U vranë me gurë, me sharrë, u prenë, u vranë nga shpata, u endën të mbuluar me lëkurë dhensh e dhish, nevojtarë, të pikëlluar, të keqtrajtuar (bota nuk ishte e denjë për ta), u sollën nëpër shkretëtira e nëpër male, nëpër shpella dhe nëpër guva të dheut."

Njerëzit, për besimin e të cilëve bota nuk është e denjë, mund të dorëzojnë jo vetëm nderin dhe pasuritë e tyre tokësore por edhe jetët e tyre. Ashtu si lexojmë tek 1 Gjonit 4:18, *"Në dashuri nuk ka frikë, madje dashuria e përsosur e nxjerr jashtë frikën, sepse frika ka të bëjë me ndëshkimin, dhe ai që ka frikë nuk është i përsosur në dashuri,"* frika do të largohet në bazë të masës së dashurisë tënde.

Ajo që është e pamundur me fuqinë e njeriut është e mundur me fuqinë e Perëndisë. Një nga profetët e Tij, Elia, i dëshmoi Perëndisë se gjallë duke zbritur zjarr nga qielli. Eliseu e shpëtoi vendin e tij duke zbuluar, në frymëzimin e Frymës së Shenjtë, se ku ndodhej kampi i armikut ndërsa Danieli mbijetoi në gropën e luanëve të uritur.

Gjatë kohës së Dhiatës së Re, shumë njerëz dhanë jetën për ungjillin e Perëndisë. Jakobi, një nga dymbëdhjetë dishepujt e Jezusit, Zotit tonë, u bë martiri i parë midis atyre që u vranë me shpatë. Pjetri, udhëheqësi i dishepujve të Jezus Krishtit, u kryqëzua me kokë poshtë. Me dashurinë e tij të madhe për Perëndinë, apostulli Pal ishte i lumtur dhe mirënjohës ndaj Perëndisë, madje edhe në qelinë e burgut, ndonëse kishte qenë pranë vdekjes dhe ishte rrahur shumë herë. Në fund atij iu pre koka dhe u bë një martir i madh për Perëndinë.

Besimtarë krishterë të panumërt u shqyen nga luanët në Kolose, në Romë, ose ju desh të jetonin në katakombe pa parë dritën e diellit derisa vdiqën, për shkak të persekutimit të rreptë nga perandoria Romake. Apostulli Pal u mbajt fort në besimin e tij në çdo lloj rrethane dhe e mundi botën me një besim të madh. Si rrjedhim ai rrëfen, *"Kush do të na ndajë nga dashuria e Krishtit? Pikëllimi, a ngushtica, a përndjekja, a uria, a të zhveshurit, a rreziku, a shpata?"* (Romakëve 8:35)

Besimi i jep përgjigje çdo lloj problemi

Gjatë një episodi, Jezusi pa besimin e një të paralizuari dhe të shokëve të tij dhe i tha atij tek Marku 2, *"O bir, mëkatet e tua të janë falur,"* (v. 5) dhe i paralizuari u shërua menjëherë. Kur njerëzit dëgjuan që Jezusi ishte në Kapernaum, shumë u mblodhën dhe nuk kishte më vend madje as jashtë derës. I paralizuari, i mbajtur nga katër shokët e tij nuk mund të vinte për të takuar Jezusin për shkak të turmës, kështu që shokët e tij bënë një vrimë mbi çatinë ku ishte Jezusi dhe pasi e hapën atë, ulën vigun në të cilin ishte shtrirë shoku i tyre i paralizuar. Jezusi e konsideroi veprimin e tyre si shenjë besimi dhe e fali të paralizuarin nga mëkatet e tij duke i thënë, *"O bir, mëkatet e tua të janë falur"* (v. 5).

Por, disa mësues të ligjit të ulur aty ishin skeptikë dhe mendonin, *"Pse vallë ky po flet blasfemi. Kush mund të falë mëkatet, veç Perëndisë vetë?"* (v. 7) Jezusi u tha atyre,

"Por Jezusi, i cili menjëherë kuptoi në frymën e vet se ata po i mendonin këto gjëra në veten e tyre, u tha atyre: Pse i mendoni këto gjëra në zemrat tuaja? Çfarë është më lehtë: t'i thuash të paralizuarit: 'Mëkatet e tua të janë falur,' apo t'i thuash: 'Çohu, merre vigun tënd dhe ec?'" (Marku 2:8-9)

Atëherë Jezusi e urdhëroi të paralizuarin, *"Çohu, merre vigun tënd dhe shko në shtëpinë tënde"* (v. 11). Njeriu i cili kishte qenë i paralizuar, u ngrit në këmbë, mori vigun dhe doli jashtë shtëpisë duke u parë nga të gjithë njerëzit përreth shtëpisë. Ata u habitën dhe duke lavdëruar Perëndinë thoshin; *"Një gjë të tillë s'e kemi parë kurrë!"* (v. 12)

Ky tregim i vërtetë na tregon se të gjitha problemet e jetës mund të zgjidhen kur na falen mëkatet me anë të besimit. Kjo ndodh sepse 2000 vite më parë, Jezusi, Shpëtimtari ynë, hapi udhën e shpëtimit duke na shpenguar nga të gjitha llojet e problemeve të jetës siç janë mëkati, vdekja, varfëria, sëmundjet, dhe të tjera, (për më shumë ju lutem referohuni tek *Mesazhi i Kryqit*).

Ju mund të merrni çfarëdo që kërkoni nëse ju janë falur mëkatet dhe nëse ju është falur që nuk keni jetuar nëpërmjet Fjalës së Perëndisë. Ai premton tek 1 Gjonit 3:21-22, *"Shumë të dashur, nëse zemra jonë nuk na dënon, kemi siguri para Perëndisë; dhe ç'të kërkojmë, e marrim nga ai, sepse zbatojmë urdhërimet e tij dhe bëjmë gjërat që janë të pëlqyera prej tij."* Në këtë mënyrë, njerëzit që nuk kanë mure mëkati mes tyre dhe Perëndisë mund t'i kërkojnë Atij me guxim dhe mund të marrin çdo gjë që kanë kërkuar.

Si pasojë, tek Mateu 6, Jezusi thekson se ju nuk duhet të shqetësoheni për atë që do të vishni, për atë që do të hani, dhe se ku do të jetoni, por në vend të këtyre gjërave duhet të kërkoni më parë drejtësinë e mbretërinë e Tij.

> *"Prandaj po ju them: mos u shqetësoni për jetën tuaj, për atë që do të hani ose do të pini, as për trupin tuaj, për atë që do të vishni. A nuk është vallë jeta më me vlerë se ushqimi dhe trupi më me vlerë se veshja? Vini re zogjtë e qiellit: ata nuk mbjellin, nuk korrin dhe nuk mbledhin në hambarë; megjithatë Ati juaj qiellor i ushqen. A nuk vleni ju shumë më tepër se sa ata? Dhe cili nga ju, me gjithë kujdesin e tij, mund t'i shtojë*

shtatit të tij qoftë edhe një kubit të vetëm? Pse shqetësoheni për veshjen tuaj? Vini re si rriten zambakët e fushës: ata nuk lodhen dhe nuk tjerrin; dhe unë, pra, po ju them se Solomoni vetë, me gjithë lavdinë e tij, nuk ishte veshur si ndonjë nga ata. Tani nëse Perëndia e vesh kështu barin e fushës, që sot është dhe nesër hidhet në furrë, vallë nuk do t'ju veshë shumë më tepër ju, njerëz besimpakë? Mos u shqetësoni, pra duke thënë: 'Çfarë do të hamë ose çfarë do të pimë, ose me çfarë do të vishemi?' Sepse janë paganët ata që kërkojnë të gjitha këto gjëra; Ati juaj qiellor, pra, e di mirë se ju keni nevojë për të gjitha këto gjëra. Por para së gjithash kërkoni mbretërinë e Perëndisë dhe drejtësinë e tij dhe të gjitha këto gjëra do t'ju shtohen" (Mateu 6:25-33).

Nëse beson me të vërtetë në Fjalën e Perëndisë, në fillim do të kërkosh mbretërinë dhe drejtësinë e Tij. Premtimet e Perëndisë janë të besueshme si çeqe të garantuara dhe Ai i shton të gjitha gjërat që ke nevojë në varësi të premtimeve të Tij, që ti jo vetëm të marrësh shpëtimin dhe jetën e përjetshme por edhe të kesh begati në çdo gjë që bën në këtë jetë.

Besimi madje kontrollon fenomenet natyrore

Nga Mateu 8:23-27 mësojmë rreth fuqisë së besimit e cila të mbron nga çdo lloj moti apo klime e rrezikshme dhe të mundëson t'i kontrollosh ato. Është e vërtetë, të gjitha gjërat janë të mundshme me anë të besimit.

"Dhe mbasi ai hipi në barkë, dishepujt e tij e ndiqnin. Dhe ja, që u ngrit në det një stuhi aq e madhe, sa valët po e mbulonin barkën, por ai flinte. Dhe dishepujt e tij iu afruan dhe e zgjuan duke i thënë: 'O Zot, na shpëto, në po mbarojmë!' Por ai u tha atyre: 'Pse keni frikë, o njerëz besimpakë?' Dhe, pasi u ngrit, qortoi erërat dhe detin, dhe u bë bunacë e madhe. Atëherë njerëzit u mrekulluan dhe thoshin: 'Kush është ky, të cilit po i binden deti dhe erërat?'"

Kjo histori na tregon se nuk duhet t'i trembemi asnjë stuhie të furishme ose dallge por madje mund t'i kontrollojmë këto dukuri natyrore vetëm nëse kemi besim. Nëse përjetojmë forcën e fuqishme të besimit që mund të kontrollojë motin dhe klimën, ne duhet ta arrijmë sigurinë e plotë të besimit siç ishte ajo e Jezusit, ku të gjitha gjërat janë të mundshme. Ja pse Hebrenjtë 10:22 na këshillon, *"Le t'i afrohemi me zemër të vërtetë, me siguri të plotë besimi, duke i pasur zemrat tona të lara prej ndërgjegjes së ligë dhe trupin të larë me ujë të kulluar."*

Bibla na tregon se ne mund të marrim përgjigje për çfarëdo gjëje që kërkojmë dhe se mund të bëjmë gjëra më të mëdha sesa bëri Jezusi nëse ne kemi masën e plotë të besimit.

"Në të vërtetë, në të vërtetë po ju them: kush beson në mua do të bëjë edhe ai veprat që bëj unë; madje do të bëjë edhe më të mëdha se këto, sepse unë po shkoj tek Ati. Dhe çfarëdo të kërkoni në emrin tim, do ta bëj, që Ati të përlëvdohet në Birin" (Gjoni 14:12-13).

Kështu, duhet të kuptosh që fuqia e besimit është shumë e madhe dhe duhet të arrish llojin e besimit që Perëndia na kërkon dhe me të cilin Ai është i kënaqur. Vetëm atëherë, ti jo vetëm që do të marrësh përgjigjet e çfarëdo gjëje që të kërkosh, por mund të bësh edhe gjëra më të mëdha sesa bëri Jezusi.

3. Besimi mishëror dhe besimi shpirtëror

Kur Jezusi i tha centurionit që erdhi tek Ai me besim, *"Shko dhe u bëftë ashtu si besove,"* shërbëtori i centurionit u shërua menjëherë (Mateu 8:13). Në këtë mënyrë, besimi i vërtetë ndiqet natyrisht nga përgjigjet e Perëndisë. Atëherë, pse ka shumë njerëz që nuk mund të marrin përgjigje në lutjet e tyre edhe pse deklarojnë se besojnë në Zotin?

Kjo ndodh pasi besimi shpirtëror është ai me anë të të cilit mund të kesh bashkësi me Perëndinë dhe të marrësh përgjigje prej Tij, ndërsa nëpërmjet besimit mishëror nuk mund të marrësh asnjë përgjigje pasi ky lloj besimi nuk ka të bëjë aspak me Të. Atëherë, le të shqyrtojmë ndryshimin midis dy llojeve të besimit.

Besimi mishëror është besim si njohuri

"Besimi mishëror" i referohet atij lloj besimi në të cilin ti beson diçka pasi mund ta shohësh me sytë e tu dhe që është në përputhje me njohuritë e tua ose me logjikën tënde. Ky lloj besimi shpesh është quajtur "besim si dije" ose "besim që përputhet me logjikën."

Për shembull, ata që jo vetëm panë procesin e prodhimit të një tavoline druri por edhe dëgjuan për të, do të besojnë pa dyshim kur të tjerët të thonë "tavolinat bëhen prej druri." Çdokush mund ta ketë këtë lloj besimi sepse ai beson që diçka është e bërë nga diçka. Pra, njerëzit mendojnë gjithmonë se për të bërë diçka janë të nevojshme gjërat e dukshme.

Njerëzit marrin dituri dhe i ruajnë ato në sistemin e kujtesës së trurit të tyre nga momenti që ata lindin. Ata memorizojnë ato që shohin, dëgjojnë dhe mësojnë nga prindërit e tyre, motrat, vëllezërit, fqinjët ose në shkollë dhe e shfrytëzojnë këtë dituri të memorizuar në tru sa herë kanë nevojë.

Në mesin e njohurive të ruajtura, ka shumë të pavërteta që janë kundër fjalës së Perëndisë. Fjala e Tij është një e vërtetë që nuk ndryshon kurrë, por shumica e njohurive të tua janë gjëra të pavërteta që ndryshojnë me kalimin e kohës. Sidoqoftë, njerëzit e shohin të pavërtetën si të vërtetë pasi nuk e dinë se ç'është saktësisht e vërteta. Për shembull, njerëzit e mendojnë si të vërtetë teorinë e evolucionit sepse kështu janë mësuar në shkollë. Kështu, ata nuk besojnë se diçka mund të krijohet nga asgjëja.

Besimi mishëror është besim i vdekur pa vepra

Në fillim, njerëzit me besim mishëror nuk mund ta pranojnë që Perëndia krijoi diçka nga asgjëja edhe pse mund të frekuentojnë kishën e të dëgjojnë fjalën e Perëndisë, pasi njohuria që ata kanë marrë që nga lindja është në kundërshtim me fjalën e Tij. Ata nuk besojnë në mrekullitë e përmendura në Bibël. Ata e besojnë fjalën e Perëndisë kur mbushen me hirin dhe frymën e Shenjtë, por fillojnë të dyshojnë kur e humbasin atë hir.

Ata madje fillojnë të mendojnë se përgjigjet e marra nga Perëndia ishin të fituara rastësisht.

Njerëzit me besim mishëror kanë konflikte në zemrat e tyre, ndonëse me gojë pohojnë se e besojnë. Ata kurrë nuk kanë pasur bashkësi me Perëndinë ose janë dashur prej Tij pasi ata nuk jetojnë sipas Fjalës.

Po ju sjell një shembull. Në përgjithësi, është e drejtë të hakmerresh ndaj një armiku, por Bibla na mëson se duhet t'i duam armiqtë tanë dhe t'ia kthejmë faqen e majtë kur dikush na qëllon në faqen e djathtë. Nëse e godasin, një njeri me besim mishëror do ta kthejë goditjen për t'u ndjerë i kënaqur. Duke jetuar tërë jetën kështu, është më e lehtë për të që të urrejë, të ketë zili ose të jetë xheloz për të tjerët. Për të është e vështirë të jetojë sipas fjalës së Perëndisë dhe nuk mund ta jetojë jetën në mirënjohje dhe gëzim pasi nuk pajtohet me mendimet e tij.

Ashtu siç gjejmë tek Jakobi 2:26, *"Sepse, sikurse trupi pa frymën është i vdekur, ashtu edhe besimi, pa vepra, është i vdekur,"* besimi mishëror është besim i vdekur pa vepra. Njerëzit me besim mishëror nuk mund të marrin as shpëtim, as përgjigje nga Perëndia. Për këtë Jezusi na thotë: *"Jo çdo njeri që më thotë: 'Zot, Zot' do të hyjë në mbretërinë e qiejve por do të hyjë ai që kryen vullnetin e Atit tim që është në qiej"* (Mateu 7:21).

Perëndia pranon besim shpirtëror

Besimi shpirtëror arrihet kur beson, edhe atëherë kur nuk arrin të shohësh asgjë me syrin tënd fizik ose kur diçka nuk është dakord me diturinë dhe mendimet tua.

Është të besosh se Perëndia krijoi diçka nga asgjëja. Njerëzit me besim shpirtëror besojnë pa asnjë dyshim që Perëndia krijoi qiellin dhe tokën me anë të fjalës së Tij dhe e krijoi njeriun nga pluhuri i tokës. Besimi shpirtëror nuk është diçka që mund ta kesh sepse e dëshiron; ai jepet vetëm nga Perëndia. Njerëzit që kanë besimin shpirtëror besojnë, pa dyshuar, në mrekullitë e shkruara në Bibël, kështu që nuk është e vështirë për ta që të jetojnë me anë të Fjalës së Perëndisë dhe të marrin përgjigje në çdo gjë që kërkojnë me besim.

Perëndia pranon besimin shpirtëror të shoqëruar me vepra dhe nëpërmjet tij mund të shpëtohesh e të shkosh në parajsë, dhe të marrësh përgjigje në lutjet e tua.

Besimi shpirtëror është "besimi i gjallë" i shoqëruar me vepra

Kur ke besim shpirtëror, Perëndia të pranon dhe të premton përgjigje dhe bekimet e Tij në jetën tënde. Për shembull, supozojmë se dy bujq punojnë në tokën e padronit të tyre. Me të njëjtat kushte, njëri mbledh pesë thasë me grurë dhe tjetri tre. Me cilin nga dy bujqit do të kënaqej më shumë padroni? Natyrisht, bujku me pesë thasë grurë do të jetë më i preferuar për padronin.

Të dy bujqit korrin në mënyra të ndryshme në të njëjtën tokë, sipas mundit të tyre. Bujku që mblodhi pesë thasë me grurë duhet ta ketë pastruar tokën me zell dhe i ka ujitur të korrat herë pas here duke djersitur shumë. Përkundrazi, bujku tjetër nuk mundi të korrte më shumë se tre thasë me grurë sepse ai ishte dembel dhe e neglizhoi shumë punën e tij.

Perëndia e gjykon çdo njeri sipas fryteve të tij. Vetëm kur besimi yt shoqërohet me vepra, Ai do ta konsiderojë këtë besim si besim shpirtëror dhe do të të bekojë.

Natën kur Jezusi u arrestua, një prej dishepujve të tij, Pjetri, i tha, *"Edhe sikur të gjithë të skandalizohen për shkakun tënd, unë nuk do të skandalizohem kurrë!"* (Mateu 26:33) Por, Jezusi iu përgjigj, *"Në të vërtetë po të them se pikërisht këtë natë, para se të këndojë gjeli, ti do të më mohosh tri herë"* (v. 34). Pjetri ia kishte thënë këtë me gjithë zemër por Jezusi e dinte se Pjetri do ta tradhtonte kur t'i kërcënohej jeta.

Pjetri ende nuk e kishte pranuar Frymën e Shenjtë dhe pas arrestimit të Jezusit e mohoi Atë tri herë kur jeta iu vu në rrezik. Megjithatë, Pjetri u transformua plotësisht pasi pranoi Frymën e Shenjtë. Besimi i tij si njohuri u kthye në besim shpirtëror, dhe ai u shndërrua në një apostull me fuqi për të predikuar ungjillin me guxim. Ai vazhdoi në rrugën e drejtësisë deri në kryqëzimin e tij kokëposhtë.

Prandaj, nëse ke besim shpirtëror ti mund t'i besosh dhe t'i bindesh Perëndisë në çdo situatë. Për të pasur besim shpirtëror, duhet të luftosh që t'i bindesh plotësisht fjalës së Perëndisë dhe të kesh zemër të pandryshueshme. Me anë të besimit të gjallë shpirtëror të shoqëruar nga vepra, mund të marrësh shpëtimin dhe jetën e përjetshme, mund të kthehesh në një njeri të së vërtetës së përsosur dhe mund të gëzosh bekimet e mrekullueshme në frymë dhe në trup.

Por, me besim mishëror të vdekur e pa vepra, nuk mund të marrësh as shpëtimin e as përgjigje nga Perëndia, pavarësisht se sa shumë përpiqesh dhe se sa kohë ke që shkon në kishë.

4. Të posedosh besim shpirtëror

Si mund ta kthesh besimin tënd mishëror në besim shpirtëror dhe të kthesh "atë për të cilën shpreson" dhe "atë që nuk shihet" në dëshmi të dukshme? Çfarë duhet të bësh për të pasur besim?

Të flakësh tutje mendimet dhe teoritë e mishit

Shumë nga njohuritë të cilat i ke fituar që prej lindjes, të pengojnë të arrish besim shpirtëror sepse janë në kundërshtim me fjalën e Perëndisë. Për shembull, një teori si ajo mbi evolucionin, mohon krijimin e universit nga Perëndia. Si rezultat, përkrahësit e evolucionit nuk mund të besojnë se Perëndia krijon diçka nga asgjëja. Si mund të besojnë ata që, *"Në fillim Perëndia krijoi qiejt dhe tokën?"* (Zanafilla 1:1)

Prandaj, për të zotëruar besim shpirtëror, duhet të mohosh çdo mendim tëndin që është në kundërshtim me fjalën e Perëndisë dhe çdo teori tjetër, siç është ajo e evolucionit, të cilat të pengojnë të besosh fjalën e Tij, Biblën. Nëse nuk e çliron veten tënde nga mendimet dhe teoritë që janë kundër fjalës së Tij, ti nuk mund të jesh në gjendje ta besosh fjalën e Perëndisë të shkruar në Bibël, pavarësisht se sa me zell përpiqesh për ta besuar.

Ti nuk mund të kesh besim shpirtëror, megjithëse mund të shkosh me zell në kishë e të marrësh pjesë në shërbesat e adhurimit. Për këtë arsye shumë njerëz janë shumë larg nga rruga e shpëtimit dhe nuk marrin përgjigje për lutjet e tyre nga Perëndia edhe pse shkojnë në kishë rregullisht.

Apostulli Pal kishte vetëm besim mishëror përpara se të

takonte Zotin Jezus në një vegim që pati përgjatë rrugës për në qytetin e Damaskut. Ai nuk e kishte njohur Jezusin si Shpëtimtarin e të gjithë njerëzimit dhe madje kishte burgosur dhe kishte persekutuar shumë të krishterë.

Prandaj, për të transformuar besimin tënd mishëror në atë shpirtëror, ti duhet të largosh çdo lloj mendimi dhe teorie që është në kundërshtim me fjalën e Perëndisë. Nëpërmjet apostullit Pal, Perëndia na kujton fjalët e mëposhtme,

> *"Sepse armët e luftës sonë nuk janë prej mishi, por të fuqishme në Perëndinë për të shkatërruar fortesat, që të hedhim poshtë mendimet dhe çdo lartësi që ngrihet kundër njohjes së Perëndisë dhe t'ia nënshtrojmë çdo mendim dëgjesës së Krishtit, dhe jemi gati të ndëshkojmë çdo mosbindje, kur të bëhet e përkryer bindja juaj"* (2 Korintasve 10:4-6).

Pali mundi të bëhej predikues i madh i ungjillit vetëm pasi zotëroi besimin shpirtëror duke shkatërruar çdo lloj mendimi, teorie dhe argumenti që ishin kundër Perëndisë. Ai mori drejtimin e ungjillëzimit të johebrenjve dhe u bë guri i qoshes për misionin botëror. Në fund, Pali ishte në gjendje të bënte një rrëfim të guximshëm, si më poshtë,

> *"Por gjërat që më ishin fitim, i konsiderova, për shkak të Krishtit, humbje. Dhe me të vërtetë i konsideroj të gjitha këto një humbje në krahasim me vlerën e lartë të njohjes së Jezu Krishtit, Zotit tim, për shkak të të cilit i humba të gjitha këto dhe i konsideroj si pleh, që unë të*

fitoj Krishtin dhe që të gjendem në të, duke pasur jo drejtësinë time që është nga ligji, por atë që është nga besimi në Krishtin: drejtësia që është nga Perëndia, me anë të besimit" (Filipianëve 3:7-9).

Të mësosh me zell Fjalën e Perëndisë

Romakët 10:17 na mëson, *"Besimi, pra, vjen nga dëgjimi, dhe dëgjimi vjen nga fjala e Perëndisë."* Ti duhet të dëgjosh fjalën e Perëndisë dhe ta mësosh atë; nëse nuk e njeh fjalën e Perëndisë, nuk mund të jetosh nëpërmjet saj. Nëse nuk e jeton fjalën e Perëndisë por e ke ruajtur atë vetëm si njohuri, Ai nuk mund të të japë besim shpirtëror sepse ti mund të bëhesh krenar për njohuritë e tua.

Le të marrim si shembull një vajzë që ëndërron të bëhet një pianiste e famshme. Megjithëse lexon shumë libra dhe mëson teori, ajo nuk mund të bëhet pianiste e njohur pa praktikuar. Në po të njëjtën mënyrë, nëse nuk i bindesh fjalës së Perëndisë, është e kotë sado që ta lexosh, dëgjosh apo ta mësosh atë. Besim shpirtëror mund të kesh vetëm atëherë kur zbaton fjalën e Perëndisë.

Bindja ndaj fjalës së Perëndisë

Prandaj, duhet të besosh në Perëndinë e gjallë dhe të mbash fjalën e Tij me çdo kusht. Nëse, pasi e ke dëgjuar, e beson fjalën e Tij pa asnjë lloj dyshimi, ti do t'i bindesh asaj. Si rezultat, mund të kesh siguri në zemër sepse fjala e Perëndisë është përmbushur në realitet. Pas kësaj, do të luftosh për të jetuar me anë të fjalës së

Perëndisë çdo herë e më shumë.

Duke e përsëritur këtë proces, ti mund të kesh besimin që të mundëson bindje të plotë ndaj Fjalës dhe hiri e fuqia e Tij do të derdhen mbi ty. Ti do të mbushesh me Frymën e Shenjtë dhe gjithçka do të shkojë mbarë.

Në kohën e Eksodit, kishte të paktën gjashtëqind mijë burra Izraelitë nga 20 vjeç e lart. Në fund, megjithatë, vetëm dy prej tyre – Jozueu dhe Kalebi – arritën të futeshin në Tokën e Premtuar të Kananit. Përveç këtyre dy burrave, askush tjetër nuk e besoi premtimin e Zotit me gjithë zemër dhe nuk iu bind Atij.

Te Numrat 14:11, Zoti i tha Moisiut, *"Deri kur do të më përçmojë ky popull? Dhe deri kur do të refuzojnë të besojnë pas gjithë atyre mrekullive që kam bërë në mes të tyre?"*

Ata dinin shumë gjëra për Zotin sepse kishin qenë dëshmitarë të fuqisë së Tij që kishte sjellë dhjetë fatkeqësi mbi Egjiptin dhe kishte ndarë në mes Detin e Kuq, dhe për këtë ata mendonin gjithashtu se besonin në Të. Ata përjetuan drejtimin e Perëndisë dhe praninë e Tij me anë të një kolone zjarri gjatë natës dhe një kolone reje përgjatë ditës dhe çdo ditë hëngrën mana që binte prej qielli.

Megjithatë, kur Zoti i urdhëroi ata të hynin në tokën e Kananit, ata nuk iu bindën Atij sepse kishin frikë nga Kananeasit. Madje u ankuan dhe kundërshtuan Moisiun dhe Aronin. Kjo ndodhi pasi ata nuk kishin besim shpirtëror për t'iu bindur Perëndisë dhe besimi i tyre ishte mishëror megjithëse i dëgjuan dhe i panë shumë herë veprat e mrekullueshme të fuqisë së Perëndisë.

Për të zotëruar besim shpirtëror duhet t'i besosh Perëndisë dhe t'i bindesh gjithmonë fjalës së Tij. Nëse në të vërtete e do

Atë, do t'i bindesh Atij, dhe Ai do t'u përgjigjet lutjeve tuaja dhe në fund do të udhëheqë në jetën e përjetshme.

Romakët 10:9-10 na kujton, *"Sepse, po të rrëfesh me gojën tënde Zotin Jezus, dhe po të besosh në zemrën tënde se Perëndia e ngjalli prej së vdekurish, do të shpëtohesh. Sepse me zemër, njeriu beson në drejtësi dhe me gojë bëhet rrëfim për shpëtim."*

"Te besosh në zemrën tënde," nuk i referohet besimit si njohuri, por besimit shpirtëror në të cilin ti e beson diçka pa pasur dyshim në zemrën tënde. Ata që besojnë fjalën e Perëndisë në zemrat e tyre, i binden asaj, shpallen të drejtë, dhe gradualisht bëhen të ngjashëm me Zotin. Rrëfimi i tyre, "Unë besoj në Zotin," është i vërtetë dhe këta janë ata që marrin shpëtimin.

Uroj që ti të zotërosh besim shpirtëror të shoqëruar me vepra për t'iu bindur fjalës së Perëndisë, dhe në emër të Zotit unë të bekoj! Gëzoje dhe kënaqe Zotin dhe gëzo një jetë plot me fuqinë e Tij me të cilën gjithçka është e mundur.

Kapitulli 2

Rritja e besimit shpirtëror

1
Besimi i foshnjave
2
Besimi i fëmijëve
3
Besimi i të rinjve
4
Besimi i etërve

"Djema, ju shkruaj sepse mëkatet ju janë falur nëpërmjet emrit të tij. Etër, ju shkruaj sepse ju e keni njohur Atë që është që nga fillimi. Të rinj, ju shkruaj sepse e mundët të ligun. Djema, po ju shkruaj sepse e keni njohur Atin. Etër, ju kam shkruar sepse e keni njohur Atë që është nga fillimi. Të rinj, ju kam shkruar sepse jeni të fortë dhe fjala e Perëndisë qëndron në ju dhe sepse e mundët të ligun"
(1 Gjonit 2:12-14).

Ju mund të gëzoni të drejtën dhe bekimet si fëmijë i Perëndisë nëse keni besim shpirtëror. Jo vetëm që do të merrni shpëtimin dhe do të shkoni në parajsë, por do të merrni edhe përgjigje për çdo gjë që kërkoni. Nëse keni besimin që i pëlqen Perëndisë, duke zbatuar fjalën e Tij, të gjitha gjërat janë të mundshme me këtë besim.

Ja pse Jezusi na thotë te Marku 16:17-18, *"Dhe këto janë shenjat që do t'i përcjellin ata që do të besojnë: në emrin tim ata do t'i dëbojnë demonët, do të flasin gjuhë të reja; do t'i kapin me dorë gjarpërinjtë, edhe nëse do të pinë diçka që shkakton vdekjen, nuk do t'u bëjë asnjë të keqe; do t'i vënë duart mbi të sëmurët dhe këta do të shërohen."*

Fara e vogël e sinapit rritet e bëhet pemë e madhe

Kur i pa se nuk ishin në gjendje të dëbonin demonë, Jezusi u tha dishepujve se besimi i tyre ishte i vogël, dhe se gjithçka ishte e mundur edhe me besim të vogël sa fara e sinapit. Te Mateu 17:20, ai thotë, *"Prej mosbesimit tuaj; sepse në të vërtetë, unë po ju them, se po të keni besim sa një kokërr sinapi, do t'i thoni këtij mali: 'Zhvendosu nga këtu atje,' dhe ai do të zhvendoset; dhe asgjë nuk do të jetë e pamundshme për ju."*

Një farë sinapi është e vogël sa pika që lë stilolapsi kur prek letrën. Dhe megjithatë, edhe me një besim aq të vogël mund të lëvizni një mal diku tjetër dhe gjithçka bëhet e mundshme për ju.

A keni besim të vogël sa një farë sinapi? A e lëvizni dot një mal nga vendi duke e urdhëruar? A është gjithçka e mundur për ju? Duke qenë se është e pamundur që ju të gjeni kuptimin e një pasazhi pa gjetur plotësisht kuptimin e tij shpirtëror, le ta shqyrtojmë këtë me shëmbëlltyrën që dha Jezusi për farën e sinapit,

> *"Mbretëria e qiejve i ngjan një kokrre sinapi, të cilën e merr një njeri dhe e mbjell në arën e vet. Ajo, pa dyshim, është më e vogla nga të gjitha farërat; por, kur rritet, është më e madhe se të gjitha barishtet, dhe bëhet një pemë, aq sa zogjtë e qiellit vijnë dhe gjejnë strehë në degët e saj"* (Mateu 13:31-32).

Një farë sinapi është më e vogël se çdo farë tjetër, por kur rritet bëhet një pemë e madhe dhe zogjtë ngrenë foletë në degët e saj. Jezusi e përdori shëmbëlltyrën e farës së sinapit për të na mësuar se mund të lëvizim nga vendi malin dhe se gjithçka është e mundur, nëse besimi juaj i vogël rritet. Dishepujt kishin qëndruar me Jezusin për një kohë të gjatë dhe kishin parë të parët veprat e mrekullueshme të Perëndisë, dhe për këtë ata duhej të kishin besim aq të madh sa të mund të bënin gjithçka. Por, besimi i tyre nuk ishte i madh dhe Jezusi i qortoi.

Masa e plotë e besimit

Kur merrni Frymën e Shenjtë dhe fitoni besimin shpirtëror,

besimi juaj duhet të rritet deri në masën e plotë të tij e cila i bën të mundshme të gjitha gjërat. Perëndia dëshiron që ju, duke e rritur besimin tuaj, të merrni përgjigje për gjithçka që kërkoni. Efesianëve 4:13-15 na kujton, *"Derisa të arrijmë të gjithë te uniteti i besimit dhe të njohjes së Birit të Perëndisë, te një njeri i përsosur, në masën e shtatit të plotësisë së Krishtit, që të mos jemi më foshnja, të lëkundur dhe të transportuar nga çdo erë doktrine, nga mashtrimi i njerëzve, nga dinakëria e tyre nëpërmjet gënjeshtrave të gabimit, por, duke thënë të vërtetën me dashuri, të rritemi në çdo gjë drejt atij që është kreu, Krishti."*

Normalisht kur lind një foshnjë, lindja e tij regjistrohet në gjendjen civile. Më pas ai rritet e bëhet fëmijë, e më pas djalosh i ri. Kur vjen koha e përshtatshme, ai martohet, bën fëmijë dhe bëhet baba.

Në të njëjtën mënyrë, nëse bëheni fëmijë i Perëndisë nëpërmjet Jezus Krishtit dhe emri juaj regjistrohet në Librin e Jetës në mbretërinë e qiellit, besimi juaj duhet të rritet çdo ditë për të arritur besimin e fëmijëve, të rinjve e më pas të etërve.

Ja pse 1 Korintasve 3:2-3 na mëson, *"Ju dhashë qumësht për të pirë dhe nuk ju dhashë ushqim të fortë, sepse nuk ishit në gjendje ta asimilonit, madje edhe tani jo, sepse jeni akoma të mishit; në fakt sepse midis jush ka smirë, grindje e përçarje a nuk jeni të mishit dhe a nuk ecni sipas mënyrës së njerëzve?"*

Njësoj një i porsalindur që duhet të pijë qumësht për të jetuar, ashtu edhe një foshnjë shpirtërore duhet të pijë qumësht për t'u rritur. Si mund të rritet atëherë një foshnjë shpirtërore e të bëhet baba?

1. Besimi i foshnjave

1 Gjonit 2:12 thotë, *"Djema, ju shkruaj sepse mëkatet ju janë falur nëpërmjet emrit të tij."* Nga ky varg kuptojmë se një person që nuk e njeh Zotin i falen mëkatet kur ai pranon Jezus Krishtin, dhe atij i jepet e drejta të bëhet fëmijë i Perëndisë nëpërmjet Frymës së Shenjtë që vjen të jetojë në zemrën e tij (Gjoni 1:12).

Nuk ka asnjë emër tjetër përveç emrit të Jezus Krishtit nëpërmjet të cilit mund të faleni dhe të merrni shpëtimin. Megjithatë, bota e konsideron krishterimin si fe të mirë për shëndetin mendor dhe bën një pyetje të qortueshme, "Pse thoni se mund të shpëtohemi vetëm nëpërmjet Jezus Krishtit?"

Pse pra, është Jezus Krishti Shpëtimtari ynë i vetëm? Nuk ka asnjë emër tjetër nëpërmjet të cilit mund të shpëtohen qeniet njerëzore përveç emrit të Jezus Krishtit, dhe mëkatet e tyre mund të falen vetëm nëpërmjet gjakut të Jezusit që vdiq në kryq.

Te Veprat 4:12 deklarohet, *"Dhe në asnjë tjetër nuk ka shpëtim, sepse nuk ka asnjë emër tjetër nën qiell që u është dhënë njerëzve dhe me anë të të cilit duhet të shpëtohemi,"* dhe te Veprat 10:43 thuhet, *"Për të bëjnë dëshmi të gjithë profetët, që kushdo që beson në të merr faljen e mëkateve me anë të emrit të tij."* Pra, është providenca dhe vullneti i Perëndisë që të gjithë njerëzit të shpëtojnë nëpërmjet Jezus Krishtit.

Gjatë gjithë historisë së njerëzimit, kanë jetuar njerëz të ashtuquajtur "të mëdhenj" siç ishin Sokrati, Konfuci, Buda, e të tjerë. Megjithatë, nga pikëpamja e Perëndisë, këta njerëz ishin thjeshtë krijesa dhe mëkatarë sepse të gjithë kanë lindur me mëkatin origjinal të trashëguar nga etërit e tyre dhe Adami, i cili kreu mëkatin e mosbindjes.

Megjithatë, Jezusi kishte fuqinë shpirtërore dhe cilësitë e duhura për të qenë Shpëtimtari i njerëzimit: Ai nuk kishte mëkat origjinal sepse Ai ishte i ngjizur prej Frymës së Shenjtë. Edhe gjatë jetës, ai nuk kreu mëkate vetë. Në këtë mënyrë, Ai kishte fuqinë të shpëtonte njerëzimin sepse Ai ishte i panjollë dhe kishte dashurinë e madhe për të flijuar madje edhe vetë jetën e Tij për mëkatarët.

Pra, nëse besoni se Jezus Krishti është rruga e vetme e vërtetë e shpëtimit dhe nëse e pranoni Atë si Shpëtimtarin tuaj, do t'ju falen të gjitha mëkatet, do të merrni Frymën e Shenjtë si dhuratë nga Perëndia, dhe do të vuloseni si fëmijë të Tij.

Besimi i kriminelit të kryqëzuar në krah të Jezusit

Kur Jezusi po varej në kryq për të marrë mëkatet e njerëzimit, njëri nga të dy kriminelët e kryqëzuar në krah të Jezusit u pendua për mëkatet që kishte bërë dhe e pranoi Atë si Shpëtimtarin e tij pak kohë përpara se të vdiste. Për këtë, ai u vulos si fëmijë i Perëndisë dhe hyri në Parajsë. Të gjithë ata që janë lindur për së dyti duke pranuar Jezus Krishtin, Perëndia i quan, "Fëmijët e mi të vegjël!"

Disa njerëz mund të thonë, "Kriminelit e pranoi Jezusin si shpëtimtarin e vet dhe shpëtoi vetëm pak kohë përpara se të vdiste. Atëherë, po e shijoj botën sa të dua dhe do ta pranoj Jezus Krishtin si Shpëtimtarin tim pak përpara se të vdes. Prapëseprapë do të shkoj në parajsë, apo jo!" Por, një ide e tillë, është absolutisht e gabuar.

Si mund ta pranonte krimineli Jezusin, i cili po tallej nga të ligjtë ndërkohë që po vdiste në kryq? Krimineli e kishte menduar më parë, kur kishte dëgjuar mesazhet e Tij, se Jezusi mund të ishte Mesia. Ai rrëfeu besimin në Jezusin dhe e pranoi Atë si Shpëtimtarin e tij kur ishte kryqëzuar në kryq në krah të Tij. Për këtë, ai mori shpëtimin dhe fitoi të drejtën të hynte në parajsë.

Po ashtu, të drejtën të bëhet fëmijë i Perëndisë e fiton kushdo që pranon Jezusin si Shpëtimtar dhe merr Frymën e Shenjtë. Prandaj edhe Perëndia e quan atë, "Fëmija im i vogël." Për shembull, kur lind një foshnjë, lindja e tij regjistrohet dhe ai bëhet qytetar i vendit në të cilin ka lindur. Në të njëjtën mënyrë, ju mund të fitoni qytetarinë e qiejve e të njiheni si fëmijë të Perëndisë nëse emrin e keni të regjistruar në Librin e Jetës.

Prandaj, besimi i foshnjave u referohet besimit të atyre që sapo e kanë pranuar Jezus Krishtin, atyre që u janë falur mëkatet dhe janë bërë fëmijë të Perëndisë dhe emrat u janë shkruar në Librin e Jetës në parajsë.

2. Besimi i fëmijëve

Njerëzit e rilindur si fëmijë të Perëndisë duke pranuar Jezus Krishtin dhe duke fituar jetën shpirtërore, rriten në besim dhe fitojnë besimin e fëmijëve. Kur lind një fëmijë dhe pasi është zvjerdhur nga gjiri i nënës së tij, ai mund t'i njohë prindërit e vet dhe mund të dallojë elemente të caktuar, mjedisin dhe njerëzit.

Megjithatë, fëmijët dinë pak dhe duhet të qëndrojnë nën mbrojtjen e prindërve të tyre. Nëse i pyesin se a i njohin prindërit e tyre, ka shumë të ngjarë që të thonë, "Po." Por, kur i pyesin se nga cili qytet janë prindërit apo për prejardhjen e familjes, ata nuk do të ishin në gjendje të kthenin përgjigje. Prandaj, fëmijët nuk i njohin prindërit e tyre me hollësi, megjithëse mund të thonë, "Unë e njoh mamin dhe babin."

Nëse prindërit i blejnë fëmijës lodra, fëmija mund ta dallojë nëse është makinë apo kukull, por nuk e dinë se si është prodhuar makina lodër apo si është blerë kukulla. Në të njëjtën mënyrë, fëmijët njohin pjesë të gjërave që mund t'i shohin me sytë e tyre, por nuk i kuptojnë hollësirat e gjërave që nuk mund të shohin.

Nga ana shpirtërore, fëmijët kanë besimin e fillestarëve që njohin Perëndinë Atë; me besim ata shijojnë hirin pasi kanë pranuar Jezus Krishtin dhe kanë marrë Frymën e Shenjtë. 1 Gjonit 2:13 thotë, *"Djema, po ju shkruaj sepse e keni njohur Atin."* Këtu, "e keni njohur Atin" tregon se njerëzit me besimin e fëmijëve kanë pranuar Jezus Krishtin dhe kanë mësuar fjalën e Perëndisë duke vijuar në kishë.

Ashtu si një foshnjë që në fillim di shumë pak por duke u rritur mund t'i njohë prindërit e tij, edhe besimtarët e rinj e kuptojnë gradualisht vullnetin dhe zemrën e Perëndisë Atë, duke vijuar në kishë dhe duke dëgjuar fjalën e Tij. Megjithatë, ende nuk mund t'i binden Fjalës sepse nuk kanë besim të mjaftueshëm.

Prandaj, besimi i fëmijëve është besimi i njerëzve që duke e dëgjuar e njohin të vërtetën, por ndonjëherë i binden Fjalës dhe ndonjëherë nuk i binden. Ky nivel besimi nuk është ende i përsosur.

Kush e thërret Perëndinë "At"?

Nëse dikush nuk e ka pranuar Jezus Krishtin por thotë, "Unë e njoh Perëndinë," ai gënjen. Por ka edhe nga ata që thonë, "Unë nuk shkoj në kishë, por e njoh Perëndinë." Këta janë njerëzit që e kanë lexuar Biblën një ose dy herë, e kanë frekuentuar kishën më parë, ose aty-këtu kanë dëgjuar për Perëndinë. Por, a e njohin ata vërtet Perëndinë Krijuesin?

Nëse vërtet e njohin Perëndinë, ata duhet të kuptojnë pse Jezusi është Biri i vetëm i Perëndisë, pse Perëndia e dërgoi Atë në tokë, dhe pse Perëndia vendosi në Kopshtin e Edenit pemën e njohjes së të mirës dhe të keqes. Ata duhet të njohin gjithashtu edhe ekzistencën e parajsës dhe ferrit, si dhe mënyrën për të shpëtuar dhe për të hyrë në parajsë.

Përveç kësaj, nëse vërtetë i kuptojnë këto fakte, atëherë asnjë prej tyre nuk do të refuzoj të shkojë në kishë dhe të jetojë sipas fjalës së Perëndisë. Por, ata nuk shkojnë në kishë dhe nuk e thërrasin Perëndinë "Atë," sepse as nuk e njohin Perëndinë dhe as nuk besojnë në Të.

Sipas të njëjtit shembull, disa njerëz në botë që nuk besojnë në Perëndinë mund të thonë se e njohin, por kjo nuk është e vërtetë. Ata nuk e njohin Perëndinë dhe nuk mund ta thërrasin "Atë," sepse ata nuk e njohin Jezus Krishtin dhe nuk jetojnë sipas fjalës së Tij (Gjoni 8:19).

Njerëzit e thërrasin Perëndinë në mënyra të ndryshme

Besimtarët e thërrasin të njëjtin Perëndi në mënyra të ndryshme, sipas masës së besimit të tyre. Askush nuk e quan Atë

"Perëndia Atë" përpara se të pranojë Jezus Krishtin si shpëtimtarin e vet. Është shumë e natyrshme që të mos e thërrasë "At" sepse nuk ka rilindur ende.

Si e thërrasin besimtarët e rinj Perëndinë? Ata janë paksa të turpshëm dhe e thërrasin thjesht "Perëndi." Ata nuk mund ta thërrasin Perëndinë me ëmbëlsi "Perëndia Ati im" por ndjehen të ngathët ose të pamësuar mirë sepse nuk i kanë shërbyer Perëndisë si Atit të tyre.

Megjithatë, emri me anë të të cilit besimtarët e thërrasin Perëndinë ndryshon me rritjen e besimit të tyre nga foshnja në fëmijë. Ata e quajnë Perëndinë, "At" kur kanë besimin e fëmijëve, ashtu siç i thërrasin fëmijët me gëzim etërit e tyre "Babi." Sigurisht, nuk është gabim që ta thërrasin thjesht "Perëndi" apo "Perëndia Ati." Nëse besimi i tyre rritet më shumë, ata do ta thërrasin Atë "Ati Perëndi" në vend të "Perëndia Ati." Kur i luten Perëndisë ata e thërrasin atë thjesht "At."

Si mendoni, cili do t'i tingëllonte më i dashur e më i afërt Perëndisë: ai që e thërret Atë, "Perëndi" apo ai që e thërret "At?" Sa kënaqet Perëndia kur nga thellësia e zemrës suaj e thërrisni, "Ati im!"

Fjalët e Urta 8:17 na thotë, *"Unë i dua ata që më duan, dhe ata që më kërkojnë me kujdes më gjejnë."* Sa më shumë ta doni Perëndinë, aq më shumë do t'ju dojë Ai juve. Sa më shumë ta kërkoni Atë, aq më lehtë do të jetë për ju të merrni përgjigje prej Tij.

Ju do të jetoni përgjithnjë në qiell duke e thirrur Perëndinë "At" si fëmija i Tij, prandaj është më se e përshtatshme që edhe në këtë jetë të keni marrëdhënie intime e të afërt me Perëndinë. Kështu, duhet të vazhdoni detyrën tuaj si fëmijë i Perëndisë dhe të shfaqni prova se e doni Atë duke iu bindur plotësisht urdhërimeve të Tij.

3. Besimi i të rinjve

Ashtu siç rritet një fëmijë dhe bëhet adoleshent i fortë e i zgjuar, besimi i fëmijëve rritet dhe shndërrohet në besimin e të rinjve. Kjo do të thotë, pas një faze fëmijërore të besimit, nëpërmjet lutjeve dhe fjalës së Perëndisë, niveli i besimit rritet në nivelin e besimit të të rinjve të cilët mund të dallojnë se cili është vullneti i Perëndisë At dhe cili është mëkat.

Të rinjtë janë të fortë dhe të guximshëm

Ka disa fëmijë që e njohin mirë ligjin e shtetit. Këta fëmijë duhet të qëndrojnë nën mbrojtjen e prindërve të tyre dhe, nëse kryejnë krime, janë prindërit ata që janë përgjegjës për këtë krim sepse nuk e kanë edukuar fëmijën siç është e nevojshme. Fëmijët nuk e dinë saktësisht se çfarë është mëkati dhe drejtësia, dhe nuk e njohin zemrën e prindërve sepse janë ende në procesin e të mësuarit.

Po adoleshentët? Ata janë të fortë, gjaknxehtë dhe janë të prirë për të mëkatuar. Ata janë të etur për të parë, mësuar dhe provuar gjithçka dhe kanë tendencën të imitojnë të tjerët. Ata janë kurioz në të gjitha aspektet, janë kokëfortë dhe besojnë se nuk ka asgjë që nuk mund ta bëjnë.

Në të njëjtën mënyrë, të rinjtë në shpirt nuk kërkojnë gjërat tokësore, por kanë shpresë për qiellin me plotësinë e Frymës së

Shenjtë dhe i mposhtin mëkatet nëpërmjet fjalës së Perëndisë, sepse besimi i tyre është i fortë. Ata jetojnë një jetë fitimtare në të gjitha rrethanat, duke e mposhtur botën dhe djallin me një guxim të paepur sepse Fjala jeton në ta.

Mposhtja e djallit dhe fitorja mbi të

Si e mposhtin atëherë të rinjtë botën mëkatare dhe djallin me besimin e tyre të fortë e të guximshëm? Ata që pranojnë Jezus Krishtin fitojnë të drejtën të bëhen fëmijë të Perëndisë dhe në të vërtetën e tyre ata e mposhtin të ligën me fitore. Djalli, megjithëse është i fortë, nuk guxon të bëjë asgjë përpara fëmijëve të Perëndisë. Kështu, te 1 Gjonit 2:13 shkruan, *"Të rinj, ju shkruaj sepse e mundët të ligun."*

Ju mund ta mposhtni djallin kur jetoni në të vërtetën sepse fjala e Perëndisë qëndron në ju. Ashtu siç nuk mund ta zbatojnë njerëzit ligjin nëse nuk e njohin, as ju nuk mund të jetoni sipas fjalës së Perëndisë pa e njohur atë.

Prandaj, duhet ta mbani fjalën e Tij në zemrën tuaj dhe të jetoni sipas saj duke larguar larg vetes çdo lloj mëkati. Në këtë mënyrë, njerëzit me besimin e të rinjve mund ta mposhtin botën me fjalën e Perëndisë. Ja pse 1 Gjonit 2:14 thotë, *"Të rinj, ju kam shkruar sepse jeni të fortë dhe fjala e Perëndisë qëndron në ju dhe sepse e mundët të ligun."*

4. Besimi i etërve

Kur të rinjtë me shpirt të fortë e të paepur rriten, ata janë në gjendje ta vlerësojnë dhe ta kuptojnë çdo situatë, madje pas shumë përvojash, ata marrin urtësinë për të qenë të kujdesshëm që ta përulin veten e tyre kur është e nevojshme. Njerëzit me besimin e etërve e dinë me hollësi origjinën e Perëndisë dhe e kuptojnë providencën e Tij sepse kanë besim të thellë shpirtëror.

Kush e di origjinën e Perëndisë?

Etërit ndryshojnë nga të rinjtë në shumë aspekte. Të rinjtë, edhe pse mund të kenë mësuar shumë gjëra, janë të papjekur sepse u mungon përvoja. Po ashtu, ka shumë situata dhe ngjarje që të rinjtë nuk i kuptojnë, ndërsa etërit kuptojnë mirë shumë elemente sepse kanë përjetuar një mori aspektesh të jetës.

Etërit e kuptojnë pse prindërit dëshirojnë të kenë fëmijë, sa e dhimbshme është lindja e fëmijëve dhe sa e mundimshme është rritja e tyre. Ata e njohin familjen e tyre: nga erdhën prindërit e tyre, si u takuan e si u martuan, e të tjera si këto.

Një fjalë e urtë koreane thotë, "Zemrën e prindërve të tu mund ta kuptosh vetëm kur të lindësh vetë fëmijë." Në ngjashmëri me këtë fjalë të urtë, vetëm ata që kanë besimin e etërve mund ta kuptojnë plotësisht zemrën e Perëndisë At. Për të krishterë të tillë të pjekur, 1 Gjonit 2:13 thotë, *"Etër, ju kam shkruar sepse e keni njohur atë që është nga fillimi."*

Përveç kësaj, ata që kanë besimin e etërve bëhen shembull për shumë të tjerë dhe takohen me lloj-lloj njerëzish sepse janë të përulur dhe në gjendje të qëndrojnë fort në të vërtetën, pa devijuar nga ajo.

Nëse krahasojmë besimin e etërve me frytet, besimi i të rinjve mund të krahasohet me frytet e pabëra mirë. Njerëzit me besimin e të rinjve krahasohen me frytet e pabëra mirë sepse kanë tendencën të këmbëngulin në mendimet dhe teoritë e tyre.

Megjithatë, si Jezusi që tregoi shembullin e shërbimit duke larë këmbët e dishepujve të Tij, edhe etërit shpirtëror, ndryshe nga të rinjtë, japin fryte të pjekura veprash dhe i japin lavdi Perëndisë me këto fryte veprash.

Të kesh zemrën e Jezus Krishtit

Perëndia dëshiron që të gjithë fëmijët e Tij të arrijnë zemrën e Perëndisë, i cili është që nga fillimi, dhe të Jezus Krishtit, i cili e përuli veten e Tij dhe u bë i bindur madje deri në vdekje (Filipianëve 2:5-8). Për këtë arsye, Perëndia lejon që fëmijët e Tij të përballen me sprova e nëpërmjet këtyre sprovave ata fitojnë qëndrueshmëri dhe shpresë. Në këtë mënyrë, besimi i tyre rritet në nivelin e besimit të etërve.

Te Lluka 17, Jezusi u mësoi dishepujve shëmbëlltyrën e shërbëtorit. Një shërbëtor kishte punuar në fushë tërë ditën dhe u kthye në shtëpi në mbrëmje, por askush nuk i tha, "Ke bërë punë të shkëlqyer! Tani pusho pak dhe ha darkë." Në vend të kësaj, shërbëtorit iu desh të përgatiste darkën për zotërinë e tij dhe t'ia shërbente; vetëm pasi kishte mbaruar punë me këtë mund të hante shërbëtori darkë vetë. Askush nuk i tha, "Falemnderit shumë për punën e madhe që bëre," megjithëse kishte bërë gjithçka që i kishte urdhëruar zotëria i tij. Shërbëtori tha vetëm, "Jam një shërbëtor i padenjë; kam bërë vetëm atë që duhej të bëja."

Në të njëjtën mënyrë, edhe ju duhet të bëheni njerëz të përulur e të bindur, duke thënë, "Jam një shërbëtor i padenjë;

kam bërë vetëm detyrën time," edhe pasi të keni bërë gjithçka që ju ka urdhëruar Perëndia. Njerëzit me besimin e etërve njohin thellësinë dhe gjerësinë e zemrës së Perëndisë i cili është që nga fillimi. Ata kanë zemrën e Jezus Krishtit i cili u përul dhe nuk u mbajt te ajo që ishte por u bë i bindur deri në pikën e vdekjes. Prandaj, Perëndia i pranon dhe i lavdëron këta njerëz dhe në qiell ata do të shkëlqejnë si dielli.

Ashtu si fara e vogël e sinapit që rritet e bëhet pemë e madhe në të cilën ulen shumë zogj, edhe besimi shpirtëror rritet nga ai i foshnjave në atë të fëmijëve, të rinjve, e etërve. Sa të bekuar ndjeheni kur njihni Atë që është nga fillimi, kur keni besim të mjaftueshëm për të kuptuar thellësinë e gjerësinë e Tij dhe kur jeni në gjendje të kujdeseni për shpirtrat endacakë, ashtu siç u kujdes Jezusi!

Paçi zemrën e Zotit të mbushur me bujari dhe dashuri, paçi besimin e etërve, prodhofshi fryte me bollëk dhe shkëlqefshi përgjithnjë si dielli në qiell, në emrin e Zotit tonë, lutem!

Kapitulli 3

Masa e besimit të secilit

1
Masa e besimit të dhënë nga Perëndia
2
Besimi i gjithsecilit ka masë të ndryshme
3
Masa e besimit e sprovuar me zjarr

"Sepse, për hirin që më është dhënë, unë i them secilit prej jush të mos e vlerësojë veten më shumë se sa duhet ta çmojë, por të ketë një vlerësim të përkorë, sipas masës së besimit që Perëndia i ndau secilit"
(Romakëve 12:3).

Perëndia ju lejon të korrni ato që mbillni dhe ju shpërblen sipas veprës së gjithsecilit sepse Ai është i drejtë. Te Mateu 7:7-8, Jezusi na thotë, *"Lypni dhe do t'ju jepet; kërkoni dhe do të gjeni; trokitni dhe do t'ju çelet. Sepse kush lyp merr, kush kërkon gjen dhe do t'i çelet atij që troket."*

Bekimet dhe përgjigjet e lutjeve tuaja nuk i merrni nëpërmjet besimit të mishit por nëpërmjet besimit shpirtëror. Besimin e mishit mund ta fitoni kur dëgjoni fjalën e Perëndisë dhe e mësoni. Ndërsa besimi shpirtëror nuk jepet lirisht; këtë besim ju mund ta merrni vetëm kur ua jep Perëndia.

Prandaj Romakëve 12:3 na nxit, *"Unë i them secilit prej jush të mos e vlerësojë veten më shumë se sa duhet ta çmojë, por të ketë një vlerësim të përkorë, sipas masës së besimit që Perëndia i ndau secilit."* Besimi shpirtëror që i jepet secilit nga Perëndia ndryshon nga personi në person. Siç shohim te 1 Korintasve 15:41, *"Tjetër është lavdia e diellit dhe tjetër lavdia e hënës dhe tjetër lavdia e yjeve; sepse ndryshon në lavdi ylli nga ylli,"* vendet e banimit në qiell dhe lavdia që i jepet gjithsecilit janë të ndryshme sipas masës së besimit të tij.

1. Masa e besimit të dhënë nga Perëndia

"Masa" është pesha, volumi, sasia ose përmasa e një objekti.

Perëndia e mat besimin e secilit dhe i jep atij përgjigje sipas masës së besimit të tij apo të saj.

Në përgjithësi, njerëzit që kanë shumë besim mund të marrin përgjigje vetëm nëse i dëshirojnë ato në zemrën e tyre, disa të tjerë marrin përgjigje vetëm kur luten me zjarr e agjërojnë për një ditë, ndërsa disa të tjerë që kanë pak besim marrin përgjigje vetëm pasi luten për muaj apo vite me radhë. Nëse besimi shpirtëror do të mund të "fitohej" sipas dëshirës, atëherë gjithsecili do të merrte bekimet dhe përgjigjet që do të kërkonte. Bota do të kthehej në një vend kaotik e të rrëmujshëm.

Le të supozojmë se kemi një njeri që nuk jeton sipas fjalës së Perëndisë. Nëse ai i kërkon Perëndisë, "Perëndi, bëj që unë të jem pronari i kompanisë më të fuqishme në këtë vend," ose "Atë personin atje e kam inat, të lutem ndëshkoje," dhe lutjet e dëshirat e tij të gjenin përgjigje, si do të ishte bota?

Besimi dhe bindja shpirtërore

Si mund të kemi besim shpirtëror? Perëndia nuk ia jep besimin shpirtëror gjithsecilit, por vetëm atyre që plotësojnë kushtet duke iu bindur fjalës së Tij. Kështu, shkalla e besimit shpirtëror që do të merrni do të jetë e barabartë me shkallën që ju largoni nga vetja gjëra të tilla si, urrejtja, përbuzja, zilia, tradhtia bashkëshortore e të tjera si këto, dhe madje edhe me shkallën që ju doni armiqtë tuaj.

Në Bibël, Jezusi i lavdëroi disa duke u thënë, "Besimi yt është i madh!" por disa të tjerë i qortoi duke u thënë, "Besimi juaj është i vogël!"

Për shembull, te Mateu 15:21-28, një grua Kananite erdhi te

Jezusi dhe i kërkoi t'i shëronte vajzën që e kishte të pushtuar nga një demon. Ajo i thirri, *"Ki mëshirë për mua, o Zot, o Bir i Davidit! Vajza ime është tmerrësisht e pushtuar nga një demon"* (v. 22).

Por, Jezusi dëshironte të vinte në provë besimin e saj, dhe iu përgjigj, *"Unë nuk jam dërguar gjetiu, përveç te delet e humbura të shtëpisë së Izraelit"* (v. 24). Gruaja u gjunjëzua përpara Jezusit dhe i tha, *"O Zot, ndihmomë!"* (v. 25) Jezusi sërish refuzoi, duke i thënë, *"Nuk është gjë e mirë të marrësh bukën e fëmijëve dhe t'ua hedhësh këlyshëve të qenve"* (v. 26). Këto Ai i tha sepse në atë kohë hebrenjtë i konsideronin jobebrenjtë si qen dhe gruaja ishte johebre nga rajoni i quajtur Tira.

Në një situatë të tillë, shumë njerëz do të ishin ndjerë të turpëruar, të zhgënjyer ose të ofenduar dhe do të ishin dorëzuar lehtë e nuk do të mundoheshin më të merrnin përgjigje për lutjet. Por, gruaja nuk u zhgënjye dhe e pranoi fjalën e Jezusit me përulje. Ajo u përul dhe lejoi që të krahasohej me një qen, dhe vazhdoi të kërkojë me këmbëngulje hirin e Tij: *"Është e vërtetë, Zot, sepse edhe këlyshët e qenve hanë thërrimet që bien nga tryeza e zotërinjve të tyre"* (v. 27). Jezusi u kënaq me besimin e saj dhe iu përgjigj, *"O grua, i madh është besimi yt! T'u bëftë ashtu si dëshiron."* Dhe që në atë çast e bija u shërua" (v. 28).

Gjithashtu, te Mateu 17:14-20 shohim Jezusin që qorton dishepujt e Tij për besimin e tyre të paktë. Një burrë solli te dishepujt e Jezusit djalin e tij që vuante nga epilepsia, por ata nuk ishin në gjendje ta shëronin fëmijën. Më pas, e solli të birin te Jezusi i cili i dëboi menjëherë demonët nga ai dhe e shëroi. Pasi shëroi djalin, dishepujt erdhën te Jezusi dhe e pyetën, *"Përse ne nuk ishim në gjendje ta dëbonim?"* (v. 19) Ai u përgjigj, *"Prej mosbesimit tuaj"* (v. 20).

Përveç këtij rasti, Jezusi e qortoi Pjetrin edhe te Mateu 14:22-33. Një natë, dishepujt ishin në një varkë në mes të valëve të egra, dhe Jezusi iu afrua atyre duke ecur mbi ujë. Në fillim ata u tmerruan kur e panë duke ecur mbi ujë, dhe të frikësuar thirrën, *"Është një fantazmë"* (v. 26). Jezusi menjëherë u tha atyre, *"Qetësohuni; jam unë, mos kini frikë"* (v. 27).

Pjetri u tregua i guximshëm dhe u përgjigj, *"Zot, nëse je ti, më urdhëro të vij te ti mbi ujëra"* (v. 28). Atëherë Jezusi i tha atë që vetë Pjetri dëshironte, "Eja." Pjetri hodhi një hap jashtë varkës, eci mbi ujë dhe shkoi drejt Jezusit. Por, kur pa erën, Pjetri u tremb dhe, ndërkohë që zhytej në ujë, thërriti, *"Zot, shpëtomë!"* (v. 30) Menjëherë Jezusi zgjati dorën, e kapi Pjetrin dhe e qortoi, *"O njeri besimpak, pse dyshove?"* (v. 31) Në atë kohë, Pjetri u qortua për besimin e tij të paktë, por pasi mori Frymën e Shenjtë dhe fuqinë e Perëndisë, ai kreu mrekulli të panumërta në emër të Zotit dhe me besimin e tij të madh u kryqëzua kokëposhtë për Zotin.

2. Besimi i gjithsecilit ka masë të ndryshme

Në Bibël ka shumë shëmbëlltyra të cilat shpjegojnë masën e besimit. 1 Gjonit 2, shpjegon masën e besimit duke e krahasuar atë me rritjen e njeriut, ndërsa Ezekieli 47:3-5, shpjegon masën e besimit duke krahasuar atë me thellësinë e ujit,

> *"Burri eci deri drejt lindjes me një litar të hollë në dorë dhe mati njëmijë kubit; pastaj më bëri të kapërcej ujërat, të cilat më arrinin deri të kyçet e këmbëve. Mati katërmijë kubitë të tjerë, pastaj më bëri të kapërcej ujërat; më arrinin të kyçet e këmbëve. Mati katërmijë kubit të tjerë, pastaj më bëri të kaloj ujërat: më arrinin deri të ijët. Mati njëmijë kubitë të tjerë: ishte një lumë që nuk mund ta kapërceja, sepse ujërat e tij ishin shtuar; ishin ujëra në të cilat duhet të notoja; një lumë që nuk mund të kapërcehej."*

Libri i Ezekielit është një nga pesë Librat e Mëdhenj të Profecive në Dhiatën e Vjetër. Perëndia e urdhëroi profetin Ezekiel të regjistronte profecitë në kohën kur Mbretëria Jugore e Judesë u shkatërrua nga Babilonia dhe shumë hebrenj u dërguan në Babiloni si robër lufte. Nga Ezekieli 40 e tutje, përshkruhet tempulli që Ezekieli pa në një vegim.

Te Ezekieli 47, profeti flet për një vegim në të cilin ai pa ujë të dilte nga fundi i pragut të tempullit drejt lindjes. Uji dilte nga pjesa e poshtme jugore e tempullit, në jug të altarit. Më pas, uji kalonte përmes portës veriore, dhe rridhte jashtë shenjtërores përreth pjesës së jashtme deri në portën e jashtme që kishte përballë lindjen.

"Uji" këtu në kuptimin shpirtëror nënkupton fjalën e Perëndisë (Gjoni 4:14), dhe fakti që uji kalon përmes rrotull pjesës së brendshme të shenjtërores, e më pas rrjedh jashtë shenjtërores tregon se fjala e Perëndisë predikohet jo vetëm në shenjtërore por edhe drejt botës.

Çfarë do të thotë Ezekieli me "një burrë eci drejt lindjes me një litar të hollë në dorë dhe mati njëmijë kubit" (47:3)? Kjo i referohet matjes që i bën Perëndia besimit personal të secilit dhe gjykimit që i bën Ai secilit sipas masës së besimit në ditën e Gjykimit.

"Burri me litar të hollë në dorë" i referohet shërbëtorit të Zotit, dhe "me një litar të hollë në dorë" do të thotë që Zoti mat besimin e gjithsecilit me saktësi pa bërë asnjë gabim. Prandaj, ndryshimi i thellësisë së ujit nga ana metaforike nënkupton nivele të ndryshme të masës së besimit.

Sipas thellësisë së ujit

"Uji te kyçet e këmbëve" tregon besim shpirtëror të foshnjave, pikërisht masa e besimit që bën të mundur marrjen e shpëtimit. Kur masa e besimit krahasohet me peshën e një burri, ky nivel është po aq i gjatë sa pesha e nyjës së këmbës. Më pas, "uji deri tek gjunjët" i referohet besimit të fëmijëve, dhe "uji deri tek beli" qëndron për besimin e të rinjve. Në fund, "thellësia e ujit i mjaftueshëm për të notuar" i referohet besimit të etërve.

Në këtë mënyrë, në ditën e Gjykimit besimi i çdo individi do të matet, dhe banesa qiellore e çdo personi do të përcaktohet nga Zoti në bazë të nivelit të zbatimit të fjalës së Perëndisë në jetën e tij.

"Matja e njëqind kubikëve" tregon zemrën e madhe të Perëndisë, saktësinë e Tij pa gabimin më të vogël, dhe thellësinë e zemrës së Tij që llogarit çdo gjë. Perëndia mat masën e besimit të çdo individi jo nga perspektiva e dikujt, por nga të gjithë engjëjt. Perëndia heton çdo vepër dhe qendrën e zemrës tonë me aq saktësi sa askush të mos ndjehet se është ngarkuar gabimisht.

Prandaj, Perëndia heton gjithçka me anë të syve të Tij flakërues dhe bën që çdo individ të korrë atë që ai ka mbjellë dhe e shpërblen sipas asaj që ai ka bërë. Për këtë arsye, Romakëve 12:3 thotë, *"Sepse, për hirin që më është dhënë, unë i them secilit prej jush të mos e vlerësojë veten më shumë se sa duhet ta çmojë, por të ketë një vlerësim të përkorë, sipas masës së besimit që Perëndia i ndau secilit."*

Mendo me mençuri sipas masës së besimit tënd

Ecja në ujë deri në kyçet e këmbëve është dhe ka një ndjesi krejt ndryshe nga të ecurit në ujë deri te beli. Kur ecën në ujë deri te kyçet e këmbëve, mund të mendosh se duhet të ecësh apo të vraposh sepse aty s'mund të notosh. Mirëpo, kur ti je në ujë deri në mes, do të preferosh më shumë notin sesa të ecurit.

Në të njëjtën mënyrë, ata me besimin e fëmijëve mendojnë ndryshe nga ata me besimin e etërve, ashtu si mendimi i një njeriu është ndryshe në bazë të thellësisë së ujit. Prandaj, është e përshtatshme që të mendosh me mençuri në përputhje me masën e besimit tënd.

Abrahami e pranoi Isakun si birin e premtimit vetëm pasi Perëndia miratoi besimin e tij. Një ditë, Perëndia e urdhëroi Abrahamin të ofronte birin e tij të vetëm si një flijim të gjallë. Çfarë mendoi Abrahami për këtë urdhër? Ai asnjëherë nuk mendoi me dhimbje, "Pse më urdhëroi Perëndia që ta ofroj Isakun si një flijim të gjallë megjithëse Ai më dha Isakun si birin e premtimit? Mos vallë i thyen Ai premtimet e Tij?

Hebrenjve 11 na kujton se Abrahami mendoi me mençuri për premtimin e Perëndisë: "Ai nuk gënjen kurrë dhe Ai do ta ringjallë djalin tim prej së vdekurish." Abrahami nuk mendoi më lart për veten e tij sesa ai ishte, por mendoi për veten e tij sipas masës së besimit që Perëndia i kishte dhënë.

Abrahami nuk u ankua e as nuk mërmëriti, por iu bind Perëndisë me zemër të përulur. Si rezultat, ai u miratua dhe u favorizua më shumë nga Perëndia dhe u bë paraardhësi i besimit.

Duhet të kuptosh se nëpërmjet sprovave të vështira dhe të vrazhda, Abrahami u shpall si njeri me besim frymëror dhe u drejtua drejt rrugës së bekimeve. Ti mund të kesh dashurinë dhe bekimet e Perëndisë vetëm kur kalon sprovat e zjarrta duke menduar me mençuri për veten tënde sipas masës së vetë besimit tënd.

3. Masa e besimit e sprovuar me zjarr

1 Korintasve 3:12-15 na thotë se Perëndia e sprovon besimin e secilit me zjarr dhe mat veprat që mbesin më pas:

> *"Dhe, në qoftë se dikush ndërton mbi këtë themel ar, argjend, gurë të çmuar, dru, sanë, kashtë, vepra e secilit do të shfaqet, sepse dita do ta tregojë; sepse do të zbulohet me anë të zjarrit, dhe zjarri do të provojë veprën e secilit e ç'lloj është. Në qoftë se vepra që dikush ka ndërtuar mbi themelin qëndron, ai do të marrë një shpërblim, në qoftë se vepra e tij digjet, ai do të pësojë humbje, por ai vetë do të shpëtohet, si përmes*

zjarrit."

"Themeli" këtu i referohet Jezus Krishtit dhe "vepra" tregon se çfarë është bërë me përpjekjet që ti ke bërë me gjithë shpirt. Nëse dikush beson në Jezus Krishtin, vepra e tij do të shfaqet siç është, "sepse dita do ta tregojë."

Kur do të shfaqet vepra?

Së pari, vepra e çdo individi do të shfaqet kur të mbarojë detyra e tij. Nëse kjo detyrë jepet çdo vit, atëherë vepra e tij do të shfaqet në fund të çdo viti.

Së dyti, Perëndia e vë në provë veprën e secilit kur mbi të vjen sprova e zjarrit. Disa njerëz qëndrojnë në paqe duke mos ndryshuar edhe kur përballen me sprova të vrazhda dhe vështirësi të mëdha, kurse disa të tjerë nuk janë në gjendje të durojnë.

Së fundmi, Perëndia e sprovon veprën e secilit në ditën e Gjykimit e cila do të ndodhë pas Ardhjes së Dytë të Jezus Krishtit. Ai do të masë shenjtërinë dhe besnikërinë e secilit dhe do të ndaj banime qiellore dhe shpërblime sipas masës së secilit.

Vepra që mbetet pas sprovës së zjarrit

1 Korintasve na kujton përsëri, 3:12-13, *"Dhe, në qoftë se dikush ndërton mbi këtë themel ar, argjend, gurë të çmuar, dru, sanë, kashtë, vepra e secilit do të shfaqet, sepse dita do ta tregojë; sepse do të zbulohet me anë të zjarrit, dhe zjarri do të provojë veprën e secilit e ç'lloji është."*

Nëse Perëndia e sprovon veprën e secilit me zjarr, cilësia e veprës së secilit do të jetë ajo e besimit prej ari, argjendi, gurësh të çmuar, druri, sane dhe kashte. Pas sprovës së Perëndisë, njerëzit me besim prej ari, argjendi, gurësh të çmuar, druri apo sane do të shkojnë drejt shpëtimit, por ata njerëçë[z me besim prej kashte nuk mund të shpëtohen sepse ata janë të vdekur në frymë.

Për më shumë, njerëzit me besim prej ari, argjendi ose gurësh të çmuar mund ta përballojnë sprovën e zjarrit ashtu si ari, argjendi apo gurët e çmuar që s'mund të digjen nga zjarri, ndërsa për njerëzit me besim prej druri dhe sane nuk do të jetë e lehtë që të kalojnë sprovat e zjarrit.

Karakteristikat e arit, argjendit dhe të gurëve të çmuar

Ari është një element i farkëtueshëm, i punueshëm, i verdhë dhe metalik i cili veçanërisht përdoret në prerjen e monedhave, stolive të çmuara, aksesorëve ose në zeje. Për kohë me radhë është konsideruar si metali më i vlefshëm. Shkëlqimi i tij nuk ndryshon edhe pas një kohe të gjatë sepse midis arit dhe substancave të tjera nuk ndodh asnjë reagim kimik.

Vazhdimisht, ari është konsideruar si metali më i vlefshëm për shkak se është i pandryshueshëm, shumë i përdorshëm për qëllime të ndryshme dhe është shumë i lakueshëm për t'i dhënë të gjitha format.

Argjendi më së shumti është përdorur për monedha, aksesorë dhe qëllime industriale sepse është i dyti për nga farkëtimi dhe punimi dhe e përcjell mjaft mirë nxehtësinë. Argjendi është më i lehtë se ari dhe është më pak i bukur dhe i shkëlqyeshëm se ai.

Gurët e çmuar si diamanti, safiri, apo smeraldet japin ngjyra të mrekullueshme dhe të shndritshme por që nuk mund të përdoren për qëllime të ndryshme. Ata e humbin vlerën e tyre dhe bëhen të pavlefshëm nëse thyhen apo gërvishten.

Prandaj, Perëndia e mat besimin e secilit ashtu si besim prej ari, argjendi, gurësh të çmuar, druri, sane, kashte sipas veprës që mbetet nga sprova e zjarrit dhe e gjykon besimin prej ari si më të vlefshmin nga të gjithë.

Fito besimin prej ari

Nga njëra anë, njerëzit me besim si ari nuk lëkunden edhe kur përballen me sprova prej zjarri. Besimi prej argjendi nuk është aq i fortë sa ai i arit por është më i lartë se ai i gurëve të çmuar të cilët janë të brishtë ndaj zjarrit. Nga ana tjetër, njerëzit me besimin prej druri apo sane, veprat e të cilëve digjen nëpërmjet sprovave të zjarrit të Perëndisë, mezi shpëtohen duke mos marrë asnjë shpërblim. Perëndia e shpërblen secilin në përputhje me atë që ai bën sepse Ai është i drejtë dhe i ndershëm. Prandaj, Ai pranon ata njerëz që kanë besim të pandryshueshëm ashtu si ari që nuk ndryshon kurrë, dhe i shpërblen ata si në qiell ashtu edhe në tokë.

Apostulli Pal, i cili e përkushtoi vetveten si apostull për johebrenjtë, e predikoi ungjillin me zemër të pandryshueshme dhe vrapoi garën e besimit deri në fund, edhe pse u përball me shumë sprova dhe vështirësi që nga momenti kur takoi Perëndinë.

Veprat 16:25, vijon si me poshtë: *"Aty nga mesnata Pali dhe Sila po luteshin dhe i këndonin himne Perëndisë; dhe të burgosurit i dëgjonin."* Për shkak të predikimit të ungjillit, Pali dhe Sila, u burgosën dhe u fshikulluan brutalisht me këmbë të lidhura, por i kënduan lavde Perëndisë në lutje, pa u ankuar.

Në këtë mënyrë, Pali nuk e mohoi kurrë Zotin deri në vdekje dhe nuk nxori një fjalë të vetme ankimi. Ai ishte gjithmonë i gëzuar dhe mirënjohës me një zemër të mbushur me shpresë për qiellin dhe besnik në punën e Zotit deri në pikën sa dha vetë jetën e tij.

Nëse ti ke besimin prej ari të apostullit Pal, do të shkëlqesh në një vend të lavdishëm si dielli në qiell dhe do të marrësh dashurinë e madhe të Perëndisë prej veprave të tua të cilat nuk digjen për t'u kthyer në hi.

Besimi prej druri dhe sane

Njerëzit me besim prej argjendi i kryejnë detyrat e tyre siç duhet edhe pse besimi i tyre është më i vogël se besimi prej ari. Atëherë, çfarë është besimi prej gurësh të çmuar?

Njerëzit me besim prej gurësh të çmuar, pasi shërohen nga të gjitha sëmundjet e tyre apo mbushen me Frymën e Shenjtë, rrëfejnë, "Unë do t'i jem besnik Zotit! Do ta predikoj ungjillin me gjithë zemrën time." Kur lutjet e tyre marrin përgjigje, ata deklarojnë, "Që tani e tutje, do të jetoj vetëm për Perëndinë." Nga jashtë ata duken sikur zotërojnë besimin prej ari, por pengohen e dalin nga rruga në sprovat e zjarrit sepse ata nuk kanë besim prej ari. Ata duken sikur kanë besim të madh kur mbushen me Frymën e Shenjtë, por devijojnë nga rruga e besimit dhe në fund zemrat e tyre thyhen në copa njësoj si të mos kishin fare besim.

Me fjalë të tjera, besimi prej gurësh të çmuar duket bukur

vetëm për një moment. Megjithatë, vepra e besimit prej gurësh të çmuar mbetet edhe pas sprovave të zjarrit, ashtu siç ruhet forma e gurit të çmuar në zjarr.

Mirëpo, vepra e besimit prej druri apo sane, digjet plotësisht pas sprovave të zjarrit. Përsëri 1 Korintasve 3:14-15 na thotë, *"Në qoftë se vepra që dikush ka ndërtuar mbi themelin qëndron, ai do të marrë një shpërblim, në qoftë se vepra e tij digjet, ai do të pësojë humbje, por ai vetë do të shpëtohet, si përmes zjarrit."*

Është e vërtetë që njerëzit me besim prej ari, argjendi apo gurësh të çmuar, shpëtohen dhe shpërblehen në parajsë për shkak se vepra e besimit të tyre qëndron pas sprovës së zjarrit të Perëndisë. Mirëpo, vepra e atyre me besim prej druri apo sane digjet e bëhet hi pas sprovave të zjarrit dhe njerëz të tillë mezi shpëtohen, por në parajsë nuk mund të marrin asnjë shpërblim.

Perëndia e pranon me gëzim besimin tënd dhe të shpërblen me bollëk kur e kërkon Atë me zell. Hebrenjve 11:6 na thotë, *"Edhe pa besim është e pamundur t'i pëlqesh Atij, sepse ai që i afrohet Perëndisë duhet të besojë se Perëndia është, dhe se është shpërblenjësi i atyre që e kërkojnë atë."*

Perëndia e mat besimin e secilit nëpërmjet sprovës së zjarrit. Ai u jep bekime mbi tokë dhe shpërblime në parajsë të gjithëve atyre që kanë besimin e pandryshueshëm prej ari.

Prandaj, ti duhet të kuptosh se nga Perëndia ka përgjigje dhe bekime të ndryshme ashtu siç ka dhe kurora dhe banesa të ndryshme në qiell sipas masës së besimit të secilit.

Uroj që ti të luftosh për të arritur besimin prej ari që kënaq

Perëndinë me qellim që të shijosh bekimet e Tij në të gjitha rrugët këtu mbi tokë dhe të banosh në një vend të lavdishëm duke shkëlqyer si dielli në qiell, në emrin e Zotit tonë, lutem!

Kapitulli 4

Besimi për të marrë shpëtimin

1
Niveli i parë i besimit
2
A e ke marrë Frymën e Shenjtë?
3
Besimi i kriminelit që u pendua
4
Mos e shuaj Frymën e Shenjtë
5
A ishte shpëtuar Adami?

*"Atëherë Pjetri u tha atyre: Pendohuni dhe secili nga ju le
të pagëzohet në emër të Jezu Krishtit për faljen e mëkateve,
dhe ju do të merrni dhuratën e Frymës së Shenjtë.
Sepse premtimi është për ju dhe për bijtë tuaj
dhe për gjithë ata që janë larg, për ata që Zoti,
Perëndia ynë, do t'i thërrasë"*
(Veprat e Apostujve 2:38-39).

Në kapitullin e mëparshëm kam mësuar se Perëndia pranon besimin frymëror të shoqëruar me vepra, që çdo individ ka masë të ndryshme besimi dhe rritet në bazë të bindjes së çdo personi ndaj fjalës së Perëndisë.

Masa e besimit do të ndahet në pesë nivele – besimi prej ari, prej guri të çmuar, prej druri dhe prej kashte. Ashtu siç ngjiten shkallët një e nga një, edhe besimi rritet nga kashta në ar, duke dëgjuar dhe duke iu bindur fjalës së Perëndisë.

Ti mund të kesh parajsën vetëm me anë të besimit, dhe për të mbajtur fuqishëm mbretërinë qiellore duhet ta rritësh besimin tënd hap pas hapi. Sa më shumë që të zotërosh besimin prej ari, aq më shumë do t'i ngjash imazhit të humbur të Perëndisë dhe do të jesh i favorizuar dhe i miratuar prej Tij dhe në fund do të arrish Jerusalemin e ri në të cilën është vënë froni i Perëndisë. Veç kësaj, nëse ke besim prej ari, Perëndia kënaqet me ty, ecën me ty, u përgjigjet dëshirave të zemrës dhe të bekon që të bësh shenja mrekullie.

Prandaj, unë shpresoj që ti ta masësh besimin tënd dhe të përpiqesh të zotërosh më shumë besimin e përsosur.

1. Niveli i parë i besimit

Përpara se të pranonim Jezus Krishtin, ne ishim fëmijë të

djallit dhe ishim duke shkuar në ferr për shkak të jetës sonë në mëkat. 1 Gjonit 3:8 thotë, *"Kush kryen mëkat është nga djalli, sepse djalli mëkaton nga fillimi; prandaj është shfaqur Biri i Perëndisë: për të shkatërruar veprat e djallit."*

Megjithatë, sado i mirë dhe i pafajshëm mund të dukesh, ti do ta gjesh veten tënde duke jetuar në errësirë pasi ligësia jote e fshehur në ty do të zbulohet kur të shkëlqejë drita e vërtetë e përsosur e Perëndisë.

Dikur kam menduar se isha njeri i mirë dhe fisnik që mund të jetoja pa ligjin. Megjithatë, kur unë pranova Zotin dhe reflektova mbi veten time në pasqyrën e vërtetë të Fjalës, zbulova se sa i keq isha. Mënyra sesi veproja, gjërat që thosha apo dëgjoja dhe gjërat që mendoja ishin kundër fjalës së Tij.

Zoti e urdhëroi Jobin te kapitulli 1:8, duke thënë, *"Sepse mbi dhe nuk ka asnjë tjetër si ai që të jetë i ndershëm, i drejtë, të ketë frikë nga Perëndia dhe t'i largohet së keqes."* Megjithatë, i njëjti Job që ishte konsideruar si burrë i pafajshëm dhe i drejtë, shqiptoi fjalët e vajtimit, ankimit apo të rënkimit ndërsa vuante nga sprovat e vrazhda.

Ai rrëfeu, *"Edhe sot vajtimi im është i dhimbshëm; dora ime është e dobët për shkak të rënkimit tim"* (Jobi 23:2), dhe *"Ashtu si rron Perëndia që më ka hequr të drejtën time dhe i Plotfuqishmi që më ka hidhëruar shpirtin"* (Jobi 27:2).

Jobi nxori në pah ligësinë dhe poshtërsinë e tij në sprovat kërcënuese të jetës, edhe pse ishte lavdëruar si "i pafajshëm dhe si njeri i drejtë." Atëherë kush mund të deklarojë se është i pamëkat në sytë e Zotit, para Tij që është dritë në vetvete dhe ku asnjë fije errësire nuk mund të gjendet?

Në sytë e Perëndisë të gjitha mbeturinat e mëkatit në zemrën tënde, si urrejtja apo xhelozia, por edhe veprat mëkatare si zënkat, grindjet apo vjedhjet, të gjitha gjykohen si mëkat. Mbi këtë çështje, në mënyrë shumë të qartë Perëndia na thotë tek 1 Gjonit 1:8 *"Po të themi se jemi pa mëkat, gënjejmë vetveten dhe e vërteta nuk është në ne."*

Të pranosh Jezus Krishtin

Perëndia i dashurisë dërgoi Birin e Tij të vetëm Jezus në tokë për të na shpëtuar nga mëkatet tona. Jezusi u kryqëzua për ne dhe derdhi gjakun e Tij të çmuar që është i panjollë dhe i pastër. Ai u ndëshkua për shkak të mëkateve tona. Megjithatë, në ditën e tretë, pasi shkatërroi fuqinë e vdekjes, Ai u ringjall prej së vdekurish. Dyzet ditë pas ringjalljes se Tij, Jezusi u ngrit lart në qiell, para syve të dishepujve të Tij, duke premtuar se do të kthehej përsëri për të na marrë në qiell (Veprat 1).

Ti do të marrësh Frymën e Shenjtë si dhuratë dhe do të vulosesh si një fëmijë i Perëndisë kur të besosh rrugën e shpëtimit dhe të pranosh Jezus Krishtin si Shpëtimtar në zemrën tënde. Atëherë do të marrësh të drejtën të jesh fëmijë i Perëndisë, ashtu siç është premtuar tek 1 Gjonit 1:12: *"Por të gjithë atyre që e pranuan, ai u dha pushtetin të bëhen bij të Perëndisë, atyre që besojnë në emrin e tij."*

E drejta për t'u bërë fëmijë i Perëndisë

Imagjino lindjen e një fëmije. Prindërit e tij njoftojnë lindjen e fëmijës në bashkinë e qytetit dhe e regjistrojnë emrin e tij si biri i tyre. Në të njëjtën mënyrë, nëse rilind si një fëmijë i Perëndisë, emri yt regjistrohet në Librin e Jetës në qiell dhe të jepet qytetaria qiellore.

Në të njëjtën mënyrë, në nivelin e parë të besimit ti bëhesh fëmijë i Perëndisë duke pranuar Jezus Krishtin; mëkatet të falen (1 Gjonit 2:12), dhe e quan Perëndinë "At" (Galatasve 4:6). Në këtë nivel ti je i lumtur për faktin që ke marrë Frymën e Shenjtë ndonëse ende nuk e di të vërtetën e fjalës së Perëndisë dhe, duke parë atë që të rrethon, mund të ndjesh ekzistencën e Perëndisë.

Gjithashtu, niveli i parë i besimit quhet "besimi për të marrë shpëtimin" ose "besimi për të marrë Frymën e Shenjtë," dhe është i barasvlershëm me besimin e një foshnje ose të kashtës, siç u përshkrua më lart.

2. A e ke marrë Frymën e Shenjtë?

Te Veprat 19:1-2, Pali, një apostull për johebrenjtë i cili e përkushtoi veten e tij në predikimin e ungjillit, takoi disa dishepuj në Efes dhe i pyeti, *"Dhe ndërsa Apollo ishte ende në Korint, Pali, mbasi shkoi në vendet më të larta, arriti në Efes dhe, si gjeti disa dishepuj, u tha atyre: A e keni marrë Frymën e Shenjtë, kur besuat?"* Ata iu përgjigjën: "Ne as që kemi dëgjuar se paska Frymë të Shenjtë." Ata morën pagëzimin e pendimit me anë të ujit që dha Gjon Pagëzori, por jo pagëzimin e Frymës së Shenjtë si dhuratë nga Perëndia.

Ashtu siç Perëndia ka premtuar te Joeli 2:28 dhe te Veprat 2:17 që në ditët e fundit do të derdhë Frymën e Tij tek të gjithë njerëzit, premtim i cili u përmbush, dhe njerëzit që morën Frymën e Perëndisë, Frymën e Shenjtë, themeluan kishën.

Gjithsesi, ashtu si dishepujt në Efes, ka shumë njerëz që pohojnë se besojnë tek Perëndia por që jetojnë pa ditur se kush është Fryma e Shenjtë dhe se çfarë është pagëzimi në Të.

Nëse të jepet e drejta të bëhesh fëmijë i Perëndisë duke pranuar Jezus Krishtin, Perëndia të jep Frymën e Shenjtë si dhuratë për të ta siguruar këtë të drejtë. Prandaj, nëse nuk e njeh Frymën e Shenjtë, ti nuk mund të mendosh se je apo quhesh fëmijë i Perëndisë. 2 Korintasve 1:21-22 thotë, *"Edhe ai që na themelon neve bashkë me ju në Krishtin dhe na vajosi është Perëndia, i cili edhe na vulosi dhe na dha kaparin e Frymës në zemrat tona."*

Të marrësh Frymën e Shenjtë

Veprat 2:38-39 shpjegon në mënyrë të hollësishme se si ne mund ta marrim Frymën e Shenjtë: *"Atëherë Pjetri u tha atyre: Pendohuni dhe secili nga ju le të pagëzohet në emër të Jezu Krishtit për faljen e mëkateve, dhe ju do të merrni dhuratën e Frymës së Shenjtë. Sepse premtimi është për ju dhe për bijtë tuaj dhe për gjithë ata që janë larg, për ata që Zoti, Perëndia ynë, do t'i thërrasë."*

Çdokush mund të falet për mëkatet e tij dhe të marrë dhuratën e Frymës së Shenjtë nëse i rrëfen mëkatet, pendohet përulësisht dhe beson që Jezusi është Shpëtimtari i tij.

P.sh., te Veprat 10 shohim një burrë johebre nga Çezarea i quajtur Kornel. Një ditë apostulli Pal shkoi për vizitë në shtëpinë e tij dhe i predikoi atij dhe të gjithë familjes së tij ungjillin e Jezus Krishtit. Ndërsa Pjetri predikonte, Fryma e Shenjtë erdhi mbi ta, dhe ata filluan të flasin në gjuhë të panjohura.

Ata që marrin Frymën e Shenjtë duke pranuar Jezus Krishtin si Shpëtimtarin e tyre ndodhen në nivelin e parë të besimit. Megjithatë, ata mezi shpëtohen pasi nuk i kanë larguar tutje mëkatet e tyre duke i luftuar ato, duke përmbushur detyrat e dhëna nga Perëndia, dhe nuk i japin lavdi Atit.

Kriminelli që u var mbi kryq, në anë të Jezusit, e pranoi Atë si Shpëtimtarin e tij personal, dhe masa e besimit të tij është edhe ajo në nivelin e parë të besimit

3. Besimi i kriminelit që u pendua

Luka 23 na tregon se dy kriminele u varën në kryq në të dy anët e Jezusit. Ndërsa njeri prej tyre e tallte Jezusin, kriminelli tjetër e qortoi të parin dhe e pranoi Jezusin si Shpëtimtar duke u penduar për mëkatet e tij. Ai tha, *"Zot, kujtohu për mua kur të vish në mbretërinë tënde."* Atëherë Jezusi i tha: *"Në të vërtetë po të them: sot do të jesh me mua në parajsë"* (vargu. 42-43).

"Parajsa" që Jezusi i premtoi kriminelit ndodhet mbi kufijtë e qiejve. Aty do të hyjnë dhe do të banojnë përgjithmonë njerëzit që janë në nivelin e parë të besimit. Në Parajsë, shpirtrave të shpëtuar nuk u jepet asnjë lloj shpërblimi. Ky kriminel i shpëtuar rrëfeu mëkatet e tij duke ndjekur ndërgjegjen e tij të mirë dhe mori faljen duke pranuar Jezus Krishtin si Shpëtimtar e tij.

Megjithatë, gjatë jetës së tij këtu në tokë ai nuk bëri ndonjë gjë për Zotin. Për këtë arsye ai pranoi premtimin e Parajsës, ku nuk ka shpërblime. Nëse njerëzit nuk e rrisin besimin e tyre sa një kokërr sinapi, edhe pasi kanë marrë Frymën e Shenjtë duke pranuar Jezus Krishtin, ata mezi do të shpëtohen dhe do të jetojnë në Parajsë pa asnjë shpërblim.

Por, ti nuk duhet të mendosh se vetëm besimtarët e rinj ose fillestarët në besim ndodhen në nivelin e parë të besimit. Edhe pse mund të kesh jetuar një jetë të krishterë për një kohë të gjatë apo shërben si plak ose si dhjak, ti do të marrësh shpëtim të turpshëm nëse vepra jote kthehet në hi gjatë sprovës së zjarrit.

Prandaj, pasi të marrësh Frymën e Shenjtë, ti duhet të lutesh e të luftosh për të jetuar sipas Fjalës së Perëndisë. Nëse nuk jeton sipas Fjalës, por vazhdon në mëkat, emri yt do të fshihet nga Libri i Jetës dhe nuk do të hysh në qiell.

4. Mos e shuaj Frymën e Shenjtë

Ka njerëz që dikur kanë qenë besnik por gradualisht janë bërë të vakët në besimin e tyre për arsye të ndryshme dhe mezi marrin shpëtimin.

Një burrë që kishte qenë një nga pleqtë në kishën time shërbeu besnikërisht në shumë punë të kishës, prandaj besimi i tij nga jashtë dukej i madh. Mirëpo, një ditë ai papritur u sëmur shumë rëndë sa madje as nuk mund të fliste dhe kështu erdhi të merrte lutjen time.

Në vend që të lutesha për shërimin e tij, unë u luta për shpëtimin e tij. Në atë moment, shpirti i tij po vuante kaq shumë nga frika e luftës mes engjëjve, të cilët po përpiqeshin ta merrnin në parajsë, dhe frymëve të këqija të cilat po përpiqeshin ta merrnin në ferr. Nëse ai do të kishte pasur besim të mjaftueshëm për t'u shpëtuar, frymët e këqija nuk do të kishin ardhur fare për ta marrë. Menjëherë u luta për të larguar frymët e këqija dhe iu luta Zotit që ta pranonte këtë njeri. Menjëherë pas lutjes, ai gjeti ngushëllim dhe derdhi lot. Ai u pendua pak para se të vdiste dhe mezi u shpëtua.

Prandaj, duhet të kuptosh që është e turpshme që të shkosh në Parajsë në këtë mënyrë, prandaj duhet të jesh më shumë entuziast dhe energjik për të rritur besimin. I njëjti burrë, dikur ishte shëruar pasi pranoi lutjen time, madje edhe gruaja e tij u kthye në jetë nga pragu i vdekjes me anë të lutjes sime. Duke dëgjuar fjalën e jetës, familja e tij, e cila kishte shumë probleme, u kthye në familje të lumtur.

Që atëherë ai u rrit në besim, me punën e tij u bë një punëtor besnik i Perëndisë dhe ishte besnik në detyrat e tij. Mirëpo, kur kisha u përball me një sprovë, ai nuk u përpoq ta mbronte kishën por lejoi që mendimet e tij të kontrolloheshin nga satani. Fjalët që dolën prej gojës së tij ndërtuan një mur të madh mëkati mes tij dhe Perëndisë. Në fund, ai nuk mund të ishte më nën mbrojtjen e Perëndisë dhe u godit nga një sëmundje e rëndë.

Si punëtor i Perëndisë, ai nuk duhej të shikonte apo të dëgjonte gjithçka që ishte kundër së vërtetës dhe vullnetit të Perëndisë, por ai donte t'i dëgjonte dhe t'i përhapte ato gjëra. Perëndia e largoi fytyrën e Tij nga ky burrë pasi ai ishte kthyer prapa nga një hir shumë i madh i Perëndisë i cili e kishte shëruar atë nga një sëmundje e rëndë. Shpërblimi i Perëndisë u thërrmua dhe ai nuk mund të gjente forcë për tu lutur. Besimi i tij u përkeqësua dhe në fund ai arriti në atë pikë sa nuk ishte më i sigurt për shpëtimin e vet.

Fatmirësisht, Perëndia kujtoi shërbimin e tij në të kaluarën në kishë, dhe ky burrë arriti të merrte një shpëtim të turpshëm mbasi Perëndia i kishte dhënë hir për t'u penduar për atë që ai kishte bërë.

Prandaj, duhet të kuptosh se për Perëndinë, qëndrimi që ti ke ndaj Tij në thellësi të zemrës dhe bindja ndaj vullnetit të Tij janë më të rëndësishme sesa vitet e tua të besimit. Nëse frekuenton rregullisht kishën, por ndërton një mur mëkati duke mos ju bindur fjalës së Perëndisë, Fryma e Shenjtë brenda teje venitet, ti humbet besimin që është sa një kokërr sinapi (1 Thesalonikasve 5:19), dhe nuk merr shpëtimin.

Te Hebrenjtë 10:38, Perëndia thotë, *"Dhe i drejti do të jetojë prej besimit; por në qoftë se ndokush tërhiqet prapa, shpirti im nuk do të gjejë pëlqim në të."* Sa i mjerë do të jesh nëse rritesh në besimin tënd për vite me radhë për t'u kthyer më pas në botë! Qëndro zgjuar në çdo kohë që të mos tundohesh e të mos përjetosh kthimin pas të besimit tënd.

5. A ishte shpëtuar Adami?

Shumë njerëz pyesin veten se çfarë i ndodhi Adamit dhe Evës pasi hëngrën frytin e pemës së njohjes të së mirës dhe së keqes. A mund të shpëtoheshin ata edhe pasi ishin mallkuar dhe dëbuar nga kopshti i Edenit për shkak të mosbindjes së tyre?

Le të shqyrtojmë procesin gjatë të cilës njeriu i parë Adami kundërshtoi urdhrin e Perëndisë. Pasi krijoi qiejt dhe tokën, Perëndia formoi njeriun nga pluhuri i tokës në shëmbëlltyrën dhe në shëmbëlltyrën e Tij. Ai fryu brenda tij frymën e jetës dhe njeriu u bë qenie e gjallë. Më pas, në lindje të Edenit, ai ndërtoi

Kopshtin e Edenit të ndarë nga toka dhe e vendosi njeriun aty.

Në kopshtin e Edenit, ku çdo gjë ishte më e bukur dhe e pasur se në ndonjë vend tjetër në tokë, Adami nuk kishte nevojë për asgjë dhe shijonte bekimet e jetës së përjetshme dhe të drejtën për të administruar gjithçka. Përveç kësaj, Perëndia i dha atij një ndihmëse dhe i bekoi ata që të ishin të frytshëm, të ishin të begatë e të popullonin tokën. Kështu, Perëndia e bekoi njeriun e parë Adamin të jetonte në mjedisin më të mirë, pa pasur asnjë nevojë.

Gjithsesi, kishte vetëm një gjë të cilën Perëndia ua kishte ndaluar. Ai tha, *"Por mos ha nga pema e njohjes të së mirës dhe të së keqes, sepse ditën që do të hash prej saj ke për të vdekur me siguri."* Zanafilla 2:17 Kjo është shenjë e sundimit absolut të Perëndisë dhe tregon se Ai ka vendosur një rregull midis Tij dhe njerëzimit.

Pasi kishte kaluar një kohë e gjatë, Adami dhe Eva e lanë pas dore urdhërimin e Perëndisë dhe hëngrën frytin e pemës pas tundimit nga gjarpri. Ata mëkatuan dhe shpirti i tyre vdiq si rezultat i mëkatit që kishin kryer, dhe në fund ata u bën mëkatarë dhe mishëror.

Ata u dëbuan nga kopshti i Edenit dhe jetuan në tokë mes shumë vuajtjesh të ndryshme si sëmundje, lot, pikëllime e dhembje dhe vdiqën kur mbaroi fryma e jetës siç kishte thënë Perëndia, *"Ke për të vdekur me siguri."*

A e morën shpëtimin Adami dhe Eva, a shkuan në parajsë? Ata nuk iu bindën urdhrit të Perëndisë dhe mëkatuan kundër Tij. Për këtë, disa njerëz shprehen, "Ata nuk u shpëtuan pasi mëkatuan dhe bënë që të gjitha gjërat të mallkoheshin dhe të gjithë pasardhësit e tyre të jetonin në vuajtje." Por, Perëndia i dashurisë hapi edhe rrugën e shpëtimit për ata. Zemrat e tyre mbetën të pastra dhe të dashura ndaj Perëndisë edhe pasi kishin mëkatuar, në krahasim me njerëzit e sotëm, zemrat e të cilëve janë të njollosura me çdo lloj mëkati dhe ligësie që ka kjo botë e ligë.

Për shkak të mëkatit të tij, Adamit iu desh të jetonte me djersën e ballit, shumë ndryshe nga koha kur jetonte në kopshtin e Edenit, poashtu Eva kishte shumë vuajtje e shumë dhimbje gjatë lindjeve. Të dy u bënë dëshmitarë të vrasjes së njërit prej bijve nga vëllai tjetër.

Përmes këtyre vuajtjeve dhe eksperiencave, Adami dhe Eva filluan të kuptonin se sa të çmuara kishin qenë bekimet që gëzonin në kopshtin e Edenit. Atyre u mungonte koha kur jetonin në dashurinë dhe mbrojtjen e Perëndisë. Në zemrat e tyre ata e kuptuan se në çdo gjë që ata kishin gjetur gëzim në Kopshtin e Edenit kishin qenë bekimet dhe dashuria e Perëndisë dhe u penduan plotësisht për mosbindjen ndaj urdhrit të Perëndisë.

Perëndia i dashurisë, i cili fal edhe një vrasës që pendohet nga thellësia e zemrës, si mund të mos e pranonte pendimin e tij? Në fakt, ata ishin krijuar nga vetë duart e Perëndisë dhe për një kohë të gjatë ishin rritur nën hirin dhe kujdesin e Tij. Si mund t'i dërgonte Perëndia ata në ferr?

Perëndia e pranoi pendimin e Adamit dhe Evës dhe me dashuri i drejtoi ata në udhën e shpëtimit. Patjetër, ata mezi u shpëtuan dhe arritën Parajsën. Kjo ndodhi sepse ata braktisën dashurinë e Perëndisë, edhe pse Ai i donte shumë. Mosbindja e tyre nuk ishte diçka e parëndësishme pasi ajo i solli shumë dhimbje zemrës së Perëndisë dhe solli vdekjen dhe dhimbjen tek brezat e panumërt pas tyre.

Le të supozojmë një bebe që nuk rritet edhe pse koha kalon. Nëse bebja rritet mirë, prindërit e tij janë të kënaqur. Por, nëse bebja ha shumë mirë por nuk rritet, meraku dhe shqetësimi i prindërve shtohen çdo ditë. Në të njëjtën mënyrë, në momentin kur merr Frymën e Shenjtë dhe zotëron besimin e vogël sa një farë sinapi, ti duhet të përpiqesh ta përmirësosh besimin duke mësuar dhe duke iu bindur fjalës së Perëndisë.

Vetëm atëherë do të jesh në gjendje të marrësh çdo gjë që të kërkosh në emër të Perëndisë, t'i japësh lavdi Perëndisë dhe të ecësh drejt mbretërisë se qiejve. Mos i lejo vetes që të kënaqesh me faktin se je shpëtuar dhe ke marrë Frymën e Shenjtë, por përpiqu të rritesh në nivelin më të lartë të besimit dhe të gëzosh të drejtën dhe bekimet si fëmijë i dashur i Perëndisë.

Në emër të Zotit tonë lutem!

Kapitulli 5

Besimi për të provuar të jetosh sipas Fjalës

1
Niveli i dytë i besimit
2
Etapa më e vështirë e jetës në besim
3
Besimi i izraelitëve gjatë Eksodit
4
Vetëm nëse beson dhe bindesh
5
Të krishterët e papjekur dhe të krishterët e pjekur

"Unë, pra, po zbuloj këtë ligj: duke dashur të bëj të mirën, e keqja gjendet në mua. Në fakt unë gjej kënaqësi në ligjin e Perëndisë sipas njeriut të brendshëm, por shoh një ligj tjetër në gjymtyrët e mia, që lufton kundër ligjit të mendjes sime dhe që më bën skllav të ligjit të mëkatit që është në gjymtyrët e mia. Oh, njeri i mjerë që jam! Kush do të më çlirojë nga ky trup i vdekjes? Falem nderit Perëndisë me anë të Jezu Krishtit, Zotit tonë. Unë vetë, pra, me mendjen, i shërbej ligjit të Perëndisë, por me mishin ligjit të mëkatit"

(Romakëve 7:21-25).

Ndërkohë që fillon jetën tënde në Krishtin dhe merr Frymën e Shenjtë, ti bëhesh i zjarrtë dhe i flaktë në besim dhe mbushesh me gëzimin e shpëtimit. Ti përpiqesh t'i bindesh Fjalës së Perëndisë nëse arrin të njohësh Perëndinë dhe qiellin. Fryma e Shenjtë të ndihmon të kuptosh të vërtetën dhe të ndjekësh rrugën e së vërtetës. Nëse nuk i bindesh Fjalës së Perëndisë ndjehesh shumë keq sepse Fryma e Shenjtë brenda teje rënkon dhe ti si rrjedhojë arrin të kuptosh se ç'është mëkati.

Në këtë mënyrë, edhe pse në fillim ke vetëm aq besim për t'u shpëtuar, ti përpiqesh të jetosh sipas fjalës së Perëndisë ndërkohë që besimi yt rritet. Le të shqyrtojmë në detaje se si përparon jeta jote në besim në ketë etapë.

1. Niveli i dytë i besimit

Kur shpëtohesh nëpërmjet besimit në Jezus Krishtin dhe ndodhesh në nivelin e parë të besimit, mund të mëkatosh pa e ditur sepse njohuritë që ke për fjalën e Perëndisë janë të kufizuara. Ndodh njësoj si me një foshnjë të cilës nuk i vjen turp edhe pse është lakuriq.

Por, nëse dëgjon fjalën e Perëndisë dhe shpirtërisht ndjen që te Fjala ka jetë, atëherë dëshiron me etje që të dëgjosh fjalën dhe i lutesh Perëndisë. Ndërkohë që shikon punëtorët besnik të kishës, edhe ti vetë dëshiron të jetosh një jetë besnike në Krishtin.

Gradualisht ti largohesh nga mënyrat e jetesës së botës, merr pjesë në kishë dhe dëgjon fjalën e Perëndisë. Dikur të pëlqente shoqëria me shokë jobesimtarë, por tani dëshiron të ndjekësh mësimet frymërore dhe bashkësinë sepse zemra jote kërkon Frymën.

Në nivelin e dytë të besimit, ti mëson se si të jetosh një jetë të mirë të krishterë si fëmijë i Perëndisë, nëpërmjet mesazhit të predikuesit dhe dëshmive të vëllezërve dhe motrave në Krishtin.

Natyrisht, në këtë nivel ti mëson se si të jetosh si i krishterë. Mban të shenjtë Ditën e Zotit dhe sjell të dhjetën në shtëpinë e Perëndisë. Ti mëson se gjithmonë duhet të jesh i gëzuar, të lutesh vazhdimisht dhe të jesh gjithmonë mirënjohës. Mëson të duash të afërmin tënd si veten, madje të duash edhe armiqtë e tu. Mëson gjithashtu se jo vetëm që duhet të largosh çdo të keqe siç është urrejtja, xhelozia, gjykimi e shpifjet, por duhet edhe të kesh një zemër sipas Zotit. Në këtë pikë, ti vendos të jetosh me anë të Fjalës.

2. Etapa më e vështirë e jetës në besim

Në këtë mënyrë, ti bën çdo përpjekje për t'iu bindur Fjalës sepse ti e njeh të vërtetën. Por njëkohësisht, ti ndjehesh i rënduar sepse nuk është gjithmonë e lehtë që të jetosh sipas Fjalës. Veprat e tua duken sikur janë në konflikt me vullnetin tënd.

Në shumë raste, nuk arrin të jetosh sipas Fjalës sepse fuqia frymërore që mjafton për të ndjekur fjalën e Perëndisë, nuk të është dhënë ende. Disa njerëz mund edhe të psherëtijnë dhe të ankohen duke thënë, "Do të doja të mos e kisha njohur kishën."

Më lejoni ta qartësoj këtë me një shembull. Ti vetë dëshiron që ta mbash të shenjtë ditën e Zotit, të dielën, por ndonjë herë mund të mos ia arrish kësaj për shkak të disa takimeve apo grumbullimeve shoqërore. Disa herë ti merr pjesë në shërbesat e së dielës në mëngjes, por mungon në shërbesat e së dielës pasdite. Ndonjëherë shkon në dasmat e të afërmeve apo shokëve duke mos marrë pjesë kështu në shërbesën e së dielës në mëngjes.

Gjithashtu, ti e di që duhet t'i japësh Perëndisë një të dhjetën, por ndonjëherë nuk i bindesh këtij urdhërimi. Ndërsa herë të tjera, e kupton se zemra jote është e mbushur plot me hidhërim ndaj të tjerëve edhe pse përpiqesh që të mos i urresh ata. Ndodh që të ngjallet epshi duke parë një anëtar kishe të gjinisë së kundërt sepse ky element i mëkatit dhe i së keqes qëndron ende në zemrën tende (Mateu 5:28).

Në të njëjtën mënyrë, nëse ndodhesh në nivelin e dytë të besimit, ti bën maksimumin për t'iu bindur Perëndisë, edhe pse fuqia për t'iu bindur plotësisht nuk të është dhënë ende. Prapëseprapë, ti mundohesh me çdo kusht që t'i braktisësh mëkatet e tua, si gjykimin ndaj të tjerëve, lakminë, xhelozinë, tradhtinë bashkëshortore dhe mëkate të ngjashme me këto të cilat janë në kundërshtim me fjalën e Perëndisë.

Duke mos iu bindur gjithmonë Fjalës

Te Romakëve 7:21-23, apostulli Pal diskuton në detaje pse niveli i dytë i besimit është etapa më e vështirë e jetës në besim,

"Unë, pra, po zbuloj këtë ligj: duke dashur të bëj të mirën, e keqja gjendet në mua. Në fakt unë gjej kënaqësi në ligjin e Perëndisë sipas njeriut të brendshëm, por shoh një ligj tjetër në gjymtyrët e mia, që lufton kundër ligjit të mendjes sime dhe që më bën skllav të ligjit të mëkatit që është në gjymtyrët e mia."

Disa të krishterë vuajnë sepse e njohin fjalën por nuk u binden urdhërimeve të Perëndisë. Është detyra e udhëheqësve frymëror që t'i udhëheqin ata me mençuri drejt rrugës së vërtetë.

Supozojmë se kemi një njeri i cili nuk mund të rrijë dot pa pirë duhan apo alkool. Nëse e qorton duke i thënë, "Nëse vazhdon të pish duhan dhe alkool, Perëndia do të zemërohet me ty," ai do të ngurrojë të vij në kishë dhe në fund do të largohet nga Perëndia. Do të ishte më mirë që ky njeri të inkurajohej duke i thënë, "Ti mund ta lësh duhanin dhe alkoolin sepse Perëndia do të ndihmojë. Nëse besimi yt rritet atëherë do të jetë më e lehtë për ta lënë. Prandaj, të lutem lutu vazhdimisht me besim te Perëndia." Në ketë rast, ti nuk duhet ta drejtosh atë të vijë tek Perëndia me ndjenjën e fajit dhe me frikën e ndëshkimit, por duhet ta drejtosh te Perëndia me gëzim dhe falënderim me ndjenjën dhe sigurinë e Perëndisë së dashurisë.

Si shembull tjetër, supozojmë se kemi një njeri që merr pjesë vetëm në shërbesat e së dielës në mëngjes por pasditeve shkon të hapë dyqanin e vet. Çfarë do t'i thoshe atij? Do të ishte më mirë nëse do ta qortoje ëmbëlsisht, duke i thënë, "Perëndia kënaqet nëse e respekton plotësisht Ditën e Zotit. Nëse e respekton shenjtërisht këtë ditë dhe lutesh për bekimet e Tij, ti me siguri do të shikosh se Perëndia do të të bekojë me më shumë begati sesa mund të fitosh duke hapur dyqanin tënd Ditën e Zotit."

Megjithatë, nuk do të thotë se gjithçka është e drejtë që masa e besimit të dikujt të qëndrojë i pandryshueshëm e të mos rritet. Ashtu siç shohim te zhvillimi i një fëmije, i cili pa rritje të përshtatshme dhe në kohë, sëmuret, bëhet i paaftë, apo vdes, i tillë është edhe besimi i një individi që dobësohet vazhdimisht dhe ai do ta gjejë veten shumë të distancuar nga rruga e shpëtimit. Sa mizore do të ishte nëse ky njeri nuk do të mund të shpëtohej!

Jezusi na thotë te Zbulesa 3:15-16, *"Unë njoh veprat e tua, që ti nuk je as i ftohtë as i ngrohtë. Do të doja të ishe i ftohtë ose i ngrohtë! Por, mbasi je kështu i vakët, dhe as i ftohtë e as i ngrohtë, unë do të të vjell nga goja ime."* Perëndia na qorton dhe na informon se nuk mund të shpëtohemi nëpërmjet besimit të vakët. Nëse besimit yt është i ftohtë, Perëndia mund të të çojë drejt pendimit dhe shpëtimit duke lejuar që të kalosh sprova. Por, nëse ke besim të vakët, atëherë nuk do të jetë e lehtë për ty të gjesh vetveten dhe të pendohesh për mëkatet e tua.

3. Besimi i izraeliteve gjatë Eksodit

Kur dështon të jetosh sipas fjalës së Perëndisë, atëherë fillon që të ankohesh apo të mërmërisësh për vështirësitë e tua, në vend që t'i mposhtësh ato me besim dhe gëzim. Megjithatë, Perëndia i dashurisë të toleron dhe të inkurajon vazhdimisht që të jetosh dhe të qëndrosh në të vërtetën.

Le të marrim një shembull. Për afër 400 vjet, izraelitët qëndruan të skllavëruar në Egjipt. Ata u larguan nga Egjipti nën udhëheqjen e Moisiut dhe panë shumë herë shfaqjen e veprave të fuqishme të Perëndisë, përderisa po marshonin drejt tokës së Kananit.

Ata ishin dëshmitarë të dhjetë fatkeqësive që ranë mbi egjiptianët; panë ujin e Detit të Kuq të ndarë në dy pjesë; qenë dëshmitarë të ujërave të Maras që u kthyen në ujë të pijshëm e të ëmbël. Ata hëngrën mana dhe thëllëza që ranë nga qielli, ndërkohë që po kalonin shkretëtirën e Sinait. Kështu pra, ata dëshmuan veprat e fuqishme të Perëndisë

Ata përsëri u ankuan dhe murmuritën në vend që të luteshin me besim sa herë që përballeshin me vështirësi. Megjithatë, në dashurinë e tij të madhe Perëndia pati mëshirë dhe qëndroi me ta duke i udhëhequr ditë e natë derisa arritën në Tokën e Premtuar.

Ankimi dhe zemërimi i një populli

Pse vazhdonin izraelitët të murmuritnin dhe ankoheshin sa herë që përballeshin me sprova dhe mundime? Kjo nuk ndodhte për shkak të vetë situatës por për shkak të besimit të tyre. Nëse do të kishin besim të vërtetë, ata do të shijonin në zemrat e tyre Kananin, Tokën e Premtuar, edhe pse në të vërtetë ishin në shkretëtirë.

Me fjalë të tjera, nëse do të kishin besuar se Perëndia do t'i udhëhiqte me siguri drejt tokës së Kananit, ata do ta kishin arritur atë duke mposhtur çdo lloj vështirësie, pa dhimbje apo vuajtje, pa marrë parasysh vështirësitë e ndryshme që ballafaqonin në shkretëtirë.

Në varësi të besimit dhe të sjelljes që kanë njerëzit, reagimet e tyre mund të jenë shumë të ndryshme edhe duke qenë në të njëjtin mjedis apo situatë. Disa përjetojnë vuajtje për shkak të vështirësive; të tjerë i pranojnë ato me një ndjenjë përgjegjësie; disa të tjerë kuptojnë vullnetin e Perëndisë në mes të këtyre vështirësive dhe i binden atij me gëzim dhe falënderim.

Si mund të jetosh jetën në Krishtin plot me falënderime por pa ankime? Me lejoni ta shtjelloj këtë me një shembull. Supozojmë se ti jeton në Seul dhe ndodhesh në vështirësi të mëdha financiare.

Një ditë, një person vjen tek ti dhe të thotë, "Një diamant sa një top futbolli është groposur në një plazh në Pusan, rreth 266 milje në juglindje të Seulit. Diamanti do të jetë i yti nëse e gjen. Për te bregu i detit mund të ecësh në këmbë apo të vraposh por nuk të lejohet të shkosh atje me makinë, me autobus, tren apo avion."

Si do të reagoje? Ti kurrë nuk do të thoshe, "Shumë mirë. Diamanti tani është i imi sepse ma dha mua, kështu që po shkoj ta marr vitin tjetër" ose "Po shkoj muajin tjetër, se këto ditë jam shumë i zënë." Jam shumë i sigurt që ti do të nxitoje me vrap sapo të dëgjoje lajmin prej tij.

Nëse njerëzit do të dëgjonin të njëjtin lajm, shumica prej tyre do të vraponin drejt Pusanit dhe do të merrnin rrugën më të shkurtër për ta gjetur këtë diamant të çmueshëm sa më shpejt të mundeshin. Askush nuk do të dorëzohej gjatë rrugës për në Pusan pavarësisht rraskapitjes e dhimbjeve në këmbët e tyre.

Në të njëjtën mënyrë, nëse ti ke shpresë të sigurt për mbretërinë e bukur dhe të përjetshme qiellore dhe ke besim të pandryshueshëm, ti mund të vraposh në garën e besimit pa u ankuar, pavarësisht rrethanave, derisa të arrish në parajsë.

Njerëz të bindur

Nëse i bindesh fjalës së Perëndisë, nuk ndjen vuajtje apo ndonjë barrë në jetën tënde të Krishterë, por fiton kënaqësi dhe gëzim. Nëse ndjehesh i merakosur në jetën tënde të besimit, kjo dëshmon mosbindjen tënde ndaj fjalës së Perëndisë dhe duke shkuar kundër vullnetit të Tij.

Po ju sjell një shëmbëlltyrë. Në kohët e hershme, kuajt përdoreshin për të tërhequr karro. Shpesh, kuajt fshikulloheshin edhe pse punonin për padronët e tyre. Kuajt nuk kishin pse të fshikulloheshin nëse u bindeshin padronëve, por nëse vazhdonin në rrugën e tyre duke mos iu bindur padronit, atëherë fshikullimat ishin të ashpra.

E njëjta gjë ndodh edhe me njerëzit që nuk i binden fjalës së Perëndisë. Njerëz të tillë ndjekin rrugën e tyre dhe e bëjnë Padronin të rënkojë e herë pas herë të fshikullohen. Përkundrazi, ata që i binden fjalës së Perëndisë, duke thënë, "Perëndi, më trego rrugën. Unë do të ndjek vetëm ty," bëjnë jetë të qetë e paqësore.

Për shembull, Perëndia na urdhëron, "Mos vidh." Kur i bindesh këtij urdhërimi, ti ke paqe. Por kur nuk i bindesh, nuk ndjehesh rehat sepse ke dëshirën për të vjedhur. Është shumë e natyrshme që një fëmijë i Perëndisë të flakë tutje gjithçka për të cilën Perëndia e urdhëron ta flakë tutje. Nëse kjo nuk ndodh, atëherë ai ka vuajtje në zemrën e tij.

Prandaj, për këtë arsye te Mateu 7:13-14, Jezusi na thotë, *"Hyni nga dera e ngushtë, sepse e gjerë është dera dhe e hapur është udha që të çon në shkatërrim, dhe shumë janë ata që hyjnë nëpër të. Përkundrazi sa e ngushtë është dera dhe sa e vështirë është udha që çon në jetë! Dhe pak janë ata që e gjejnë!"*

Fillestarëve në besim u duket e vështirë dhe e ashpër bindja ndaj fjalës së Perëndisë, njësoj si të hynin përmes një dere të ngushtë. Por, ata gradualisht kuptojnë se ajo rrugë është rruga për në qiell dhe është rruga e së vërtetës dhe lumturisë.

4. Vetëm nëse beson dhe bindesh

Ka mundësi që t'i kesh dëgjuar shpesh vargjet e mëposhtme tek 1 Thesalonikasve 5:16-18, *"Jini gjithmonë të gëzuar. Lutuni pa pushim. Për çdo gjë falënderoni sepse i tillë është vullneti i Perëndisë në Krishtin Jezus për ju."*

A e humb gëzimin kur të ndodh diçka e trishtuar? A tregon pakënaqësi kur dikush të shkakton probleme? A shqetësohesh dhe merakosesh shumë kur gjendesh në vështirësi financiare apo nëse dikush të përndjek?

Disa mund ta konsiderojnë hipokrizi gëzimin dhe mirënjohjen edhe gjatë vështirësive. Ata mund të pyesin, "Pse duhet të jap falënderime kur nuk ka asgjë për të falënderuar?" Ata e dinë se duhet të jenë të durueshëm por trishtohen apo nevrikosen kur ndeshen me situata të papërballueshme.

Në zemrat e tyre ata kryejnë kurorë-shkelje kur shohin një grua tërheqëse, sepse nuk e kanë flakur tutje lakminë nga zemra e tyre. Këto gjëra vërtetojnë se njerëz të tillë nuk i kanë larguar mëkatet e tyre duke i luftuar ato, prandaj dhe nuk i binden Fjalës.

Ti nuk dëgjon zërin e Frymës së Shenjtë

Nëse e njeh shumë mirë fjalën e Perëndisë por nuk i bindesh asaj, nuk mund ta dëgjosh Frymën e Shenjtë dhe as nuk mund të udhëhiqesh prej Frymës së Shenjtë sepse midis Perëndisë dhe teje është i ngritur një mur mëkati. Mirëpo, edhe një fillestar në besim mund të dëgjojë zërin e Tij dhe të udhëhiqet prej Tij kur vazhdon duke iu bindur fjalës së Perëndisë. Ashtu si një fëmijë i vogël që nuk ka pse të merakoset nëse u bindet prindërve, edhe Perëndia Vetë është i kënaqur me ty dhe të udhëheq kur ti vazhdon t'i bindesh Atij edhe kur besimi yt është i vogël.

Ja një shembull: Prindërit kujdesen për fëmijën e tyre në çdo aspekt. Mirëpo, nuk është nevojshme që ata të kujdesen dhe aq shumë për të kur ai fillon të ecë vetë dhe mund të ushqehet vetë. Nuk është më e nevojshme që ata ta trajtojnë atë si foshnjë kur ai arrin në një moshë për të hyrë në shkollën fillore. Por, prindërit do të ndjejnë dhimbje dhe vuajtje nëse djali i tyre nuk i vesh këpucët siç duhet apo nëse nuk arrin të bëjë gjëra që ai duhet t'i bënte vetë.

Në të njëjtën mënyrë, nëse ke jetuar një jetë mjaft të gjatë të krishterë që të bëhesh drejtues apo shërbëtor në kishën tënde, ti duhet t'i bindesh fjalës së Perëndisë. Nëse e dëgjon fjalën e Tij ose vazhdon të jetosh një jetë që të kujton besimin e një fëmije të vogël dhe vazhdon të ndërtosh murin e mëkateve mes teje dhe Perëndisë, atëherë mbi ty do të vijnë sprovat e Tij.

Në këtë rast, ti nuk do të kesh mundësi të marrësh përgjigje nga Perëndia edhe pse i lutesh Atij. Poashtu, nuk mund të japësh fryt të mirë në jetën tënde dhe nuk mund të kesh mbrojtjen e Perëndisë. Ti nuk do të përparosh por do të ndeshesh me vështirësi, do të jetosh një jetë të dhimbshme dhe të lodhur e të mbushur me shqetësime dhe telashe.

Ti nuk ke për të marrë as përgjigje as mbrojtjen e Tij

Nëse ndodhesh në nivelin e dytë të besimit, ti e di shumë mirë se çfarë është mëkati dhe që duhet të largosh të keqen dhe të pavërtetën brenda teje. Nëse nuk i ke larguar tutje ato, por vazhdon t'i kesh në mendjen tënde, si mundesh atëherë ti me paturpësi të vish te Perëndia i shenjtë i cili është drita? Armiku yt djalli të afrohet dhe të bën që të dyshosh Perëndinë dhe në fund të tundon për t'u kthyer në botë.

Një plak në kishën time u mundua të jepte fryte në vepra të shumta duke pyetur veten e tij, "Çfarë duhet të bëj për bariun tim?"

Prapëseprapë, ai nuk doli i suksesshëm sepse fizikisht ishte besnik por nuk e rrethpreu zemrën e tij, që është gjëja më e rëndësishme. Ai e turpëroi Perëndinë duke mos ndjekur shtegun e duhur sepse mendimet e tij mishërore dhe zemra e tij shpesh shikonin të mirën e vetes. Ai tha gjëra të pandershme, u zemërua me të tjerët dhe nuk iu bind fjalës së Perëndisë në shumë aspekte.

Përveç kësaj, problemet e tij financiare dhe personale vazhduan dhe ai nuk qëndroni në besim por filloi të bënte kompromis me padrejtësinë. Në fund, për shkak se kthimi i tij prapa në besim mund t'i kushtonte humbjen e të gjitha çmimeve që pati fituar deri në atë pikë, Perëndia e thirri shpirtin e tij në kohën më të mirë.

Prandaj, ti duhet të kuptosh që gjëja më domethënëse nuk është besnikëria fizike dhe titujt të dhënë nga kisha, por të hedhurit tutje të mëkateve tuaja ndërsa jeton me anë të Fjalës së Perëndisë.

5. Të krishterët e papjekur dhe të krishterët e pjekur

Nëse ndodhesh në nivelin e parë të besimit, ti nuk ndjehesh i shqetësuar dhe nuk i dëgjon psherëtimat e Frymës së Shenjtë edhe pse kryen mëkate. Kjo ndodh sepse ti nuk mund të dallosh ende të vërtetën nga e pavërteta dhe nuk e kupton që po kryen mëkat kur je duke e kryer atë. Perëndia nuk të fajëson aq shumë kur kryen mëkate sepse ti nuk mund të dallosh të vërtetën nga e pavërteta për shkak të mungesës së njohurisë së fjalës së Perëndisë.

Ndodh njësoj si me një fëmijë të vogël që nuk mund ta fajësosh nëse derdh mbi tavolinë një gotë me ujë apo thyen një vazo të bukur porcelani ndërkohë që zvarritet në dysheme. Përkundrazi, prindërit e tij apo anëtaret e tjerë të familjes nuk e fajësojnë beben por veten e tyre për mungesë kujdesi.

Mirëpo, nëse hyn në nivelin e dytë të besimit, ti do të jesh në gjendje të dëgjosh psherëtimat e Frymës së Shenjtë brenda teje dhe fillon të shqetësohesh kur kryen mëkate. Por përsëri nuk mund të kuptosh çdo fjalë të Perëndisë sepse në frymë ti je si një fëmijë i vogël dhe nuk është e lehtë për ty që t'i bindesh Fjalës. Prandaj njerëzit në nivelin e parë dhe të dytë të besimit quhen "të krishterët e ushqyer me qumësht."

Të krishterët e ushqyer me qumësht

Te 1 Korintasve 3:1-3, apostulli Pal shkruan:

"Dhe unë, o vëllezër, nuk munda t'ju flas si njerëz frymëror, por ju fola si njerëz të mishit, si foshnja në Krisht. Ju dhashë qumësht për të pirë dhe nuk ju dhashë ushqim të fortë, sepse nuk ishit në gjendje ta asimilonit, madje edhe tani jo, sepse jeni akoma të mishit; në fakt sepse midis jush ka smirë, grindje e përçarje a nuk jeni të mishit dhe a nuk ecni sipas mënyrës së njerëzve?"

Nëse pranon Jezus Krishtin, ti merr të drejtën për t'u bërë biri i Perëndisë dhe emri yt shkruhet në Librin e Jetës në qiell. Megjithatë, ti trajtohesh si një fëmijë i vogël në Krishtin sepse akoma nuk e ke rigjetur plotësisht imazhin e humbur të Perëndisë.

Për këtë arsye, atyre që janë në nivelin e parë dhe të dytë të besimit, duhet t'u kushtohet kujdes i veçantë. Atyre duhet t'u mësohet fjala e Perëndisë dhe të inkurajohen që të jetojnë nëpërmjet saj njësoj siç ushqehet një foshnjë me qumësht.

Për këtë arsye, njerëzit në nivelin e parë dhe të dytë të besimit quhen "të krishterë të ushqyer me qumësht." Nëse besimi i tyre rritet, dhe ata fillojnë të kuptojnë dhe t'i binden fjalës së Perëndisë, ata quhen "të krishterë të ushqyer me ushqim të fortë."

Prandaj, nëse je një i krishterë i ushqyer me qumësht – në nivelin e parë apo të dytë të besimit – ti duhet të japësh maksimumin për t'u bërë një i krishterë që ushqehet me ushqim të fortë. Mirëpo, ti duhet të kesh parasysh se nuk mund ta udhëheqësh me forcë jetën si i krishterë i ushqyer me qumësht drejt nivelit të atij që ha ushqim të fortë. Nëse vepron në këtë mënyrë, do të vuash nga mostretja ashtu sikurse një foshnje e ushqyer me ushqim të fortë do të vuante nga shqetësimet e mostretjes.

Ti duhet të jesh i mençur kur kujdesesh për bashkëshorten tënde, fëmijën apo këndo tjetër që ka besim të vogël. Duhet ta vesh veten tënde në vendin e tjetrit dhe ti drejtosh ata për tu rritur në besim duke i mësuar të jetojnë me anë të fjalës së Perëndisë, në vend që ti fajësosh apo qortosh ata për besimin e tyre të vogël që është produkt i zemrës së tyre kokëfortë apo veprave të tyre të mosbindjes.

Perëndia nuk i dënon njerëzit në nivelin e parë apo të dytë të besimit edhe nëse nuk e respektojnë ditën e Zotit si të shenjtë apo nuk jetojnë plotësisht me anë të Fjalës. Përkundrazi, Ai kupton situatën e tyre dhe i udhëheq me dashuri. Në këtë mënyrë, ne duhet të jemi në gjendje për të dalluar masën e besimit tonë po ashtu dhe besimin e të tjerëve dhe të mendojmë me mençuri sipas masës së besimit.

Të krishterët e ushqyer me ushqim të fortë

Nëse përpiqesh të jetosh një jetë të mirë të krishterë edhe nëse je tek niveli i parë apo i dytë i besimit, Perëndia të mbron nga shumë telashe dhe sprova. Megjithatë, nuk duhet të ndalesh te masa e dytë e besimit pa e rritur besimin tënd më tej. Ashtu siç shqetësohen prindërit kur fëmijët e tyre nuk rriten si duhet por janë plotësisht të kënaqur kur fëmijët e tyre rriten të shëndetshëm, ashtu edhe një fëmijë i Perëndisë duhet të rrisë me mund besimin e tij nëpërmjet fjalës së Perëndisë dhe lutjes.

Kështu, në kohën më të përshtatshme Perëndia lejon mbi ty mundime, me qëllim që Ai të të çojë në nivelin e tretë të besimit. Ai të bekon jo vetëm me rritjen në besim por edhe me shumë gjëra të tjera. Sa më i madh të jetë mundimi, aq më të mëdha do të jenë bekimet e Perëndisë.

Nga ana tjetër, nëse duhet të ishe në nivelin e tretë të besimit por në fakt jeton një jetë që është e përshtatshme për dikë në nivelin e parë apo të dytë të besimit, Perëndia sjell mbi ty sprova disiplinore në vend të provave të bekimit.

Supozojmë se një fëmijë ka mungesë lëndësh ushqyese sepse ai pi vetëm qumësht dhe nuk konsumon produkte të tjera të nevojshme për të. Nëse ai insiston të pijë vetëm qumësht, ai mund të sëmuret nga kequshqyerja ose edhe mund të vdesë. Në këtë rast, është e natyrshme që prindërit e tij të japin maksimumin për të ushqyer fëmijën me ushqime me vlera të larta ushqimore.

Në të njëjtën mënyrë, kur fëmijët e Perëndisë e njohin fjalën e Tij, por shkojnë drejt rrugës së vdekjes pa iu bindur Fjalës, Perëndia – i cili me anë të Birin të Tij Jezus Krishtit dëshiron të fitoj fëmijë të vërtetë – u lejon atyre sprova me zemër të thyer kundrejt akuzave të Satanit.

Perëndia i trajton fëmijët e tyre siç thuhet, *"Sepse Perëndia ndreq atë që do dhe fshikullon çdo bir që i pëlqen. Në qoftë se ju do ta duroni qortimin, Perëndia do t'ju trajtojë si bij; sepse cilin bir nuk e korrigjon i ati?"* (Hebrenjve 12:6-7)

Nëse një fëmijë i Perëndisë ka kryer mëkate, por Ai nuk e

disiplinon atë, kjo gjë tregon se ky person është shumë larg nga dashuria e Perëndisë. Për të do të jetë tragjedi mbi të gjitha tragjeditë që të shkojë në ferr për shkak se Perëndia nuk do ta pranojë më si birin e Tij.

Prandaj, nëse sprovat disiplinuese të Perëndisë vijnë mbi ty kur mëkaton, ti duhet të kujtosh se është kjo gjë që tregon dashurinë e Tij dhe duhet të pendohesh plotësisht për mëkatet e tua. Përkundrazi, nëse Perëndia nuk të disiplinon edhe pse ke kryer mëkate pa u dorëzuar, duhet që të përpiqesh të pendohesh për mëkatet e tua dhe të marrësh falje.

Mëkatet e tua mund të falen jo vetëm kur të pendohesh duke i rrëfyer ato me gojën tënde por edhe kur largohesh nga rruga e mëkatit. Pendimi i vërtetë me lot nuk bëhet me anë të vullnetit tënd por me anë të hirit të Perëndisë. Prandaj, me shumë ngulm e me lot duhet t'i kërkosh Perëndisë që Ai të të japë hirin e pendesës. Nëse hiri i Tij vjen mbi ty, ti pendohesh me lot dhe nga ti do të dalë një pendim që shqyen zemrën.

Vetëm atëherë muret e mëkatit mes teje dhe Perëndisë do të shkatërrohen dhe zemra jote do të freskohet dhe do të ndriçohet. Ti do të mbushesh me Frymën e Shenjtë, me mirënjohje dhe gëzim të skajshëm dhe kjo do të tregojë se ti ke rigjetur dashurinë e Perëndisë.

Nëse duhej të ishe në nivelin e tretë të besimit por sillesh dhe jeton një jetë të besimtarëve që janë në nivelin e dytë të besimit, është disi e vështirë që të të jepet prej së larti besimi me anë të të cilit mund të zgjidhësh problemet. Kur besimi i dhënë nga Perëndia nuk vjen mbi ty, do të jetë e pamundur që sëmundjet e tua të shërohen me anë të besimit dhe ti mund të përfundosh duke u mbështetur në metodat botërore. Mirëpo, nëse pendohesh tërësisht për mëkatet tuaja me lot dhe kthehesh nga rruga e mëkatit, shumë shpejt do të rigjesh nivelin e tretë të besimit.

Nëse e ke kuptuar këtë parim të rritjes së besimit, atëherë nuk duhet të kënaqesh me nivelin e tanishëm të besimit. Ashtu siç rritet një fëmijë për të hyrë në shkollën fillore, më pas në shkollë të mesme, të lartë dhe më tej, edhe ti duhet të përpiqesh për më të mirën, për të përmirësuar besimin derisa të arrish masën më të lartë të besimit.

Nëse ndodhesh në nivelin e dytë të besimit, besimi yt rritet shpejt me përmbushjen e Frymës së Shenjtë, sepse besimi yt, edhe pse është sa një kokërr sinapi, tashmë është mbjellë dhe ka filluar të mbijë. Me fjalë të tjera, besimi yt rritet për t'iu bindur fjalës së Perëndisë ndërsa armatosesh me fjalën e Tij duke dëgjuar atë me etje, duke marrë pjesë në shërbesat e adhurimit dhe duke u lutur pa pushim.

Uroj që jo vetëm ta posedosh fjalën e Perëndisë si njohuri të dukshme, por edhe t'i bindesh asaj deri në atë pikë sa të derdhësh gjak dhe të arrish besim më të madh në emrin e Zotit tonë, në të cilin unë lutem.

Kapitulli 6

Besimi për të jetuar sipas Fjalës

1
Niveli i tretë i besimit
2
Derisa të arrijmë shkëmbin e besimit
3
Duke luftuar kundër mëkatit deri në derdhjen e gjakut

"Prandaj, ai që i dëgjon këto fjalë të mia dhe i vë në praktikë, mund të krahasohet prej meje me një njeri të zgjuar, që e ka ndërtuar shtëpinë e tij mbi shkëmb. Ra shiu, erdhi përmbytja, frynë erërat dhe u përplasën mbi atë shtëpi; por ajo nuk u shemb, sepse ishte themeluar mbi shkëmb"
(Mateu 7:24-25).

Njerëz të ndryshëm kanë masa të ndryshme besimi. Besimi është një dhuratë që Perëndia e jep sipas nivelit që ti zbaton të vërtetën në zemrën tënde. Kur besimi yt si njohuri kthehet në besimin e dhënë nga Perëndia, atëherë ti mund të arrish të marrësh përgjigje prej Tij.

Siç e kam përmendur në kapitujt e mëparshëm, kur thuhet se je në nivelin e parë të besimit për të pranuar shpëtimin, ti merr Frymën e Shenjtë dhe emri yt regjistrohet në qiell në Librin e Jetës. Më pas fillon të rrisësh marrëdhënien tënde me Perëndinë dhe e thërret Atë, "Perëndia Ati im."

Më pas, besimi yt do të rritet dhe ti do të gjesh kënaqësi duke dëgjuar fjalën e Perëndisë që është e mbushur me Frymën e Shenjtë dhe do të përpiqesh t'i bindesh ashtu siç të është thënë. Mirëpo, ti nuk i bindesh Fjalës së Tij në tërësi. Ndjehesh i rënduar me fjalën e Tij dhe nuk merr çdo përgjigje. Në këtë fazë, ti ndodhesh në nivelin e dytë të besimit.

Si mund të arrish nivelin e tretë të besimit – që shpjegohet më poshtë – me të cilin mund të jetosh sipas Fjalës? Çfarë jete të krishterë do të bësh në nivelin e tretë të besimit?

1. Niveli i tretë i besimit

Kur dikush pranon Zotin dhe merr Frymën e Shenjtë, në

zemrën e tij mbillet fara e besimit që është e vogël sa një kokërr sinapi. Nëse fara e besimit mbin, besimi arrin në nivelin ku ti përpiqesh t'i bindesh Fjalës dhe më pas në nivel tjetër më të lartë ku ti i bindesh asaj.

Në fillim, ti nuk i bindesh shumë fjalës edhe pse e dëgjon atë, por ndërkohë që besimit yt rritet, ti e kupton atë më thellë dhe i bindesh më shumë. Për këtë arsye, "besimi për 'tu bindur" quhet edhe "besim që të mundëson të kuptosh."

Të kuptosh Fjalën është ndryshe nga të diturit e saj si njohuri. Kjo do të thotë të përpiqesh t'i bindesh Fjalës forcërisht sepse e di që Bibla është fjala e Perëndisë dhe ndryshon nga të bindurit e saj me gatishmëri dhe me vullnet, sepse e kupton pse duhet t'i bindesh asaj.

Bindja ndaj Fjalës nëpërmjet të kuptuarit

Këtu kemi një shembull. Le të supozojmë që ke dëgjuar këtë mesazh që është predikuar, "Nëse e respekton ditën e Zotit si të shenjtë dhe jep gjithë të dhjetën, Perëndia do të largojë prej teje të gjitha llojet e telasheve dhe problemeve. Ai do të të shërojë nga çdo lloj sëmundjeje. Ai do të bekojë shpirtin tënd dhe do të jap bekime financiare."

Nëse mendon se e ke marrë Fjalën pasi ke dëgjuar mesazhin por nuk e ke kuptuar atë në zemrën tënde, ti nuk do t'i bindesh gjithmonë në jetën tënde të përditshme. Ti mund të përpiqesh t'i bindesh Fjalës, duke menduar, "Po, kjo duket e drejtë,' dhe disa herë i bindesh urdhrit, por herëve të tjera nuk i bindesh në varësi të situatës tënde. Ky cikël mund të përsëritet derisa ti të arrish besim të përsosur në Fjalë.

Sidoqoftë, nëse arrin ta kuptosh Fjalën dhe e beson atë në zemrën tënde, ti do ta respektosh Ditën e Zotit si të shenjtë, do të japësh të dhjetën e plotë dhe nuk do të bësh kompromis në asnjë rrethanë.

Për shembull, supozojmë se presidenti i një kompanie u thotë punëtorëve të tij, "Nëse cilido prej jush punon gjatë natës, unë do t'i jap pagë për orët e punës jashtë orarit dhe do ta ngre në pozitë." Nëse zgjedhja për të punuar jashtë orarit varet nga secili punonjës, çfarë do të bënin punonjësit nëse do të besonin premtimin e presidentit?

Ata me siguri do të punonin gjatë natës vetëm në rast se mund të kenë ndonjë arsye për të mos punuar. Përgjithësisht, duhen disa vite për ta ngritur dikë në pozitë në një kompani dhe kërkohen shumë përpjekje për të kaluar provën e ngritjes në detyrë. Duke i marrë në konsideratë të gjitha këto çështje, asnjë punonjës nuk do të hezitonte të punonte një mbrëmje jashtë orarit, për një muaj apo edhe më gjatë.

Është po aq e vërtetë edhe me urdhrin e Perëndisë për ta mbajtur Ditën e Zotit të shenjtë dhe për të dhënë të dhjetën. Nëse e beson plotësisht premtimin e Perëndisë duke e mbajtur të shenjtë Ditën e Zotit dhe duke dhënë të gjithë të dhjetën, çfarë do të bëje ti?

Bindja jote sjell bekime

Kur e respekton Ditën e Zotit si të shenjtë, ti pranon sovranitetin e Perëndisë. Ti kupton se Perëndia është Zoti i mbretërisë frymërore, prandaj Perëndia të mbron nga çdo sëmundje dhe nga aksidentet gjatë javës dhe të bekon me qëllim që shpirtit tënd t'i shkojë mbarë. Ti pranon gjithashtu sovranitetin e Perëndisë nëpërmjet dhënies së ofertës së të dhjetës sepse beson se gjithçka në qiell dhe në tokë i përket Perëndisë.

Duke qenë se Perëndia është Krijuesi i gjithçkaje, jeta në vetvete vjen nga Perëndia dhe fuqia me të cilën mundohesh dhe përpiqesh për më së miri vjen prej Tij. Me fjalë të tjera, gjithçka i përket Perëndisë. Sipas këtij parimi, të gjitha të ardhurat e tua janë të Perëndisë, por Ai kërkon që ti të japësh një të dhjetën nga të ardhurat dhe ta përdorësh pjesën e mbetur për veten tënde.

Malakia 3:8-9 na kujton, *"Një njeri do të vjedhë Perëndinë? Megjithatë ju më vidhni dhe pastaj thoni: 'Çfarë të kemi vjedhur?' Të dhjetën dhe ofertat. Mallkimi ju ka qëlluar, sepse më vidhni, po, mbarë kombi."*

Nga njëra anë, ti je nën mallkim nëse kryen mëkat të rëndë duke vjedhur të dhjetën e Perëndisë. Në anën tjetër, nëse i jep Perëndisë të dhjetën e plotë si bindje ndaj urdhrit të Tij, ti do të jesh gjithmonë nën mbrojtjen e Tij dhe do të marrësh bekime me bollëk (Luka 6:38).

Kuptimi i qartë sjell bindjen

Vetëm kur kupton domethënien e vërtetë të Fjalës përtej grumbullimit të saj si njohuri, mund t'i bindesh dhe të marrësh bekimet e Perëndisë i cili të shpërblen sipas asaj që ti ke bërë. Nëse ti nuk e kupton domethënien e vërtetë të Fjalës, ti nuk do të jesh në gjendje t'i bindesh plotësisht asaj edhe nëse përpiqesh ta bësh këtë, edhepse ti e ke menduar dhe e ke Fjalën si njohuri në trurin tënd.

Prandaj, për të rritur besimin tënd ti duhet të luftosh . Një foshnjë do të vdesë nëse nuk ushqehet. Foshnja duhet të ushqehet rregullisht, duhet të lëvizë duart dhe këmbët, të shikojë dhe dëgjojë, të mësojë nga prindërit e tij dhe nga të tjerët. Gjatë këtij procesi, njohuria dhe dituria e foshnjës shtohet dhe ai rritet dhe do të zhvillohet mjaft mirë.

Në të njëjtën mënyrë, besimtarët nuk duhet vetëm të dëgjojnë fjalën e Perëndisë por edhe të përpiqen të kuptojnë domethënien e vërtetë të saj. Kur lutesh për t'ju bindur fjalës së Perëndisë, ti do të jesh në gjendje të kuptosh domethënien e saj dhe të fitosh forcën për t'ju bindur.

Për shembull, Perëndia thotë te 1 Thesalonikasve 5:16-18, *"Jini gjithmonë të gëzuar. Lutuni pa pushim. Për çdo gjë falënderoni sepse i tillë është vullneti i Perëndisë në Krishtin Jezus për ju."* Në nivelin e dytë të besimit njerëzit, me një ndjenjë përgjegjësie, luten, japin falënderime dhe janë të gëzueshëm sepse ky është urdhri i Perëndisë. Sidoqoftë, ata nuk i japin falënderime Perëndisë kur nuk e ndjejnë se duhet të falënderojnë, ose nuk janë të gëzuar kur përballen me situata të vështira sepse ata përpiqen t'i binden vetëm sepse kanë ndjenjën e përgjegjësisë.

Në nivelin e tretë të besimit ata mund t'i binden fjalës sepse ata qëndrojnë mbi shkëmbin e besimit. Ata e kuptojnë pse duhet të japin falënderime gjatë gjithë kohës, pse duhet të luten vazhdimisht dhe pse duhet të jenë gjithmonë të gëzuar. Prandaj, ata në thellësi të zemrës së tyre janë gjithmonë të gëzuar dhe luten vazhdimisht në çdo lloj rrethane.

Atëherë, përse urdhëron Perëndia të jemi të gëzuar gjatë gjithë kohës? Cili është kuptimi i vërtetë i këtij urdhërimi? Nëse ti gëzohesh vetëm atëherë kur të ndodh diçka e gëzueshme dhe e lumtur dhe nuk gëzohesh kur përballesh me probleme dhe shqetësime, atëherë nuk je më i mirë sesa njerëzit e botës që nuk besojnë në Perëndinë.

Këta lloj njerëzish janë në kërkim të gjërave të botës sepse ata nuk e dinë se nga vijnë dhe ku shkojnë qeniet njerëzore. Prandaj, ata gëzohen vetëm kur jeta e tyre është e mbushur me ngjarje të lumtura dhe arsye për t'u kënaqur. Në rast të kundërt, ata pushtohen nga telashet, shqetësimet, keqardhjet, apo dhimbjet që vijnë nga bota.

Besimtarët, megjithatë, mund të jetojnë ndryshe nga njerëzit e tillë sepse ata shpresojnë për parajsën. Ne si besimtarë nuk kemi pse të shqetësohemi apo të merakosemi sepse Ati ynë i vërtetë është Perëndia i cili krijoi qiejt dhe tokën dhe ka në dorë të gjitha gjërat dhe historinë e njerëzimit. Atëherë, pse duhet të merakosemi dhe të kemi frikë? Meqenëse ne gëzojmë jetë të përjetshme në mbretërinë e qiejve nëpërmjet Jezus Krishtit, ne nuk kemi zgjedhje tjetër përveç se të jemi të gëzuar.

Besim për t'ju bindur fjalës së Perëndisë

Nëse e kupton fjalën e Perëndisë në thellësi të zemrës tënde, ti mund të jesh i gëzuar edhe atëherë kur nuk ke mundësi për t'u gëzuar. Ti je në gjendje të japësh falënderime gjatë gjithë kohës edhe kur është e vështirë që të japësh falënderime poashtu mund të lutesh edhe në momente kur nuk je në gjendje ta ulësh veten tënde në lutje. Vetëm atëherë djalli do të largohet prej teje, telashet dhe vështirësitë do të zhduken dhe të gjitha problemet do të zgjidhen sepse Perëndia i plotfuqishëm është me ty.

Nëse deklaron se beson në Perëndinë e plotfuqishëm, por përsëri shqetësohesh apo gëzohesh me gjysmë zemre kur përballesh me një problem, ti ndodhesh në nivelin e dytë të besimit.

Sidoqoftë, nëse ke ndryshuar dhe kupton në të vërtetë fjalën e Perëndisë dhe je i gëzueshëm dhe mirënjohës me gjithë zemër, atëherë je në nivelin e tretë të besimit. Pjesa që vijon më pas ndodh kur je në nivelin e tretë të besimit: sa më shumë të përpiqesh t'u shërbesh të tjerëve e t'i duash ata, urrejtja do të largohet dhe pak nga pak zemra jote do të mbushet me dashurinë frymërore që të lejon të duash armiqtë e tu. Kjo ndodh sepse tani ti e kupton në zemrën tënde dashurinë e Zotit i cili mori kryqin e vdekjes për mëkatarët.

Jezusi u kryqëzua dhe u keqtrajtua nga mëkatarët e ligj edhe pse Ai bëri vetëm mirë dhe ishte i pafajshëm. Ai nuk i urreu ata që e kryqëzuan, ofenduan dhe e tallen, por iu lut Perëndisë që t'i falte. Në fund, Ai tregoi dashurinë e Tij të madhe duke dhënë jetën e Tij për të tjerët. Përpara se të kuptoje dashurinë e madhe të Zotit tënd Jezus, mund t'i kesh urryer ata që të kanë lënduar apo që kanë shpifur për ty pa shkak.

Por, tani mund ta urresh mëkatin e tyre por nuk mund t'i urresh ata si persona. Për më tepër, ti nuk duhet t'i kesh zili ata që punojnë shumë dhe që lavdërohen më shumë se ti, por duhet të gëzohesh me ta dhe t'i duash ata më shumë në Krishtin. Më parë mund ta kesh dyshuar fjalën e Perëndisë ose mund ta kesh paragjykuar atë sipas mendimeve të tua, por tani ti e pranon me gëzim pa e dyshuar e pa e paragjykuar atë. Në nivelin e tretë të besimit, ti i bindesh fjalës së Perëndisë urdhër pas urdhri.

Shpërblimet e Perëndisë kërkojnë besim të shoqëruar me vepra

Përpara se të njihja Perëndinë, unë kisha shtatë vjet që vuaja nga çdo lloj sëmundjeje dhe më quanin "Magazina e sëmundjeve." Bëra ç'ishte e mundur për t'u shëruar, por gjithçka ishte e kotë dhe sëmundjet e mia përkeqësoheshin çdo ditë e më shumë. Ato dukeshin të pamundura për t'u shëruar nëpërmjet shkencës mjekësore dhe unë nuk mund të bëja tjetër gjë veçse të prisja vdekjen.

Një ditë u shërova tërësisht nga fuqia e Perëndisë dhe shëndeti m'u kthye sërish. Nëpërmjet kësaj eksperience të mrekullueshme, unë takova Perëndinë e gjallë dhe që nga ajo kohë kam besuar në Të plotësisht, pa asnjë lloj dyshimi, dhe jam mbështetur plotësisht në Fjalën e Biblës. Unë iu binda pa kushte çdo fjale të Tij. Gjithmonë isha shumë i gëzuar, pavarësisht vështirësive, dhe e falënderoja në çdo situatë shqetësuese sepse këtë më tregoi të bëja Perëndia në Bibël.

Për mua ishte kënaqësia më e madhe të merrja pjesë në shërbesat e adhurimit dhe t'i lutesha Perëndisë të dielave; madje lashë mënjanë mundësinë për të pasur një punë shumë të mirë dhe vazhdova të punoja në ndërtimtari sepse isha i vendosur që të mbaja të shenjtë Ditën e Zotit.

Megjithatë, unë isha shumë i gëzuar dhe mirënjohës për faktin se Perëndia ishte Ati im. Ai erdhi te unë kur isha duke pritur vdekjen prej sëmundjeve të rënda, dhe unë isha shumë mirënjohës për hirin e Tij të mrekullueshëm. Vazhdova të lutesha dhe të agjëroja me qëllim që të jetoja plotësisht sipas fjalës së Perëndisë. Pastaj, një ditë dëgjova zërin e Perëndisë duke më thirrur për t'u bërë shërbëtori i Tij. Me zemër të bindur, vendosa të bëhem shërbëtori i tij i mirë dhe sot unë i shërbej Atij si pastor.

Unë i jap lavdi Perëndisë Atit tim nga thellësia e zemrës time, nëse jam i gjunjëzuar duke u lutur, nëse jam duke ecur në rrugë apo nëse jam duke folur me dikë. Në të njëjtën mënyrë, unë jam gjithmonë i gëzuar nga thellësia e zemrës time. Telashe dhe shqetësime ka kushdo, dhe si pastori i lartë i 100.000 anëtarëve të kishës, unë kam shumë punë dhe përgjegjësi. Më duhet të mësoj dhe të trajnoj shumë shërbëtorë dhe punëtorë të Perëndisë për të kryer detyrën e dhënë nga Perëndia dhe për të përmbushur misionin botëror duke çuar njerëz të panumërt te Zoti. Djalli shpik çdo lloj mashtrimi për të penguar realizimin e planeve të Perëndisë dhe ai sjell mbi ne lloj-lloj vështirësish e mundimesh. Shumë gjëra për t'u ankuar dhe shqetësuar vijnë mbi mua herë pas here dhe, veç kësaj, unë do të isha rrëzuar nëse do të isha mundur prej tyre apo nëse do të mbërthehesha nga frika.

Megjithatë, unë nuk jam mposhtur dhe nuk jam mundur kurrë prej shqetësimeve dhe problemeve sepse e kam kuptuar qartë vullnetin e Perëndisë. I kam dhënë Atij falënderime dhe jam lutur me gëzim pavarësisht sesa të mëdha kanë qenë sprovat dhe shqetësimet, dhe Perëndia ka punuar për më të mirën në gjithçka dhe më ka bekuar çdoherë e më shumë.

2. Derisa të arrijmë shkëmbin e besimit

Nëse do t'i shihje gjërat pa besim përmes syve të frikës dhe ankthit do të lëndoje frymën tënde dhe do të dëmtoje shëndetin tënd. Nëse e kupton domethënien frymërore të fjalës së Perëndisë, e cila na thotë, *"Jini gjithmonë të gëzuar. Lutuni pa pushim. Për çdo gjë falënderoni sepse i tillë është vullneti i Perëndisë në Krishtin Jezus për ju,"* ti mund t'i japësh Atij lavdi nga zemra jote në çdo situatë (1 Thesalonikasve 5:16-18).

Kjo ndodh sepse ti beson fuqishëm se kjo është mënyra për të kënaqur Perëndinë, për ta dashur Atë dhe për të marrë përgjigje prej Tij. Ky është çelësi për të zgjidhur problemet e tua, për të pranuar bekimet e Tij dhe për të larguar armikun tënd Satanin. Supozojmë se një grua dhe nusja e djalit të saj nuk janë në paqe me njëra-tjetrën. Ato e dinë shumë mirë se duhet të jenë në paqe dhe ta duan njëra-tjetrën. Por, çfarë do të ndodhë nëse ato fajësojnë apo mbajnë mëri ndaj njëra-tjetrës? As edhe një problem i vetëm nuk do rregullohej mes tyre.

Nëse vjehrra e përgojon nusen e djalit të saj te anëtarët e familjes apo fqinjët, dhe nusja nga ana e saj flet keq për vjehrrën e saj përpara të tjerëve, grindjet dhe konfliktet nuk do të mbarojnë dhe nuk do të ketë paqe në shtëpi.

Nga ana tjetër, çfarë do t'u ndodhë atyre nëse pendohen për gabimet që kanë bërë, kuptojnë njëra-tjetrën duke vendosur veten e tyre në vendin e tjetrës, dhe falin dhe e duan njëra-tjetrën? Atëherë në shtëpi do të ketë paqe. Vjehrra do të flasë shumë mirë për nusen, nëse është apo jo me të, dhe nusja do ta respektojë vjehrrën me të gjithë zemrën e saj. Sa lidhje paqësore dhe dashurore do të ketë mes tyre. Kjo është e njëjta mënyrë për t'u dashur prej Perëndisë.

Etapa fillestare e nivelit të tretë të besimit

Arsyeja pse disa njerëz nuk janë në gjendje t'i binden fjalës edhe pse e dinë që është e vërtetë është se në zemrat e tyre ata kanë shumë të pavërteta që janë kundër vullnetit të Perëndisë të cilat e shuajnë dëshirën e Frymës së Shenjtë. Prandaj, kur hyn në fillimin e etapës së nivelit të tretë të besimit, ti fillon të luftosh kundër mëkatit deri në pikën e derdhjes së gjakut (Hebrenjve 12:4).

Për të hedhur tutje mëkatet, ti duhet të luftosh me plot zjarr duke u lutur me agjërim siç na thotë neve Jezusi, *"Ky lloj frymërash nuk mund të dëbohet ndryshe, përveç, se me lutje dhe agjërim"* (Marku 9:29). Vetëm atëherë do të marrësh forcë dhe hir të mjaftueshëm nga Perëndia për të jetuar sipas Fjalës së Tij. Në të njëjtën mënyrë, nëse ndodhesh në nivelin e tretë të besimit, ti do të kesh zell për të flakur tutje atë që thotë Perëndia të flakësh tutje dhe të bësh çfarëdo që të thotë Ai të bësh ashtu si e urdhëron Bibla.

A do të thotë kjo se të gjithë ata që e mbajnë të shenjtë ditën e Zotit dhe japin ofertën e një të dhjetës kanë nivelin e tretë të besimit? Jo, në këtë rast kjo nuk është e vërtetë. Disa mund të marrin pjesë në shërbesën e së dielës dhe të japin ofertën e një të dhjetës me qëndrim hipokrizie – ata mund të veprojnë në këtë mënyrë vetëm se ata kanë frikë se mos ndeshen me sprova dhe shqetësime si rezultat i moszbatimit të këtyre urdhërimeve, apo sepse duan që shërbëtorët e Perëndisë të flasin mirë për ta. Nëse ti e adhuron Perëndinë në frymë dhe në të vërtetë, Fjala e Tij është më e ëmbël se mjalti.

Mirëpo, kur nuk merr pjesë me dëshirë në shërbesat e

adhurimit, është e sigurt që do të mërzitesh nga mesazhi dhe do të mendosh me vete, 'Sa mirë do të ishte sikur shërbesa të mbaronte shpejt...' Kjo ndodh për shkak se edhe pse trupi yt është në shenjtoren e Perëndisë, zemra jote është diku tjetër.

Nëse merr pjesë në shërbesën e adhurimit por lejon zemrën tënde të fluturojë drejt botës, ti nuk mund të jesh mes atyre që e respektojnë shenjtërisht ditën e Zotit, sepse Perëndia e analizon zemrën e adhuruesve. Në këtë rast, ti mbetesh në nivelin e dytë të besimit edhe pse jep të gjithë të dhjetën.

Masa e besimit ndryshon nga personi në person, edhe pse mund të jenë në të njëjtin nivel besimi. Nëse masa e përsosur e çdo niveli të besimit është në 100%, besimi yt shtohet gradualisht nga masa e besimit në 1% deri te masa e 10%, 20%, 50% dhe kështu me radhë deri në 100% të çdo niveli të besimit. Nëse besimi yt shtohet deri në masën 100% kjo çon në një nivel më lartë të besimit.

Për shembull, supozojmë se e ndajmë masën e nivelit të dytë të besimit nga 1% deri në 100%. Ndërsa besimi yt i afrohet masës së 100% në nivelin e dytë të besimit, ti mund të arrish nivelin e tretë të besimit. Sipas së njëjtës shenjë, nëse besimit yt shtohet drejt masës 100% në nivelin e tretë të besimit, ti je në nivelin e katërt të besimit. Prandaj, ti duhet të jesh në gjendje të analizosh se në cilin nivel besimi je aktualisht, dhe sa nga ai nivel ke arritur.

Shkëmbi i besimit

Nëse besimi yt përmbush më shumë se 60% të nivelit të tretë të besimit, konsiderohet se ti po qëndron mbi shkëmbin e besimit. Te Mateu 7:24-25, Jezusi na thotë, *"Prandaj, ai që i dëgjon këto fjalë të mia dhe i vë në praktikë, mund të krahasohet prej meje me një njeri të zgjuar, që e ka ndërtuar shtëpinë e tij mbi shkëmb. Ra shiu, erdhi përmbytja, frynë erërat dhe u përplasën mbi atë shtëpi; por ajo nuk u shemb, sepse ishte themeluar mbi shkëmb."*

Këtu "Shkëmbi" i referohet Jezus Krishtit (1 Korintasve 10:4), dhe "shkëmbi i besimit" i referohet qëndrimit këmbëngulës në të vërtetën, Jezus Krishtin (1 Korintasve 10:4) Prandaj, nëse qëndron në shkëmbin e besimit pasi ti ke arritur përtej 60% të nivelit të tretë të besimit, ti nuk rrezohesh përballë çdo lloj sprove apo problemi. Ti i bindesh vullnetit të Perëndisë deri në fund sepse do që të vazhdosh të qëndrosh i fortë mbi shkëmbin e besimit, sapo të zbulosh që kjo është rruga e drejtë apo vullneti i Perëndisë.

Në këtë mënyrë, ti mund të jetosh gjithmonë një jetë fitimtare dhe mund t'i japësh lavdi Perëndisë pa u tunduar nga Satani. Për më tepër, gëzimi dhe mirënjohja do të të burojnë nga zemra pavarësisht llojeve të sprovave apo problemeve, dhe ti gëzon paqe dhe qetësi duke u lutur vazhdimisht.

Supozojmë se djali yt për pak sa nuk vdes në një aksident rrugor. Pavarësisht nga kjo tragjedi, ti derdh lot mirënjohjeje nga zemra jote dhe je i gëzuar sepse ti qëndron fort në të vërtetën. Edhe nëse gjymtohesh për shkak të një aksidenti, ti nuk do të mbash mëri ndaj Perëndisë duke thënë, "Përse nuk më mbrojti Perëndia?" Përkundrazi, ti do ta falënderosh Perëndinë që të mbrojti pjesët e tjera të trupit.

Në fakt, vetëm fakti që mëkatet tona janë falur dhe ne mund të shkojmë në parajsë, mjafton që ne t'i japim Perëndisë falënderimet tona. Edhe nëse gjymtohesh, kjo nuk të ndalon për të shkuar në parajsë sepse kur të hysh në mbretërinë e qiejve, trupi yt i gjymtuar do të ndryshojë në një trup të përsosur qiellor.

Me fjalë të tjera, nuk ka asnjë arsye për t'u ankuar apo për tu trishtuar. Sigurisht, Perëndia të mbron gjithmonë nëse ti ke këtë lloj besimi. Edhe nëse Perëndia lejon që ti të lëndohesh në një aksident rrugor me qëllim që të marrësh bekime, ti mund të shërohesh plotësisht sipas besimit tënd.

Një jetë ngadhënjimtare mbi shkëmbin e besimit

Edhe pse në fazat e para të nivelit të tretë të besimit njerëzit kanë dëshirë t'i binden Fjalës, disa herë ata i binden me gëzim dhe disa herë të tjera jo. Kjo ndodh sepse këta të fundit nuk janë plotësisht të shenjtëruar dhe kanë konflikte mes të vërtetës dhe të pavërtetës në zemrat e tyre.

Për shembull, ti përpiqesh t'u shërbesh të tjerëve dhe mos t'i urresh sepse Perëndia të mëson që të mos i urresh të tjerët, por ta duash armikun tënd. Megjithatë, edhe pse duket se je duke u shërbyer të tjerëve, ti prapë mund të ndjehesh i rënduar sepse nuk i do ata në zemrën tënde. Sidoqoftë, nëse qëndron i fortë mbi shkëmbin e besimit, djalli nuk do të ketë sukses në tundimet apo shqetësimet e tij sepse ti ke zemrën e së vërtetës për të ndjekur dëshirën e Frymës së Shenjtë dhe nuk ke asnjë lloj arsyeje për të pasur frikë sepse ti ecën në mes të fuqisë së Perëndisë të plotfuqishëm.

Ashtu si i riu David i tha me guxim gjigantit Goliath, *"Përfundimi i betejës varet nga Zoti, dhe ai do t'ju dorëzojë në duart tona"* (1 Samuelit 17:47), edhe ti do të jesh në gjendje të thuash të njëjtën gjë të guximshme me besim ndërsa Perëndia të jep fitoren sipas besimit tënd. Askush nuk mund të pengojë e as të të dobësojë sepse i plotfuqishmi Perëndi është ndihmuesi yt.

Nëse ke bashkësi me Perëndinë dhe ndan dashurinë e Tij, ti mund të marrësh përgjigje për problemet dhe kërkesat e tua në momentin që ti ia kërkon Atij me besim. Megjithatë, kjo nuk ndodh te njerëzit që luten rrallë dhe nuk kanë një bashkësi me Perëndinë. Kur ata përballen me probleme, është shumë e vështirë që të marrin përgjigje nga Perëndia edhe pse ata thonë se, "Perëndia me siguri do të më japë mua zgjidhje." Është njësoj sikur ata të prisnin që një molle të binte nga pema vetvetiu. Për këtë arsye ne duhet të lutemi pa pushim.

Si mund të arrish te shkëmbi i besimit

Nuk është e lehtë që një boksier të bëhet kampion bote. Kjo kërkon përpjekje të vazhdueshme, durim të madh dhe një vetëkontroll të madh. Në fillim, i rekrutuari do t'i humbasë ndeshjet praktikuese sepse atij i mungon aftësia.

Mirëpo, duke u ushtruar vazhdimisht dhe duke fituar aftësi, ai mund të arrijë ta godasë kundërshtarin të paktën një herë edhe pse mund të jetë goditur dy-tre herë më parë. Nëse ai përmirëson aftësitë e tij dhe forcën me durim duke i shtuar përpjekjet, ai do të fitojë më shumë ndeshje, po kështu rritet edhe vetëbesimi i tij.

Në mënyrë të ngjashme, një student që është shumë i mirë në anglisht pret me padurim orën e anglishtes dhe sapo fillon ai kënaqet. Në të kundërtën, studentët që nuk janë shumë mirë në lëndën e gjuhës angleze, ka gjasa që të mërziten dhe të rëndohen përgjatë orës së anglishtes.

E njëjta gjë ndodh dhe me betejën frymërore kundrejt armikut, djallit. Nëse je në nivelin e dytë të besimit, dëshira e Frymës së Shenjtë brenda teje bën një luftë shumë të egër kundër dëshirave mëkatare, sepse të dyja dëshirat kanë të njëjtën madhësi fuqie. Është njësoj si një ndeshje midis dy njerëzve që kanë fuqi dhe aftësi të barabarta. Nëse njëri godet tjetrin, tjetri do t'ia kthejë goditjen. Nëse ai e godet tjetrin pesë herë, tjetri do ta godasë atë aq herë sa është goditur. Është e njëjta dhe me luftën frymërore kundër djallit. Ti disa herë fiton mbi djallin por disa herë mposhtesh prej tij.

Megjithatë, nëse vazhdon të lutesh dhe t'i bindesh Fjalës, jo me anë të ndjenjave apo trishtimit, Perëndia do të derdhë mbi ty hirin dhe forcën e Tij, dhe Fryma e Shenjtë do të të ndihmojë. Si rezultat, dëshira e Frymës së Shenjtë do të sundojë në zemrën tënde dhe besimi yt do të rritet vazhdimisht drejt nivelit të tretë të besimit.

Kur hyn në nivelin e tretë të besimit, dëshirat e natyrës mëkatare fiken dhe bëhet me e lehtë për të jetuar në besim. Kur lutesh vazhdimisht ashtu si fjala e kërkon, ti do të kënaqesh duke iu lutur Perëndisë. Nëse në fillim ti mund të luteshe më së shumti për dhjetë minuta, tani do të kesh mundësi për t'u lutur për njëzet minuta, tridhjetë minuta, dhe më vonë mund të lutesh lehtësisht për të paktën dy apo tri orë.

Nuk është e lehtë për fillestarët e besimit të luten për më shumë se dhjetë minuta sepse ata nuk kanë shumë tema dhe kërkesa për t'u lutur, kështu që ndjehen pak të rënduar gjatë lutjes dhe i kanë zili njerëzit që luten lirisht pa asnjë lloj vështirësie. Nëse ti vazhdon të lutesh me durim me gjithë zemrën tënde, ti do të marrësh forcë nga lart për t'u lutur për disa orë në ditë. Perëndia të jep hirin dhe forcën e Tij për t'u lutur kur ti jep më të mirën për t'iu lutur Atij vazhdimisht.

Në këtë mënyrë, besimi yt piqet me lutje të vazhdueshme. Kur arrin një masë të lartë besimi brenda nivelit të tretë, ti do të arrish të kesh besim të palëkundshëm pa u kthyer as djathtas as majtas në çdo problem apo shqetësim.

Përtej shkëmbit të besimit

Nëse qëndron në shkëmbin e besimit, Perëndia të do, të zgjidh problemet e tua dhe të jep përgjigje në çdo gjë që ti kërkon. Ti mund të dëgjosh edhe zërin e Frymës së Shenjtë, mund të jesh i gëzuar dhe mirënjohës në çdo rrethanë ashtu si Perëndia e urdhëron, dhe je vigjilent duke u lutur vazhdimisht sepse ti jeton me Fjalën e regjistruar në gjashtëdhjetë e gjashtë librat e Biblës.

Nëse je një shërbyes, plak, pastor apo drejtues në kishë por nuk arrin të dëgjosh zërin e Frymës së Shenjtë, duhet të dish se ti ende nuk je duke qëndruar mbi shkëmbin e besimit. Mirëpo nuk do të thotë që ti mund ta dëgjosh zërin e Frymës së Shenjtë vetëm kur qëndron mbi shkëmbin e besimit.

Edhe fillestarët në besim mund të dëgjojnë zërin e Tij kur i binden fjalës së Perëndisë ndërsa janë duke e mësuar atë. Për shkak të bindjes së tyre ndaj Fjalës, nuk duhet shumë që besimi i fillestareve të rritet nga niveli i parë deri te masa e shkëmbit të besimit.

Që nga momenti kur unë pranova Zotin, fillova të kuptoja hirin e Perëndisë në zemrën time dhe përpiqesha t'i bindesha

Fjalës ndërsa e mësoja atë. Për shkak të këtyre përpjekjeve, unë isha në gjendje të dëgjoja zërin e Frymës së Shenjtë dhe të udhëhiqesha prej Tij sepse unë i bindesha fjalës me gjithë zemrën time me një ndjenjë vendosmërie sa dhe do të jepja edhe jetën time me lot gëzimi për Zotin nëse do të ishte e nevojshme.

M'u deshën tri vite që të dëgjoja qartë zërin e Frymës së Shenjtë. Ti me siguri mund ta dëgjosh zërin e Tij brenda një viti apo dy nëse lexon me plot zell fjalën e Perëndisë, e mban atë në mendje dhe i bindesh. Prapëseprapë, pavarësisht nga koha si besimtar, ti nuk ke për ta dëgjuar zërin e Frymës së Shenjtë nëse ke jetuar në mendimet e tua duke mos iu bindur Fjalës.

Disa besimtarë thonë, "Dikur kam qenë i mbushur me Frymën e Shenjtë dhe kam pasur besim të bollshëm. I kam shërbyer kishës aktivisht. Por besimi im është keqësuar ngaqë jam penguar shpirtërisht për shkak të një anëtari tjetër të kishës." Në këtë lloj rasti, nuk mund të thuhet se ky person ka pasur besim të shëndoshë dhe i ka shërbyer kishës me plot zell.

Për më tepër, nëse njerëz të tillë në të vërtetë kanë pasur një besim të shëndoshë, mbi të gjitha ata nuk duhet të kenë dështuar për shkak të një anëtari tjetër të kishës, dhe nuk do ta kishin braktisur besimin e tyre. Për ta ka qenë e mundur për të vepruar në këtë mënyrë sepse ata kanë pasur besim mishëror pa vepra edhe pse kishin njohuri të fjalës së Perëndisë.

Ne nuk duhet të tregohemi budallenj që të largohemi nga kisha për shkak të ngatërresave me disa anëtarë të kishës. Sa e dhimbshme do të ishte nëse tradhton Perëndinë që të shpëtoi nga mëkatet dhe të dha jetën e vërtetë, duke u kthyer në botën e cila të çon drejt një vdekjeje të përjetshme, e gjitha kjo vetëm përshkak se je ngatërruar me një drejtues, vëlla, apo motër në kishën tënde!

Duhet të pranosh që je shumë larg nga shkëmbi i besimit nëse lutesh me hipokrizi vetëm për t'u treguar sikurse je lutës i zjarrtë, apo të kesh ndjenja armiqësore ndaj atyre që të përgojuan apo të mbajtën nëpër gojë. Nëse ti qëndron mbi shkëmbin e besimit, ti nuk duhet të jesh armiqësor me ta por duhet të lutesh për ta me dashuri dhe lot.

Përgjatë shërbesës sime që nga viti 1982, kam përjetuar kohëra dhe ngjarje jashtëzakonisht të vështira në kishë. Disa nga shërbyesit apo anëtarët kanë qenë shumë të ligj për t'u falur nga perspektiva njerëzore, por kurrë nuk kam ndjerë urrejtje apo armiqësi ndaj tyre. Ndërsa kam pritur që ata të ndryshojnë, jam munduar të shoh të mirën e tyre në vend të ligësisë së tyre.

Në këtë mënyrë, ti mund t'i bindesh plotësisht Fjalës dhe të gëzosh lirinë që ta jep fjala e së vërtetës nëse ke masën e plotë të nivelit të tretë të besimit dhe qëndron i vendosur në Fjalën e Perëndisë. Më pas do të jesh gjithmonë i gëzuar, do të japësh falënderime dhe do të lutesh vazhdimisht. Kurrë nuk ke për të humbur ndjesinë e mirënjohjes e nuk do të ndjehesh i trishtuar. Për më tepër, do të qëndrosh i fortë në shkëmbin e Jezus Krishtit pa u lëkundur e pa u kthyer djathtas apo majtas.

3. Duke luftuar kundër mëkatit deri në derdhjen e gjakut

Në zemrat e besimtarëve që ndodhen në nivelin e dytë të besimit, dëshirat e Frymës së Shenjtë janë në luftë kundrejt dëshirave të natyrës mëkatare. Mirëpo, ata që janë në nivelin e tretë të besimit i largojnë dëshirat e natyrës mëkatare dhe bëjnë jetë fitimtare sepse ata ndjekin dëshirat e Frymës së Shenjtë.

Në nivelin e tretë të besimit, është e lehtë për të jetuar një jetë frymërore në Krishtin sepse tashmë ti i ke flakur tutje veprat e natyrës mëkatare përderisa ishe në nivelin e dytë të besimit. Por nëse hyn në nivelin e tretë të besimit, ti fillon të luftosh ndaj dëshirave të natyrës mëkatare, një përzierje e natyrës së mëkatit dhe e trupit mishëror të rrënjosura thellë në ne, deri në pikën e derdhjes së gjakut.

Si rezultat, kur arrin masën e plotë të nivelit të tretë, nuk do të mendosh më sipas mendjes tënde mëkatare por do t'i bindesh plotësisht Fjalës dhe në këtë mënyrë do të gëzosh liri në të vërtetën sepse tashmë ke larguar nga vetja çdo lloj tipari të natyrës mëkatare.

Rëndësia e zhveshjes së natyrës mëkatare

Nëse e do Perëndinë dhe i bindesh Fjalës së Tij, nuk të duhet shumë kohë për ta rritur masën e besimit tënd nga niveli i dytë te niveli i tretë. Në të kundërtën, nëse shkon në kishë rregullisht, por nuk përpiqesh t'i bindesh Fjalës, nuk mund ta rrisësh masën e besimit tënd drejt një niveli më të lartë dhe ke për të qëndruar në nivelin aktual – në nivelin e dytë të besimit.

Është njësoj me një farë e cila nuk është mbjellë për një kohë të gjatë. Nëse një farë nuk mbillet për një kohë të gjatë, ajo e humbet jetën e saj. Fryma jote mund të rritet vetëm atëherë kur ti kupton fjalën e Perëndisë dhe i bindesh asaj. Ti duhet të përpiqesh për të bërë më të mirën për të kuptuar Fjalën dhe ti

bindesh asaj me qëllim që shpirti yt të shkojë mbarë.
Kur fara mbillet në tokë, është e lehtë për të nxjerrë sythe. Sythet mund të vyshken nëse vjen ndonjë stuhi shiu, ose nëse e shkelin dhe për këtë arsye sythet e vogla kanë nevojë për kujdes. Në të njëjtën mënyrë, edhe njerëzit në nivelin e tretë të besimit duhet të kujdesen për ata që janë në nivelin e parë ose të dytë të besimit me qëllim që ata të rriten plotësisht në besim.

Nëse ti rritesh dhe bëhesh një pemë e madhe në besim duke hyrë në nivelin e tretë të besimit, ti nuk do të rrëzohesh, pavarësisht nga fatkeqësitë apo sprovat që mund të vijnë. Nuk është e lehtë të shkulësh një pemë të madhe sepse ajo është e rrënjosur thellë në tokë, edhe pse degët e saj mund të thyhen apo përthyhen. Në të njëjtën mënyrë, mund të të duket sikur je duke dështuar gjatë konfrontimit me probleme dhe sprova, por mund të rifitosh fuqitë dhe të vazhdosh duke u rritur në besim sepse besim yt i rrënjosur thellë nuk do të lëkundet pavarësisht nga rrethanat.

Lufta e vazhdueshme drejt masës së plotë të besimit

Duhet një kohë e gjatë që një pemë e re të rritet, të lulëzojë dhe më pas të prodhojë fryte apo të rritet e të bëhet një pemë e madhe ku zogjtë mund të ndërtojnë çerdhet e tyre. Në mënyrë të ngjashme, nuk është e vështirë ta rrisësh besimin nga niveli i dytë në nivelin e tretë kur në mënyrë të vendosur zgjedh që ta bësh këtë, por duhet mjaft kohë për t'u rritur në besim në nivelin e tretë dhe të katërt. Kjo ndodh sepse ti duhet të dëgjosh fjalën e Perëndisë dhe ta kuptosh atë në frymë për t'iu bindur asaj që është e regjistruar në gjashtëdhjetë e gjashtë libra të Biblës, por nuk është e lehtë të kuptosh vullnetin e përsosur të Perëndisë Atë brenda një kohe të shkurtër.

Për shembull, edhe nëse një nxënës shkëlqen në shkollën fillore, ai nuk mund të hyjë në kolegj apo të drejtojë biznesin e tij menjëherë pasi ta ketë mbaruar shkollën fillore.

Megjithatë ka njerëz të zgjuar të cilët pranohen në kolegj duke pasur apo kaluar provime kualifikuese në moshë të vogël, kurse të tjerët pranohen në kolegj pasi janë përpjekur për disa herë.

Ti mund të arrish në nivelin e katërt të besimit me shpejtësi apo ngadalësi, në varësi të përpjekjeve të tua. Sigurisht, faktori më i rëndësishëm është përmasa e enës në të cilën është personi. Një përpjekje e vogël e enës, nuk mjafton për rritjen e besimit të tij drejt një niveli më të lartë megjithëse e kupton Fjalën dhe ka besim e shpresë për qiellin. Përkundrazi, një enë e madhe e kupton se çfarë është e drejtë dhe vendos të bëjë të drejtën, dhe ai vazhdon luftën deri në përmbushjen e qëllimit të tij.

Prandaj, duhet të kuptosh sa vendimtare është të bësh çdo përpjekje dhe të luftosh ndaj mëkateve të tua deri në pikën e derdhjes së gjakut për ta rritur sa më shpejt besimin tënd nga niveli i tretë në nivelin e katërt.

Zbatimi i detyrave të tua gjatë luftës me mëkatet

Ti nuk duhet të neglizhosh detyrat e dhëna nga Perëndia gjatë luftës kundër mëkateve të tua. Për shembull, një dhjake në kishën time kishte qenë me mua që nga themelimi i kishës. Ajo së bashku me burrin e saj, të cilët vuanin nga sëmundje serioze, erdhën në kishën time. Aty ata morën lutjen time dhe u shëruan.

Që nga ajo kohë, asaj iu rikthye shëndeti dhe u mundua të rrisë masën e besimit, por ajo nuk i zbatoi plotësisht detyrat e saj si dhjake. Ajo nuk u përpoq të luftonte kundër mëkatit deri në pikën e derdhjes së gjakut dhe ligësia vazhdonte të qëndronte në zemrën e saj edhe pse kishte 15 vjet që vinte në kishë dhe dëgjonte fjalën e Perëndisë. Veprat dhe fjalët e saj të kujtonin një person të nivelit të dytë të besimit.

Fatmirësisht, ajo u zgjua frymërisht disa muaj pak para se të vdiste, u mundua të kënaqte Perëndinë duke shpërndarë në kishë buletine lajmesh. Pasi mori tri herë lutjen time, asaj iu dha niveli i tretë i besimit brenda një kohe mjaft të shkurtër.

Prandaj, për të flakur tutje çdo lloj të keqeje, jo vetëm që duhet të luftosh me mëkatet deri në pikën e derdhjes së gjakut, por duhet edhe të zbatosh me gjithë zemrën tënde detyrat e dhëna nga Perëndia me qëllim që të arrish një masë më të lartë besimi.

Është shumë e vështirë t'i hedhësh tutje mëkatet tuaja vetëm, por është shumë e lehtë nëse pranon nga qielli fuqinë e Perëndisë.

Uroj të jesh një i krishterë i zgjuar në sytë e Perëndisë duke mbajtur mend se fuqia e Tij vjen mbi ata të cilët jo vetëm që hedhin tutje çdo lloj mëkati dhe të keqeje duke luftuar kundër tyre deri në pikën e derdhjes së gjakut por edhe përmbushin detyrat e dhëna nga Perëndia; dhe unë lutem për këtë në emër të Zotit tonë.

Kapitulli 7

Besimi për të dashur Zotin në nivelin më të lartë

1
Niveli i katërt i besimit
2
Shpirti yt ka mbarësi
3
Ta duash Perëndinë pa kushte
4
Ta duash Perëndinë mbi çdo gjë tjetër

"Kush ka urdhërimet e mia dhe i zbaton, është ai që më do; dhe kush më do mua, Ati im do ta dojë; dhe unë do ta dua dhe do t'i dëftëhem atij"
(Gjoni 14:21).

Ashtu siç të duhet të ecësh shkallëve lart hap pas hapi, edhe ti duhet ta rrisësh besimin tënd nivel pas niveli derisa sa të arrish masën e plotë të besimit. Për shembull, 1 Thesalonikasve 5:16-18 na thotë, *"Jini gjithmonë të gëzuar. Lutuni pa pushim. Për çdo gjë falënderoni sepse i tillë është vullneti i Perëndisë në Krishtin Jezus për ju."* Niveli i bindjes së një personi ndaj këtij urdhërimi është në varësi të besimit të individit.

Nëse ndodhesh në nivelin e dytë të besimit, ti më shumë dëshpërohesh sesa je mirënjohës ose gëzohesh kur përballesh me sprova dhe probleme, sepse ty ende nuk të është dhënë forca e mjaftueshme për të jetuar sipas fjalës së Perëndisë. Kur hyn në nivelin e tretë të besimit dhe flak tutje mëkatet duke luftuar kundër tyre deri në pikën e derdhjes së gjakut, ti do të jesh në gjendje të gëzohesh e të jesh mirënjohës për sprovat dhe shqetësimet.

Edhe nëse ndodhesh ende në nivelin e tretë të besimit dhe përballesh me shumë probleme, ti mund të jesh disi dyshues apo skeptik, ose deri në një farë mase mund ta detyrosh veten të gëzohesh dhe të jesh mirënjohës sepse ti nuk e ke kuptuar plotësisht zemrën e Perëndisë.

Sidoqoftë, nëse qëndron i fortë mbi shkëmbin e besimit të rrënjosur thellë brenda masës së tretë të besimit, ti gëzohesh dhe je mirënjohës në zemrën tënde edhe pse mund të hasësh sprova dhe shqetësime. Gjithashtu, nëse arrin një masë më të lartë besimi – nivelin e katërt të tij – nga zemra jote do të rrjedhë gjithmonë gëzimi dhe mirënjohja. Prandaj, në nivelin e katërt të besimit, ti je shumë larg nga trishtimi apo gjaknxehtësia gjatë sprovave apo shqetësimeve, por në të njëjtën kohë e pasqyron vetën tënde të përulur, duke pyetur, 'A kam bërë ndonjë gabim?' Si rezultat, të gjithë ata që arrijnë nivelin e tretë të besimit, ku të jepet aftësia ta duash Perëndinë në shkallën më të lartë, kanë sukses në gjithçka që bëjnë.

1. Niveli i katërt i besimit

Kur besimtarët thonë, "Të dua Zoti im," rrëfimi i atyre në nivelin e dytë ose të tretë të besimit është i ndryshëm nga ata të nivelit të katërt të besimit. Kjo ndodh pasi zemra që e do deri në një farë niveli Perëndinë, dhe zemra që e do Atë në nivelin më të lartë, janë krejtësisht të ndryshme. Ashtu siç na premtojnë Fjalët e Urta 8:17, *"Unë i dua ata që më duan, dhe ata që më kërkojnë me kujdes më gjejnë,"* ata që e duan Zotin në nivelin më të lartë mund të marrin gjithçka që kërkojnë.

Të duash Zotin në nivelin më të lartë

Paraardhësit e besimit të cilët e donin Perëndinë në një nivel më të lartë ishin të mbushur me një gëzim të mjaftueshëm dhe me mirënjohje të sinqertë edhe nëse vuanin pa bërë ndonjë faj. Për shembull, profeti Daniel falënderoi Perëndinë me besim dhe iu lut Atij ndonëse ishte gati për t'u hedhur në kurthin e luanëve për shkak të planeve të disa njerëzve të ligj.

Por, Perëndia, i kënaqur me besimin e tij, dërgoi engjëjt e Tij për të mbyllur gojën e luanëve dhe i urdhëroi ta mbronin Danielin nga luanët. Nëpërmjet kësaj Danieli i dha shumë lavdi Perëndisë (Daniel 6:10-27).

Në një rast tjetër, tre shokët e Danielit i rrëfyen Mbretit Nebukadnetsar besimin e tyre ndaj Perëndisë edhe ishin gati për t'u hedhur brenda një furre me zjarr sepse nuk iu përulen dhe nuk adhuruan imazhin prej ari.

Te Danieli 3:17-18, ata rrëfyen, *"Ja, Perëndia ynë, të cilit i shërbejmë, është në gjendje të na çlirojë nga furra e ndezur, dhe do të na çlirojë nga dora jote, o mbret. Por edhe sikur të mos e bënte, dije, o mbret, që ne nuk do t'u shërbejmë perëndive të tua dhe nuk do të adhurojmë figurën e artë që ti ke ngritur."*

Ata besuan pa u lëkundur se me fuqinë e Perëndisë të gjitha gjërat janë të mundura, dhe rrëfyen me vendosmëri se ishin të gatshëm të jepnin jetën e tyre për Perëndinë që i shërbenin edhe nëse Ai nuk do t'i shpëtonte nga furra e ndezur.

Ata ishin besnikë ndaj detyrave të tyre pa dëshiruar asgjë në këmbim dhe nuk u ankuan ndaj Perëndisë, ndonëse u përballën me një gjykim kërcënues që kërkonte vetë jetët e tyre pa ndonjë shkak. Përsëri ata ishin të gëzuar dhe jepnin falënderime për hirin e Perëndisë sepse të gjithë ishin të sigurt që do të shkonin në parajsë në krahët e Atit të tyre të dashur edhe nëse do të digjeshin të gjallë në furrë. Sipas rrëfimit të besimit të tyre, Perëndia i mbrojti nga zjarri i furrës dhe as një fije floku nga kokat e tyre nuk u dogj. Nëpërmjet kësaj mrekullie të dukshme mbreti u tremb shumë dhe i dha lavdi Perëndisë madje e ngriti Danielin sëbashku me shokët e tij në pozita më të larta se në fillim.

Vërejeni këtë shembull: apostulli Pal dhe Sila u fshikulluan brutalisht dhe u futën në një burg të errët nga njerëz të ligj ndërkohë që udhëtonin nga një vend në një vend tjetër për të predikuar ungjillin. Në mbrëmje, ata ishin duke lavdëruar dhe falënderuar Perëndinë kur papritur filloi një tërmet dhe dyert e burgut u hapën (Veprat e Apostujve 16:19-26).

Le të supozojmë se vuan për shkak të një padrejtësie njësoj siç vuajtën këta paraardhës të besimit. A mendon se do të ishe në gjendje të gëzoheshe dhe të jepje falënderime nga thellësia e zemrës tënde? Nëse shikon veten tënde që mërzitësh, inatosesh ose ke temperament të nxehtë, duhet të kuptosh që je shumë larg nga shkëmbi i besimit. Nëse arrin përtej shkëmbit të besimit, do të jesh gjithmonë i gëzuar dhe do të falënderosh nga thellësia e zemrës tënde pavarësisht problemeve dhe vuajtjeve që mund të hasësh, sepse e kupton hyjninë e Perëndisë. Nëse je në dhimbje për shkak të vuajtjeve të padrejta, duhet të ketë një arsye për këto vuajtje. Por duke qenë se mund të gjesh arsyen me ndihmën e Frymës së Shenjtë, mund të gëzohesh dhe mund të jesh mirënjohës.

Po Davidi, mbreti më i madh i Izraelit? Për shkak të rebelimit të birit të tij Absolomit, Mbreti David u hoq nga froni dhe jetoi pa shtëpi dhe ushqim. Mirë këto, por atë e mallkoi dhe e goditi me gurë një njeri i zakonshëm i quajtur Shimei. Një nga shërbëtorët e Davidit i tha mbretit të urdhëronte ta vrisnin Shimein, por Davidi e refuzoi duke thënë, *"Lëreni të rrijë dhe të mallkojë, sepse ia ka urdhëruar Zoti"* (2 Samuelit 16:11).

Davidi nuk lëshoi as edhe një fjalë të vetme ankimi gjatë

rrugës së tij. Ai vazhdoi ta donte Perëndinë e të mbështetej te Ai dhe qëndroi i fortë në besimin e tij. Në mes të vuajtjeve të tilla, Davidi ishte në gjendje të shkruante fjalë të bukura e të qeta lavdie, si ato që i gjejmë tek Psalmi 23.

Kështu, Davidi gjithmonë besonte se Perëndia punonte për të mirën e tij, edhe kur e kishin mbytur problemet e vuajtjet, sepse ai e kuptonte në çdo kohë vullnetin e Perëndisë dhe i jepte falënderime Perëndisë dhe derdhte lot gëzimi.

Pasi kaloi vuajtjet e tij, Davidi u bë një mbret që Perëndia e donte më shumë. Ai arriti ta bënte Izraelin kaq të fuqishëm saqë vendet fqinje sillnin haraçe në Izrael. Në këtë mënyrë, kur Perëndia pa besimin e Davidit, në të gjitha gjërat punoi për të mirën e mbretit dhe i dha atij bekime.

Bindju Zotit me gëzim dhe me dashurinë më të madhe

Supozojmë se kemi një burrë dhe një grua që së shpejti do të martohen. Ata kanë kaq shumë dashuri për njëri-tjetrin saqë ndjehen të gatshëm të japin jetën për të dashurin ose të dashurën nëse është e nevojshme. Secili prej tyre dëshiron t'i japë tjetrit gjithçka dhe ata mundohen ta kënaqin tjetrin gjatë gjithë kohës madje edhe me harxhimet e veta.

Ata duan që të jenë me njeri-tjetrin sa më shpesh, sa më gjatë e sa më shumë që të jetë e mundur. Ata nuk shqetësohen për motin e ftohtë edhe po të ecnin bashkë në një rrugë me dëborë ose në mes të një stuhie të fuqishme. Ata nuk ndjejnë lodhje e as rraskapitje edhe po të qëndronin zgjuar gjithë natën duke folur në telefon me njeri-tjetrin.

Në po të njëjtën mënyrë, nëse e do Zotin në nivelin më të

lartë ashtu siç duhen këta të dy që së shpejti do të martohen, dhe nëse ke një zemër të pandryshuar për Të, ti do të jesh në nivelin e katërt të besimit. Atëherë, si mund ta tregosh dashurinë tënde për Të? Si e mat Perëndia dashurinë që ke për Të?

Jezusi na thotë tek Gjoni 14:21, *"Kush ka urdhërimet e mia dhe i zbaton, është ai që më do; dhe kush më do mua, Ati im do ta dojë; dhe unë do ta dua dhe do t'i dëftehem atij."*

Nëse e do Perëndinë ti duhet t'u bindesh urdhërimeve të Tij; kjo është prova e dashurisë për Zotin. Nëse e do Atë me të vërtetë, Perëndia do të ta kthejë dashurinë dhe Zoti do të jetë me ty dhe do të tregojë që është me ty. Në të kundërtën nëse nuk u bindesh urdhërimeve të Tij, është e vështirë që të marrësh pëlqimin, aprovimin ose bekimet e Perëndisë.

A e do me të vërtetë Zotin? Nëse po, do t'u bindesh me siguri urdhërimeve të Tij dhe do ta adhurosh Atë në frymë dhe në të vërtetë. Ti nuk do të jesh asnjëherë i heshtur e i përgjumur ndërsa dëgjon predikimin e Fjalës. Si mund të thuash që do dikë nëse ty të zë gjumi kur ai ose ajo të flet ty? Nëse vërtet e do partnerin tënd, për ty duhet të jetë gëzim i madh që të dëgjosh zërin e tij apo të saj.

Nëse vërtet e do Perëndinë, do të jesh shumë i lumtur dhe i gëzuar kur dëgjon fjalët e Tij. Por nëse ndjehesh i përgjumur ose i bezdisur, është e qartë që ti nuk e do Perëndinë. 1 Gjonit 5:3 na kujton, *"Sepse kjo është dashuria e Perëndisë: që ne të zbatojmë urdhërimet e tij; dhe urdhërimet e tij nuk janë të rënda."*

Në të vërtetë, ata që duan Perëndinë nuk e kanë të vështirë t'u binden urdhërimeve të Tij. Urdhërimeve të Tij mund t'u bindesh nëse arrin besimin që duhet për të dashur vërtet

Perëndinë. Ti iu bindesh atyre me besim e me dashuri nga thellësia e zemrës tënde, në vend që t'u bindesh atyre pa dëshirë ose duke i ndjerë ato si detyrim.

Nëse hyn në nivelin e katërt të besimit, ti i bindesh çdo fjale të Perëndisë me gëzim, sepse e do shumë, ashtu si një partner dëshiron t'i japë partnerit tjetër çdo gjë që kërkon, dhe dëshiron të bëjë atë që tjetri dëshiron.

Të ligjtë nuk mund të të lëndojnë

Ata që e duan Perëndinë në nivelin më të lartë shenjtërohen plotësisht duke iu bindur plotësisht Fjalës, siç thuhet tek e 1 Thesalonikasve 5:21-22, *"Provoni të gjitha, mbani të mirën. Hiqni dorë nga çdo dukje e ligë."*

Sa të shpërblen Perëndia kur ti jo vetëm që hedh tutje mëkatet e tua duke luftuar kundër tyre, deri në derdhjen e gjakut, por edhe largohesh nga çdo lloj ligësie? Si i tregon Ai provat e dashurisë për ty? Perëndia premton shumë bekime për ata që përmbushin shenjtërinë dhe pastërtinë sepse Ai shpërblen kur ti mbjell dhe vepron.

Së pari, ashtu si na thotë 1 Gjoni 5:18, *"Ne dimë se kushdo që ka lindur nga Perëndia nuk mëkaton; ai që ka lindur nga Perëndia e ruan vetën e tij, dhe i ligu nuk e prek atë,"* ti duhet të lindësh nga Perëndia. Ti do të kthehesh në njeri frymëror kur nuk kryen më mëkat sepse përpiqesh të jetosh sipas fjalës së Perëndisë dhe hedh tutje mëkatet duke luftuar kundër tyre deri në pikën e derdhjes së gjakut. Atëherë, armiku yt djalli nuk mund të të lëndojë më sepse është Perëndia ai që të mban të sigurt.

Më pas, 1 Gjonit 3:21-22 premton, *"Shumë të dashur, nëse zemra jonë nuk na dënon, kemi siguri para Perëndisë, dhe ç'të kërkojmë, e marrim nga ai, sepse zbatojmë urdhërimet e tij dhe bëjmë gjërat që janë të pëlqyera prej tij."* Zemra nuk të dënon kur ti e kënaq Perëndinë jo vetëm duke iu bindur urdhërimeve të Tij por edhe duke larguar çdo lloj ligësie.

Ti ke siguri përpara Perëndisë dhe merr prej Tij çdo gjë që i kërkon ashtu siç të ka premtuar Perëndia. Ai as nuk gënjen e as nuk ndryshon mendje; Ai përmbush gjithçka që thotë dhe premton (Numrat 23:19). Kështu, Ai të jep çdo gjë që ti i kërkon nëse e do Atë në nivelin më të lartë dhe shenjtërohesh.

Edhe kur isha në fillimet e besimit, ndjehesha disi i zhgënjyer kur mesazhet ose shërbesat e adhurimit ishin të shkurtra sepse doja të dija më shumë rreth vullnetit të Perëndisë dhe të merrja hirin e tij. Unë arrita të kisha masën e plotë të besimit brenda një kohe të shkurtër sepse bëja më të mirën për të jetuar sipas Fjalës sapo e kuptoja atë.

Si rezultat, sot jam duke ofruar çdo gjë para Perëndisë madje pa kursyer dhe vetë jetën time, me gjithë shpirt, zemër dhe mendje, që të jetoj sipas Fjalës në mënyrë që ta dua Atë në nivelin më të lartë dhe ta kënaq Atë. Edhe pse i jap Atij çdo gjë që unë kam, unë dëshiroj t'i jap Atij më shumë. Gruaja dhe fëmijët e mi gjithashtu i kanë përkushtuar Zotit vetat e tyre me gjithë zemrat e tyre që kur i mësova të jetonin në këtë mënyrë. Nëse ti ndjehesh i rënduar në udhëheqjen e jetës tënde të Krishterë, duhet të jesh i etur për fjalën e Perëndisë, dhe përpiqu ta adhurosh Atë në frymë dhe në të vërtetë, dhe të jetosh vetëm sipas Fjalës.

2. Shpirti yt ka mbarësi

Njerëzit në nivelin e katër të besimit gjithmonë jetojnë sipas Fjalës, ndërsa ata e shpallin me gjithë zemrat e tyre, sepse ata mendojnë gjatë gjithë kohës, "Ç'mund të bëj unë për t'i pëlqyer Perëndisë?" dhe veprat e bindjes sigurisht ndjekin rrëfimin e besimit që buron nga zemrat e tyre. Kjo ndodh sepse ata e duan Perëndinë në nivelin më të lartë. Ai u premton njerëzve të tillë tek 3 Gjonit 1:2, *"Shumë i dashur, unë dëshiroj të kesh mbarësi në çdo gjë dhe të gëzosh shëndet të mirë, ashtu si ka mbarësi shpirti yt."* Çfarë do të thotë që, "shpirtit tënd po i shkon mbarë"? Çfarë lloj bekimesh janë dhënë?

Shpirti yt ka mbarësi

Kur u krijua njeriu në fillim, Zoti fryu brenda tij frymën e jetës dhe njeriu u bë frymë e gjallë. Ai përbehej nga fryma përmes të cilës ai mund të kishte bashkësi me Perëndinë: shpirtit që kontrollohej nga fryma; trupit në të cilën banonin shpirti dhe fryma, dhe ai mund të jetonte përjetësisht si qenie e gjallë (Zanafilla 2:7; 1 Thesalonikasve 5:23).

Prandaj, shpirti i dikujt që ka mbarësi mund të sundojë mbi çdo gjë dhe mund të jetojë përjetësisht ashtu si njeriu i parë Adami komunikonte me Perëndinë dhe i bindej plotësisht vullnetit të Tij.

Megjithatë, njeriu i parë Adami nuk iu bind urdhrit të Perëndisë dhe humbi të gjitha bekimet e dhëna prej Tij. Perëndia e urdhëroi atë, *"Ha bile lirisht nga çdo pemë e kopshtit; por mos ha nga pema e njohjes të së mirës dhe të së keqes, sepse ditën që do të hash prej saj ke për të vdekur me"* (Zanafilla 2:16-17). Adami nuk iu bind urdhrit të Perëndisë dhe hëngri nga pema e njohjes të së mirës dhe të së keqes. Në fund, shpirti i tij – përmes të cilit mund të komunikonte me Perëndinë – vdiq dhe ai u nxor jashtë Kopshtit të Edenit.

Këtu, kur thuhet "shpirti i tij vdiq" nuk do të thotë se shpirti i Adamit u zhduk, por që humbi fuqinë e fillimit. Fryma duhet të luajë rolin e padronit, por vendin e frymës e mori shpirti, meqenëse fryma vdiq. Njeriu i parë Adami, si qenie e gjallë kishte komunikuar me Perëndinë që është Frymë.

Tashmë, shpirti i Adamit vdiq për shkak të mosbindjes së tij dhe si rezultat ai nuk mund të komunikonte më me Perëndinë. Kështu, ai u bë njeri i shpirtit, i cili u bë padroni që sundonte mbi të në vend të frymës.

"Shpirti" i referohet sistemit të kujtesës tek truri dhe çdo lloj kujtese dhe mendimi me anë të të cilit kujtesa e ruajtur riprodhohet. Një njeri i shpirtit do të thotë nuk varet më nga Perëndia por mbështetet te teoria dhe njohuria njerëzore. Përmes një veprimi të vazhdueshëm të Satanit mbi mendimet e njeriut – mbi shpirtin, padrejtësia dhe ligësia sulen mbi njeriun dhe bota prandaj është mbushur me po aq ligësi që ka pranuar njeriu. Njerëzit janë njollosur më shumë me mëkate dhe shkatërrojnë brez pas brezi.

Njeriu i parë Adami si një njeri i frymës dhe si një zot i të gjitha gjërave, gëzoi jetën e përjetshme sepse fryma e tij ishte padroni i tij dhe mund të komunikonte me Perëndinë. Kur errësira i përshkoi zemrën e cila ishte e mbushur vetëm me të vërtetën, përmes mosbindjes ajo gradualisht u vu nën kontrollin e Satanit, sunduesit të forcave të errësirës.

Si rezultat, pasardhësit e Adamit të pabindur, u bënë jo më të mirë se kafshët që kanë shpirt dhe trup por jo frymë. Ata kanë jetuar në çdo lloj të pavërtete siç është gënjeshtra, kurorë shkelja, urrejtja, vrasja, lakmia, dhe xhelozia, të cilat janë të gjitha kundër fjalës së Perëndisë (Predikuesi 3:18).

Megjithatë, Perëndia i dashurisë hapi rrugën e shpëtimit përmes Birit të Tij Jezus Krishtit, dhe dha Frymën e Shenjtë si dhuratë ndaj çdokujt që e pranon Krishtin me qëllim që fryma e tij e vdekur të mund të ringjallet. Nëse dikush merr Frymën e Shenjtë, duke pranuar Jezus Krishtin, shpirti i tij i vdekur rigjallërohet. Nëse ai e lejon Frymën e Shenjtë të rilind frymën brenda tij, ai gradualisht bëhet njeri i Frymës.

Një njeri i tillë mund të gëzojë të gjitha bekimet ashtu siç bëri njeriu i parë Adami si një frymë e gjallë, sepse shpirtit i tij ka mbarësi, që do të thotë se fryma e tij bëhet padroni dhe shpirti tanimë i bindet frymës. Ky është procesi i rritjes së besimit dhe procesi i mbarësisë së shpirtit tënd.

Kur pranon Jezus Krishtin dhe merr Frymën e Shenjtë, ti je në nivelin e parë të besimit. Ti mund të qëndrosh mbi shkëmbin e besimit dhe të jetosh vetëm me anë të Fjalës nëpërmjet luftës së zjarrtë mes frymës tënde që ndjek dëshirat e Frymës së Shenjtë, dhe shpirtit tënd që ndjek dëshirat e natyrës mëkatare. Nëse arrin nivelin e katërt të besimit, ti shenjtërohesh dhe i përngjan Perëndisë sepse fryma jote bëhet padroni yt.

Fryma jote kontrollon shpirtin tënd

Kur fryma jote drejton shpirtin si padron dhe shpirti yt i bindet urdhrave të frymës si shërbëtor, thuhet se "shpirti yt do të ketë mbarësi." Atëherë, ti natyrshëm fillon t'i përngjash zemrës dhe qëndrimit të Zotit, siç na tregon Filipianëve 2:5, *"Kini në ju po atë ndjenjë që ishte në Jezu Krishtin."*

Kur fryma jote drejton shpirtin, Fryma e Shenjtë e drejton zemrën tënde 100% sepse fjala e vërtetë e Perëndisë kontrollon zemrën tënde dhe si rezultat ti nuk do të mbështetesh më te mendimet e tua. Me fjalë të tjera, ti mund t'i bindesh plotësisht fjalës së Perëndisë sepse ke shkatërruar çdo lloj mendimi mishëror dhe zemra jote bëhet vetë e vërteta.

Në këtë mënyrë, kur bëhesh njeri i frymës dhe drejtohesh nga Fryma e Shenjtë, ti mund të shpëtosh nga çdo lloj problemi ose vuajtje dhe të ruhesh nga rreziqet e çdo situate. Për shembull, edhe nëse papritur ndodh një katastrofë natyrore ose një aksident, ti dëgjon zërin e Frymës së Shenjtë derisa të zgjon për t'u larguar nga ai vend për të të mbajtur të sigurt.

Kështu, kur shpirti ka mbarësi, ti ia beson të gjitha rrugët Perëndisë me zemër të bindur. Atëherë Ai drejton zemrën dhe mendjen tënde, të drejton në të gjitha rrugët e tua dhe të bekon me shëndet të mirë.

Mbi këtë Ligji i Përtërirë 28 shtjellon si më poshtë,

"Të gjitha këto bekime do të bien mbi ty dhe do të të zënë, në rast se dëgjon zërin e Zotit, Perëndisë tënd: Do të jesh i bekuar në qytete dhe në fshatra. I bekuar do të jetë edhe fryti i barkut tënd, fryti i tokës dhe i bagëtisë sate, pjelljet e lopëve të tua dhe fryti i deleve të tua. Të bekuara do të jenë shporta dhe magjja jote. Do të jesh i bekuar kur hyn dhe i bekuar kur del" (Ligji i Përtërirë

28:2-6).

Prandaj, ata që i binden fjalës së Perëndisë për shkak se shpirtrat e tyre kanë mbarësi, jo vetëm që marrin jetën e përjetshme në parajsë, por gëzojnë gjithashtu çdo lloj bekimi, në shëndet, në gjërat materiale, madje edhe në brezat e ardhshëm në këtë botë.

Që gjithçka të shkojë mbarë

Jozefi, biri i Jakobit, ishte në një situatë të dëshpërueshme, vetë vëllezërit e tij e shitën kur ishte i ri dhe ai u dërgua në Egjipt, ku u burgos pa të drejtë pa pasur asnjë faj.

Pavarësisht situatës së vështirë, Jozefi nuk u dekurajua por u përkushtua nën drejtimin e Zotit të plotfuqishëm. Pikërisht për shkak të besimit të madh, vetë Zoti i drejtoi të gjitha gjërat për Jozefin dhe përgatiti për të çdo gjë që ai kishte nevojë. Si rezultat, gjithçka shkoi mirë me Jozefin dhe ai mori nderime të mëdha duke u bërë kryeministër i Egjiptit.

Kështu, megjithëse u dërgua në Egjipt kur ishte i ri dhe atje u bë skllav i një egjiptiani, në fund Jozefi u vendos në kontroll të Egjiptit dhe mundi të shpëtonte, familjen e tij dhe popullin e Egjiptit gjatë thatësirës shtatë vjeçare. Përveç kësaj, ai ngriti themelet e qëndrimit të popullit të Izraelit në Egjipt.

Sot, në tokë jetojnë afërsisht gjashtë miliardë njerëz. Midis tyre, më shumë se një miliard besojnë në Jezus Krishtin. Midis një popullsie të krishterë prej një miliardi, nëse aty ka fëmijë të Perëndisë që janë të pafaj dhe të panjollë, sa të dashur do të jenë ata për Të! Ai është gjithmonë me ta dhe i bekon në të gjitha rrugët e tyre. Kur mbi ta vijnë vështirësi, Ai i mban fort zemrat e tyre që ata t'u bëjnë ballë këtyre vështirësive ose që t'i drejtojë ata të luten. Duke i drejtuar ata në lutje, Zoti i pranon lutjet e tyre dhe i çliron nga vështirësitë sepse ai është Perëndia i drejtë.

Pak vite më parë, isha i ftuar si folës në një Konferencë Ungjillëzuese në Los Anxhelos. Përpara nisjes ndjeva një dëshirë të fortë nga Perëndia për t'u lutur për konferencën, prandaj për dy javë u përqendrova në lutje për konferencën në shtëpinë e lutjes në mal. Unë nuk e dija pse Zoti më kishte shtyrë të lutesha aq fort për konferencën derisa arrita në Los Anxhelos.

Djalli kishte shtyrë njerëz të ligjit që të ndalonin zhvillimin e konferencës, dhe ngjarja ishte pothuajse pranë anulimit. Mbasi kishte pranuar lutjet e mia dhe të pjesëtareve të kishës sime, Zoti i kishte shkatërruar planet dhe dinakërinë e tyre para kohe.

Prandaj, kur mbërrita në Los Anxhelos, gjeta çdo gjë gati për konferencën, të cilën isha në gjendje ta zhvilloja në mënyrë të suksesshme pa asnjë vështirësi. Veç kësaj, munda t'i jap shumë lavdi Perëndisë nëpërmjet mundësisë për të bekuar Këshillin e Qytetit të Los Anxhelosit. Unë isha i pari shtetas korean që mora titullin qytetar nderi nga Bashkia e Los Anxhelosit.

Në këtë mënyrë, shpirti i cili do të ketë mbarësi i dorëzon të gjitha gjërat tek Perëndia. Kur ti i dorëzon të gjitha gjërat në lutje pa qenë i varur në mendimet, vullnetin ose planet e tua, Perëndia kontrollon mendjen tënde dhe të drejton që të gjitha gjërat të shkojnë mbarë për ty.

Edhe nëse përballesh me ndonjë problem, Perëndia në të gjitha gjërat punon për të mirën tënde, kur ti i jep falënderime Perëndisë edhe nëse përballesh me situata të vështira sepse ti beson me vendosmëri që Perëndia e lejon atë sipas vullnetit të

Tij. Ndonjëherë, mund të përballesh me probleme kur bën diçka bazuar në eksperiencën ose mendimet e tua pa qenë i varur tek Perëndia, por edhe gjatë këtyre rasteve, Perëndia të ndihmon menjëherë kur ti i kupton gabimet e tua dhe pendohesh.

I kontrolluar plotësisht nga Fryma e Shenjtë

Nëse qëndron mbi shkëmbin e besimit, çdo dyshim largohet prej teje dhe ti beson me vendosmëri në vigjilencën e Perëndisë dhe veprën e Tij, siç është ringjallja dhe kthimi i Zotit, krijimi i diçkaje nga asgjëja, dhe përgjigjet e tij për lutjet tuaja.

Kështu, gjatë çdo sprove apo problemi, ti vetëm mund të gëzohesh, lutesh, dhe t'i japësh lavdi Perëndisë sepse asnjëherë nuk dyshove për shkak të mosbesimit. Megjithatë, Fryma e Shenjtë nuk e kontrollon ende zemrën tënde 100% sepse nuk e ke arritur masën e plotë të shenjtërimit. Ndonjëherë, nuk mund të thuash me saktësi nëse ajo që ti dëgjon është ose nuk është nga Fryma e Shenjtë, dhe ngatërrohesh sepse mendimet mishërore qëndrojnë në ty.

Për shembull, kur je duke u lutur për të hapur një biznes, ndodh që gjen një biznes të caktuar dhe fillon ta drejtosh duke menduar se Zoti iu përgjigj lutjes tënde. Në fillim biznesi duket i suksesshëm, por më vonë përkeqësohet. Atëherë ti e kupton që nuk kishe dëgjuar zërin e Frymës së Shenjtë por ishe mbështetur në mendimet tua.

Si pasojë, ata që qëndrojnë mbi shkëmbin e besimit, në mjaft raste janë të suksesshëm sepse e kuptojnë të vërtetën dhe jetojnë sipas Fjalës por ende nuk janë të përsosur në besim sepse ata nuk kanë hyrë në atë nivel ku mund t'i dorëzojnë të gjitha gjërat tek

Perëndia dhe të mbështeten vetëm tek Ai.

Si janë njerëzit në nivelin e katërt të besimit? Nëse je në nivelin e katërt të besimit, zemra jote tashmë ka ndryshuar në të vërtetën, jeta jote është në përputhje me fjalën e Perëndisë, dhe e vërteta është përshtatur brenda trupit dhe zemrës tënde. Zemra jote ka ndryshuar në frymë dhe fryma jote drejton shpirtin tënd. Në këtë mënyrë, ti nuk jeton më në bazë të mendimeve të tua sepse tani Fryma e Shenjtë e drejton zemrën tënde 100%. Atëherë mund të përparosh në çdo gjë që bën sepse Perëndia të drejton kur i bindesh Atij ndërsa ndjek drejtimin e Frymës së Shenjtë.

Sapo të kesh mbaruar së luturi për të kryer diçka, ti mund të vazhdosh në udhën e mbarësisë dhe të suksesit, duke pritur me durim derisa Fryma e Shenjtë të të drejtojë 100%. Zanafilla 12 na kujton se Abrahami u bind dhe la tokën e tij sapo Perëndia e urdhëroi edhe pse ai nuk kishte asnjë ide se ku do të shkonte. Megjithatë, prej bindjes së tij ndaj vullnetit të Perëndisë, u bekua për t'u bërë ati i besimit dhe miku i Perëndisë.

Prandaj, ti nuk ke pse të shqetësohesh për asgjë kur Perëndia drejton rrugët e tua. Ti mund t'u gëzohesh bekimeve vetëm nëse e beson dhe e ndjek Atë, sepse Perëndia i plotfuqishëm është me ty.

Vepra të përsosura të bindjes

Nëse hyn në nivelin e katërt të besimit, ti u bindesh me gëzim të gjitha urdhërimeve të Perëndisë sepse e do në nivelin më të lartë. Ti nuk i bindesh atij pa dëshirë dhe forcërisht , por i bindesh me gëzim dhe me plot vullnet nga thellësia e zemrës tënde sepse ti e do Atë.

Më lejo të përdor një shembull që kjo të mund të kuptohet më mirë. Supozo se ke një borxh të madh. Nëse nuk arrin ta paguash menjëherë borxhin, duhet të ndëshkohesh sipas ligjit. Për ta vështirësuar situatën edhe më shumë, supozo sikur një nga pjesëtaret e familjes tënde ka nevojë për një operacion të menjëhershëm. Ti do dëshpëroheshe nëse nuk do të kishe para në një situatë kaq të tmerrshme.

Atëherë, si do të reagoje nëse rastësisht do të gjeje një diamant të madh në rrugë? Përgjigjja jote do të ndryshojë në bazë të masës së besimit tënd.

Nëse je në nivelin e parë të besimit, ku mezi merr shpëtimin, ti mund të mendosh, "Me këtë, unë mund të paguaj të gjitha borxhet e mia dhe të paguaj shpenzimet mjekësore." Kjo ndodh sepse nuk e njeh mirë fjalën e Perëndisë. Ti shikon përreth nëse ka ndonjë njeri, dhe nëse s'ka njeri e merr diamantin.

Nëse je në nivelin e dytë të besimit në të cilën përpiqesh të jetosh sipas Fjalës, brenda teje mund të ketë luftë frymërore mes natyrës tënde mëkatare që thotë, "Kjo është përgjigja që më dha Perëndia për lutjen time," dhe dëshirës së Frymës së Shenjtë që thotë, "Jo, kjo është vjedhje. Ti duhet t'ia kthesh pronarit."

Në fillim, mund të hezitosh dhe të mendosh nëse duhet ta marrësh ose ta dërgosh diamantin në polici, por në fund, e fut në xhep sepse prania e të ligës brenda teje është më e fortë sesa prania e mirësisë. Nëse nuk do të kishe borxhe ose nuk do të ishe në një situatë kaq urgjente, mund të hezitoje për një moment por më pas do ta dërgoje në polici. Megjithatë, ligësia në ty mund të shkatërrojë përfundimisht mirësinë sepse ti e gjen vetveten në një situatë të pashpresë.

Nëse je në nivelin e tretë të besimit ose duke qëndruar mbi shkëmbin e besimit, duke ndjekur dëshirat e Frymës së Shenjtë, ti do ta dërgosh diamantin në polici sepse dëshiron t'ia kthesh pronarit të tij. Megjithatë, ti mund të humbasësh gurin e çmuar brenda zemrës tënde duke menduar, "Unë mund të kisha shlyer borxhin dhe do të kisha paguar edhe operacionin!" Prandaj, veprat e tua nuk janë ende të përsosura sepse dëshirat e të pavërtetës në këtë mënyrë akoma qëndrojnë brenda teje.

Si do të reagoje në një situatë kaq të ndërlikuar nëse je në nivelin e katërt të besimit? Ti nuk mendon kurrë për dëshirat e tua edhe pse je përballë një guri kaq të çmuar e të kushtueshëm sepse nuk ke asnjë të pavërtetë në zemrën tënde dhe ky lloj mendimi i ligë nuk e sulmon kurrë mendjen tënde.

Por, ndjehesh keq për pronarin duke menduar, "Sa zemërthyer duhet të jetë ai tani! Jam i sigurt se ai është duke e kërkuar diamantin kudo. Do ta dërgoj menjëherë në polici." Në këtë mënyrë, nëse e do Zotin në nivelin më të lartë dhe je në nivelin e katërt të besimit, gjithmonë do t'i bindesh ligjit të Perëndisë, pavarësisht nëse të sheh ndonjë njeri apo jo, sepse jeta jote zbaton ligjin. Në këtë situatë, për ty nuk është e nevojshme që të përpiqesh të dallosh zërin e Frymës së Shenjtë nga zërat e tjerë, siç është zëri i mendjes sate mëkatare.

Përpara se të qëndrosh në shkëmbin e besimit, shumë herë mund ta gjesh veten në vështirësi sepse nuk e ke të lehtë të dallosh mes mendimeve të tua dhe të zërit të Frymës së Shenjtë. Edhe po të qëndrosh në shkëmbin e besimit, ndoshta nuk mund të jesh në gjendje të dallosh plotësisht të parën nga kjo e fundit.

Megjithatë, kur arrin masën e besimit në nivelin e katërt, nuk ke asnjë arsye për t'u ndjerë i rënduar dhe ti dëshiron që të ndjekësh vetëm zërin e Frymës së Shenjtë, sepse Ai e drejton dhe e kontrollon 100% mendjen dhe zemrën tënde.

Kur ndodhesh në nivelin e katërt të besimit, nuk mbështetësh më mbi mendimet njerëzore, diturinë, ose eksperiencën por është Zoti Ai që të drejton në të gjitha rrugët. Si rezultat, ti mund të gëzosh bekimet e "Jehovah jireh" (Zoti i cili siguron) dhe çdo gjë shkon mbarë për ty.

3. Ta duash Perëndinë pa kushte

Nëse je në nivelin e katërt të besimit, dashuria jote për Perëndinë është e pakushtëzuar. Ti shpall ungjillin dhe punon për Perëndinë besnikërisht, pa ndonjë shpresë për të marrë bekime ose përgjigje nga Perëndia, sepse të veprosh në atë mënyrë ti e mendon si detyrën tënde. Është e njëjta gjë kur u shërben fqinjëve me dashuri sakrifikuese. Ti u shërben atyre pa pritur prej tyre ndonjë lloj shpërblimi sepse ti i do shumë shpirtrat e tyre.

A u kërkojnë prindërit ndonjë shpërblim fëmijëve të tyre për dashurinë e tyre? Ata nuk kërkojnë kurrë; dashuri do të thotë të japësh. Prindërit janë thjeshtë mirënjohës dhe të gëzuar për vetë faktin që i kanë dhe i duan. Nëse ka prindër që dëshirojnë që fëmijët t'u binden ose i rrisin fëmijët e tyre vetëm për të shitur mend, ata prindër presin shpërblim për dashurinë e tyre.

Në mënyrë të ngjashme, nëse i duan prindërit me zemër të vërtetë, fëmijët nuk dëshirojnë asgjë në kthim nga prindërit e tyre. Kur ata i kryejnë detyrat e tyre dhe bëjnë më të mirën për t'i kënaqur prindërit e tyre, prindërit janë të detyruar të mendojnë,

"Çfarë mund t'i jap unë atij?"

Nëse ti arrin masën e besimit në të cilën e do Zotin në nivelin më të lartë, fakti i vetëm që ti ke marrë hirin e shpëtimit mjafton për të të bërë që të falënderosh Perëndinë, dhe kështu ndjehesh se nuk ka asnjë mënyrë për të shpaguar hirin e tij dhe për të dashur të vërtetën dhe Perëndinë pa kushte.

Prandaj, nëse ti ke besimin që duhet për ta dashur Perëndinë pa kushte, ti lutesh, punon, dhe shërben ditë e natë për mbretërinë e Perëndisë dhe drejtësinë e Tij, duke mos pritur asgjë në këmbim.

Ta duash Perëndinë me zemër të pandryshuar

Te Veprat 16:19-26 gjejmë Palin dhe Silan të cilët, edhe pse kishin bërë mirë, duke u predikuar ungjillin johebrenjve dhe kishin larguar prej tyre demonë, njerëz të ligj i tërhoqën zvarrë te sheshi i tregut. Atje i zhveshën, i fshikulluan brutalisht dhe i hodhën në burg. Ata ishin të futur në pjesën e brendshme të burgut dhe poashtu ua shtrënguan lidhën këmbët në dru. Nëse do të ishe në vend të tyre çfarë do të bëje?

Nëse je në nivelin e parë ose të dytë të besimit, ti ndoshta mund të ankohesh ose të rënkosh, "Perëndi, a je me të vërtetë i gjallë? Ne kemi punuar për Ty me besnikëri deri tani. Pse lejon që të burgosemi?"

Në nivelin e tretë të besimit, ti kurrë nuk mund të shprehësh fjalë të tilla, por mund të lutesh me një ton pak të dëshpëruar: "Zot, Ti na pe kur na turpëruan ndërsa shpallnim ungjillin për Ty. E gjithë kjo është tejet e dhimbshme. Të lutem na shëro dhe na çliro!"

Megjithatë, Pali dhe Sila i dhanë falënderim Perëndisë dhe i kënduan lavde Atij edhe pse gjendeshin në një situatë të pashpresë e të tmerrshme dhe nuk kishin asnjë ide se çfarë mund t'u ndodhte. Befas aty filloi një tërmet aq i fuqishëm saqë u tundën themelet e burgut. Në atë çast, u hapën të gjitha dyert e burgut dhe të gjithëve iu zgjidhën prangat. Përveç kësaj mrekullie, edhe rojtari i burgut dhe familja e tij pranuan ungjillin e Jezu Krishtit dhe morën shpëtimin.

Kështu, njerëzit në nivelin e katërt të besimit mund t'i japin lavdi Perëndisë në çdo çast sepse ata kanë besim të fortë me të cilin mund të luten dhe të lavdërojnë Perëndinë me gëzim, gjatë sprovave dhe vështirësive.

Duke u bindur në çdo gjë me gëzim

Tek Zanafilla 22, Zoti e urdhëron Abrahamin të sakrifikojë të vetmin bir, Isakun, birin që Zoti i kishte premtuar, si një flijim për Të. Flijimi i referohet sakrificës ofruar Perëndisë ku një kafshë therej në disa pjesë, vendosej mbi drutë e altarit dhe digjej.

Abrahamit iu deshën tri ditë për të arritur në pjesën e Moriahve, ku ai do të sakrifikonte birin e tij Isakun si flijim duke iu bindur urdhrit të Perëndisë. Çfarë mendon se ai kishte në mendjen gjatë këtyre tri ditë udhëtimi?

Disa njerëz mendojnë se Abrahami shkoi atje duke pasur konflikt në mendjen e tij, "A duhet t'i bindem unë Atij apo jo"? Megjithatë, nuk ishte kjo çështja. Ti duhet të dish se njerëzit në nivelin e tretë të besimit përpiqen ta duan Perëndinë sepse ata e dinë që duhet ta duan Atë.

Megjithatë, njerëzit në nivelin e katërt të besimit thjesht e duan Atë, pa u përpjekur për ta dashur Atë. Perëndia e dinte më parë që Abrahami me gëzim do t'i bindej Atij dhe vuri në provë besimin e tij. Sidoqoftë, Ai nuk u lejon kaq prova të vështira atyre njerëzve që nuk janë në gjendje t'i binden.

Ja pse tek Hebrenjtë 11:19 shkruan, *"Sepse Abrahami mendonte se Perëndia ishte i fuqishëm sa ta ringjalltë edhe prej së vdekurish; prej të cilëve edhe e mori atë përsëri si një lloj figure."* Abrahami mund t'i bindej me gëzim urdhërimeve të Tij sepse ai besonte se Perëndia mund ta ringjalltë birin e tij prej së vdekurish. Në fund, Abrahami e kaloi provën e besimit dhe mori bekime të pamasa. Ai u bë ati i besimit, bekimi i të gjitha kombeve, dhe u quajt "miku" i Perëndisë.

Nëse ti je person i tillë që i bindesh Perëndisë me gëzim, atëherë do të jesh gjithmonë i lumtur dhe mirënjohës në çdo lloj sprove a problemi. Ti mund ta falënderosh Perëndinë nga thellësia e zemrës tënde dhe të lutesh sepse ti e di që Perëndia punon në të gjitha gjërat për të mirën tënde dhe të sjell bekime përmes këtyre sprovave e përndjekjeve.

Perëndia është i kënaqur me besimin dhe të jep çfarëdo që i kërkon. Ja pse Jezusi na thotë tek Mateu 8:13, *"Shko dhe u bëftë ashtu si besove,"* dhe tek Mateu 21:22, *"Dhe gjithçka të kërkoni në lutje, duke pasur besim, do të merrni."*

Nëse ende ke ndonjë kërkesë lutjeje të pa përgjigjur, kjo dëshmon se nuk i ke besuar plotësisht Perëndisë, por ke dyshuar. Prandaj, ti duhet të arrish nivelin ku do ta duash Perëndinë pa kushte duke iu bindur atij me gëzim nga zemra jote nën çdo lloj rrethane.

Duke përqafuar gjithçka me dashuri dhe mëshirë

Çfarë do të bësh nëse dikush të fajëson dhe të akuzon pa arsye? Nëse je në nivelin e dytë të besimit, ti nuk do të jesh në gjendje të durosh dhe do të ankohesh ose do të debatosh për çështjen e ngritur. Nëse ti ke më shumë ligësi në mendje, ti do të nevrikosesh dhe ndoshta mund të shprehësh ofendime ndaj personit tjetër. Megjithatë, nuk është e drejtë që besimtarët në Perëndinë të tregojnë ndonjë lloj ligësie siç janë zemërimi, gjaknxehtësia ose gjuha fyese, siç thuhet te 1 Pjetrit 1:16, *"Jini të shenjtë, sepse unë jam i shenjtë."*

Po nëse je në nivelin e tretë të besimit, si do të reagosh? Ti ndjen dhimbje dhe je i shqetësuar sepse Satani punon vazhdimisht në mendimet e tua. Kjo ndodh pasi edhe nëse mendon se duhet të jesh i gëzuar, të mungon mirënjohja dhe gëzimi që buron nga zemra jote.

Nëse je në nivelin e katërt të besimit, mendja jote nuk është e lëkundur dhe nuk ndjehet e bezdisur edhe nëse të tjerët mund të të urrejnë ose mund të të përndjekin pa arsye, sepse ti tashmë e ke flakur tutje çdo lloj ligësie.

Jezusi nuk u shqetësua as nuk ishte në dhimbje edhe pse Ai u përball me përndjekje, rreziqe, çnderim dhe sjellje përçmuese nga njerëzit përderisa Ai shpallte ungjillin. Ai kurrë nuk e hapi gojën, "Unë bëra vetëm mirë, por njerëzit e ligj më përndoqën mua dhe madje u përpoqën të më vrasin. Jam shumë në dhimbje." Ai nuk u tha asgjë tjetër atyre përveç fjalëve të gjalla.

Nëse ti je në nivelin e katërt të besimit, ti shkon pas zemrës se Perëndisë. Kur je në këtë nivel ti vajton për ata që të përndjekin dhe lutesh për ta në vend që t'i urresh apo të tregosh armiqësi ndaj tyre. Ti i fal dhe i kupton, duke i rrethuar ata me dashuri dhe mëshirë.

Prandaj, unë shpresoj që ti të kuptosh që në situata të ngjashme, njerëzit zemërakë ose që urrejnë të tjerët, ndjejnë dhimbje dhe trishtim, ndërsa ata që falin dhe i rrethojnë me dashuri dhe mëshirë nuk ndjejnë dhimbje por e mposhtin të ligën me të mirë.

4. Ta duash Perëndinë mbi çdo gjë tjetër

Nëse arrin në nivelin ku e do Perëndinë në shkallën më të lartë, ti u bindesh plotësisht urdhërimeve dhe shpirti yt ka mbarësi. Është e natyrshme që ti ta duash Perëndinë mbi çdo gjë tjetër. Prandaj apostulli Pal rrëfen tek Filipianët 3:7-9 se gjithçka qeë ai kishte i konsideroi humbje dhe humbi gjithçka sepse ai i konsideronte ato "plehra."

"Por gjërat që më ishin fitim, i konsiderova, për shkak të Krishtit, humbje. Dhe me të vërtetë i konsideroj të gjitha këto një humbje në krahasim me vlerën e lartë të njohjes së Jezu Krishtit, Zotit tim, për shkak të të cilit i humba të gjitha këto dhe i konsideroj si pleh, që unë të fitoj Krishtin, dhe që të gjendem në të, duke pasur jo drejtësinë time që është nga ligji, por atë që është nga besimi në Krishtin: drejtësia që është nga Perëndia, me anë të besimit."

Kur e do Perëndinë mbi çdo gjë tjetër

Jezusi na mëson te katër Ungjijtë llojet e bekimeve që u jepen atyre që flakin tutje çdo gjë që kanë, dhe duan Perëndinë mbi çdo gjë, ashtu siç bëri apostulli Pal. Te Marku 10:29-30, ai na premton se do t'u japë atyre njëqindfish bekime në këtë botë dhe jetën e përjetshme në kohën që do të vijë.

"Në të vërtetë po ju them që nuk ka asnjeri që të ketë lënë shtëpinë, a vëllezërit a motrat, a atin, a nënën, a fëmijët ose arat për hirin tim dhe për ungjillin, që të mos marrë tani, në këtë kohë, njëqindfish shtëpi, vëllezër, motra, nëna, fëmijë e ara, së bashku me përndjekje, dhe në botën e ardhshme, jetën e përjetshme."

Fraza "të ketë lënë shtëpinë, a vëllezërit, a motrat, a atin, a nënën, a fëmijët ose arat për Zotin dhe për ungjillin" nga ana shpirtërore do të thotë që ti nuk ke më dëshirë për gjërat e botës, ti i thyen lidhjet e tua mishërore dhe mbi të gjitha do Perëndinë që është Frymë.

Sigurisht, nuk do të thotë domosdoshmërisht që ti nuk i do njerëzit e tjerë në tokë, por ti do Perëndinë më parë. Për këtë 1 Gjonit 4:20-21 na thotë, *"Po të thotë dikush: 'Unë e dua Perëndinë' dhe urren vëllanë e vet, është gënjeshtar; sepse ai që nuk do vëllanë e vet të cilin e sheh, si mund të dojë Perëndinë, që nuk e sheh? Dhe ky është urdhërimi që kemi marrë nga ai: ai që do Perëndinë, të dojë edhe vëllanë e vet."*

Njerëzit thonë se trupat e fëmijëve i lindin prindërit e tyre. Njeriu është formuar në mitër nga kombinimi i spermës së babait dhe vezores së nënës. Por, sperma dhe vezorja e prindërve janë bërë nga Perëndia Krijuesi, e jo nga prindërit.

Për më tepër, trupi i dukshëm kthehet mbas vdekjes në një grusht pluhur. Trupi në fakt është thjesht një shtëpi ku banojnë shpirti dhe fryma. Padroni i vërtetë i njeriut është fryma dhe është Perëndia ai që kontrollon frymën. Kështu që, ne duhet të duam Perëndinë më shumë se çdo gjë tjetër nëse kuptojmë se vetëm Perëndia mund të na japë jetën e vërtetë, jetën e përjetshme dhe parajsën.

Dikur isha përpara portës së vdekjes sepse për shtatë vjet kisha vuajtur nga lloj-lloj sëmundjesh të pashërueshme. Për mrekulli, u shërova plotësisht kur takova Perëndinë e gjallë. Që nga ajo kohë e në vazhdim, e kam dashur Atë më shumë se çdo gjë tjetër dhe Ai më ka dhënë shumë bekime.

Mbi të gjitha, Ai më fali nga të gjitha mëkatet e mia dhe më dha shpëtimin dhe jetën e përjetshme. Për më tepër, çdo gjë shkoi mirë me mua dhe gëzova shëndet të mirë fizikisht dhe shpirti im filloi të kishte mbarësi. Më vonë Perëndia më thirri për të qenë shërbëtori i Tij dhe më dha fuqi për të përmbushur misionin botëror.

Ai më ka zbuluar gjëra të cilat nuk kanë ndodhur ende. Ai gjithashtu më ka dërguar shërbëtorë të mirë dhe punëtorë besnik të kishës dhe ka lejuar që kisha ime të rritet jashtë mase në numër, me qëllim që unë të arrij providencën e Perëndisë.

Ndërkohë, Ai më ka bekuar me dashurinë që marr si nga pjesëtarët e kishës ashtu dhe jobesimtarët. Ai ka bërë që familja ime ta dojë Atë më shumë se çdo gjë tjetër, dhe i ka mbrojtur ata plotësisht nga çdo sëmundje dhe aksident që kur kanë pranuar

Zotin; asnjë prej tyre kurrë s'ka marrë medikamente e as nuk është shtruar në spital. Ai më ka bekuar aq shumë saqë nuk më mungon asgjë.

Të përmbushësh dashurinë frymërore

Nëse e do Zotin më shumë se çdo gjë tjetër, ti jeton nën bollëk sepse Ai të drejton në çdo rrethanë dhe lumturia e vërtetë vjen me plotësi prej së larti mbi zemrën tënde.

Si rezultat, këtë dashuri të bollshme ti e ndan me të tjerët sepse dashuria frymërore vjen plotësisht mbi ty. Ti mund t'i duash të gjithë njerëzit me dashuri të përjetshme e të pandryshueshme sepse në mendjen tënde nuk ka asnjë ligësi.

Dashuria frymërore shpjegohet me hollësi te 1 Korintasve 13:4-7,

> *"Dashuria është e durueshme; plot mirësi; dashuria nuk ka smirë, nuk vë në dukje, nuk krekoset, nuk sillet në mënyrë të pahijshme, nuk kërkon të sajat, nuk pezmatohet, nuk dyshon për keq; nuk gëzohet për padrejtësinë, por gëzohet me të vërtetën, i duron të gjitha, i beson të gjitha, i shpreson të gjitha, i mban çdo gjë."*

Sot, në këtë botë ka konflikte, mosmarrëveshje, debate e grindje midis burrit dhe gruas ose midis pjesëtareve të familjes në shumë shtëpi, sepse në to nuk ka dashuri frymërore. Ka gjithmonë përplasje dhe ata nuk mund të krijojnë e nuk mund të mbajnë një shtëpi të këndshme dhe të qetë sepse secili thotë se vetëm ai ose ajo ka të drejtë dhe duan vetëm që t'i duan.

Mirëpo, kur njerëzit fillojnë të duan Perëndinë mbi çdo gjë tjetër, ata arrijnë dashurinë frymërore duke hedhur tutje dashurinë mishërore. Dashuria mishërore ndryshon dhe është egoiste ndërsa dashuria frymërore vendos të tjerët përpara vetes me një zemër të përulur dhe kërkon më parë të mirën e të tjerëve e më pas të mirën e vetes. Nëse ke dashurinë shpirtërore, me siguri shtëpia jote do të mbushet me lumturi dhe harmoni.

Ashtu siç ndodh shpesh, kur ti fillon të duash Perëndinë përndiqesh nga vetë pjesëtaret e familjes tënde ose nga miq që nuk besojnë në Perëndinë (Marku 10:29-30). Por kjo nuk zgjat shumë. Nëse shpirti yt gjen mbarësi dhe ti arrin në nivelin e katërt të besimit, përndjekjet kthehen në bekime dhe përndjekësit fillojnë të të duan dhe të pranojnë mënyrën tënde të veprimit.

2 Korintasve 11:23-28 përshkruan se sa ashpërsisht përndiqej apostulli Pal ndërsa predikonte ungjillin e Zotit. Ai punoi për Zotin më shumë sesa kushdo tjetër, u burgos vazhdimisht, u fshikullua brutalisht, dhe herë pas here ishte pranë vdekjes. Megjithatë, në vend që të ndjehej në ankth, Pali jepte falënderime dhe ishte i kënaqur.

Prandaj, nëse arrin në nivelin e katërt të besimit në të cilin e do Perëndinë mbi çdo gjë tjetër, edhe nëse do të ecje përmes luginës së hijes së vdekjes, ai vend mund të ishte parajsë dhe shpejt përndjekjet do të ktheheshin në bekime sepse me ty është Perëndia.

Te Mateu 5:11-12, Jezusi na thotë, *"Lum ju kur do t'ju shajnë dhe do t'ju përndjekin dhe, duke gënjyer, do të thonë të gjitha të zezat kundër jush, për shkakun tim. Gëzohuni dhe ngazëllohuni, sepse shpërblimi juaj është i madh në qiej, sepse kështu i kanë përndjekur profetët që qenë para jush."*

Prandaj, duhet të kuptosh se edhe pse sprovat dhe problemet vijnë mbi ty për shkak të Zotit, kur gëzohesh dhe je i lumtur, jo vetëm që merr dashurinë e Perëndisë, miratimin dhe shpërblimin në parajsë, por merr gjithashtu një qind herë më shumë në kohën e tanishme.

Fryti i Frymës së Shenjtë dhe lumturia e plotë

Kur arrin në nivelin e katërt të besimit, ti do të japësh me bollëk nëntë frytet e Frymës së Shenjtë dhe lumturia e plotë fillon të vijë mbi ty. Galatasve 5:22-23 flet për nëntë frytet e Frymës së Shenjtë, *"Por fryti i Frymës është: dashuria, gëzimi, paqja, durimi, mirëdashja, mirësia, besimi, zemërbutësia, vetëkontrolli. Kundër këtyre gjërave nuk ka ligj."*

Fryti i Frymës së Shenjtë është dashuria e Jezus Krishtit që i jep ujë armikut kur ai ka etje dhe e ushqen atë kur ai ka uri. Kur jep frytin e gëzimit, mbi ty vjen lumturia dhe qetësia e vërtetë sepse ti kërkon dhe prodhon vetëm mirësi dhe bukuri. Kur prodhon frytin e paqes, ti jeton në paqe dhe shenjtëri me të gjithë njerëzit.

Për më tepër, ti lutesh vazhdimisht në mirënjohje dhe gëzim me frytin e durimit edhe sikur të hasësh vuajtje dhe sprova. Me frytin e mirësisë, ti fal edhe njerëz që nuk mund të falen, kupton gjëra që nuk mund të kuptohen dhe kujdesesh për të tjerët që ata të mund të jenë më të begatë sesa ti. Me frytin e mirësisë, ti flak tutje çdo ligësi, rend mbas virtyteve të mira dhe nuk shpërfill e as nuk i lëndon ndjenjat e njerëzve.

Me frytin e besnikërisë, ti i bindesh plotësisht fjalës së Perëndisë dhe i qëndron besnik Zotit deri në atë pikë sa mund të japësh jetën tënde për të, sepse dëshiron kurorën e jetës. Me frytin e butësisë, ti mund t'i kthesh faqen tënde të majtë dikujt që të godet në faqen e djathtë, dhe e rrethon çdokënd me dashuri dhe mëshirë.

Së fundmi, me frytin e vetëkontrollit, ti zbaton urdhrin e dhënë nga Perëndia pa kokëfortësi e anshmëri dhe përmbush vullnetin e Tij bukur dhe me ëmbëlsi.

Për më tepër, ti do të shohësh që mbi ty fillojnë të derdhen edhe bekimet e plota të përshkruara te Mateu 5, të cilat janë të pavdekshme, të pandryshueshme dhe të përjetshme.

Kur jep me bollëk frytet e Frymës së Shenjtë dhe lumturia e plotë fillon të vijë mbi ty në këtë mënyrë, ti je shumë pranë nivelit të pestë të besimit, në të cilin do të udhëhiqesh drejt rrugës së begatë dhe shumë shpejt do të të jepen gjëra të cilat i ke vetëm në mendjen tënde.

Për të arritur majën e malit, duhet t'i ngjitesh atij duke i hedhur hapat një nga një. Kur je në majë, ndihesh i freskët dhe i gëzuar edhe pse udhëtimi ka qenë shumë i lodhshëm. Fermerët punojnë duke shpresuar shumë në një korrje të bollshme sepse besojnë se do të korrin aq sa kanë derdhur djersë. Në të njëjtën mënyrë, kur jetojmë në të vërtetën ne mund të korrim bekime të cilat Perëndia na i premton në Bibël.

Shpresoj që të kesh besimin që të duash Perëndinë mbi çdo gjë tjetër duke hedhur tej mëkatin dhe duke luftuar me zell kundrejt tyre e duke jetuar sipas vullnetit të Perëndisë. Lutem në emrin e Zotit!

Kapitulli 8

Besimi për të kënaqur Perëndinë

1
Niveli i pestë i besimit

2
Besimi për të sakrifikuar vetë jetën tënde

3
Besimi për të manifestuar shenja dhe mrekulli

4
Të jesh besnik në tërë shtëpinë e Perëndisë

"Shumë të dashur, nëse zemra jonë nuk na dënon, kemi siguri para Perëndisë; dhe ç'të kërkojmë, e marrim nga ai, sepse zbatojmë urdhërimet e tij dhe bëjmë gjërat që janë të pëlqyera prej tij"
(1 Gjonit 3:21-22).

Prindërit mbushen me gëzim dhe krenari për fëmijët e tyre kur ata u binden, i respektojnë, dhe i duan nga thellësia e zemrës së tyre. Prindërit jo vetëm që u japin fëmijëve të tillë çfarë ata kërkojnë, por përpiqen t'ju japin çfarë dëshirojnë në zemrat e tyre duke mos i pyetur se çfarë nevojash kanë.

Në të njëjtën mënyrë, kur i bindesh dhe kënaq Perëndinë, ti do të marrësh prej Tij jo vetëm atë që ti kërkon por edhe atë që dëshiron në zemër, sepse Perëndia është mjaft i kënaqur me besimin tënd dhe të do. Në të vërtetë, asgjë nuk është e pamundur kur ke këtë lloj marrëdhënie me Të.

Tani, le të kërkojmë besimin që kënaq Perëndinë dhe mënyrat se si mund ta arrijmë atë.

1. Niveli i pestë i besimit

Besimi për të kënaqur Perëndinë është më i lartë sesa besimi për të dashur Perëndinë mbi çdo gjë. Atëherë, cili është besimi që e kënaq Atë? Rreth nesh shikojmë fëmijë që i duan vërtet prindërit e tyre dhe u binden kërkesave të tyre, duke i kuptuar zemrat e tyre në çdo gjë. Vetëm kur të kuptosh dimensionin e dashurisë që mund të kënaqë prindërit, do të kuptosh edhe besimin që kënaq Perëndinë.

Çfarë lloj besimi kënaq Perëndinë?

Në fabulat koreane ka bij, bija ose nuse të përkushtuara, veprat e të cilëve kanë kënaqur prindërit e tyre dhe madje kanë lëvizur edhe qiejt. Për shembull, një histori tregon për një djalë që kujdesej për nënën e tij të moshuar e cila dergjej e sëmurë në shtrat. Ai bëri çdo përpjekje që nëna e tij të shërohej, por pa sukses.

Një ditë, djali dëgjoi që nëna e tij e sëmurë mund të shërohej nëse do të pinte gjak nga gishti i tij. Djali vullnetarisht preu gishtin dhe i dha të pinte gjakun e tij. Atëherë nëna u përmirësua shpejt. Sigurisht, nuk ka asnjë provë mjekësore që gjaku i një njeriu mund të shërojë një të sëmurë. Megjithatë, sakrifica e dashurisë dhe serioziteti i tij preku Perëndinë dhe Ai i dha atij hir, siç thotë një fjalë e urtë koreane, "Sinqeriteti lëviz qiellin."

Është edhe një histori tjetër prekëse e një djali që kujdesej për prindërit e tij të sëmurë. Ai shkoi thellë në mal, në mes të dimrit, duke hapur rrugën mes dëborës që i arrinte mbi gju, për të kërkuar bimë të rralla mjekësore për të cilat thuhej se shëronin sëmundjen e prindërve të tij.

Poashtu kemi një histori tjetër të një burri dhe një gruaje që u shërbenin besnikërisht prindërve të tyre të moshuar ushqim të mirë çdo ditë, edhe pse ata të dy dhe fëmijët shpesh mbeteshin të uritur.

Çfarë ndodh me njerëzit në kohën tonë? Ka disa që e ruajnë ushqimin e mirë që të mund të ushqejnë fëmijët e tyre, por vetë prindërve të tyre ua japin me kursim e me ngurrim të madh. Kurrë nuk mund të thuash se kjo është dashuri në kuptimin e vërtetë të fjalës, nëse ata u japin dashuri fëmijëve por harrojnë hirin dhe dashurinë e prindërve që i rritën. Ata që vërtet i duan prindërit e tyre, do t'u shërbejnë ushqim të mirë, dhe do të mundohen të fshehin faktin që fëmijët e tyre janë të uritur. A je në gjendje ta sakrifikosh veten tënde për prindërit në këtë mënyrë?

Prandaj, ne duhet të kuptojmë ndryshimin e dukshëm mes dashurisë që bindet me gëzim dhe mirënjohje, dhe asaj dashurie që kënaq prindërit. Nuk ka qenë e lehtë që në të kaluarën të gjeje fëmijë që kishin dashurinë që kënaq prindërit, madje sot është më e vështirë të gjesh fëmijë të tillë sepse tani bota është e tejmbushur me mëkate dhe ligësi.

Është e ngjashme me dashurinë e prindërve për të cilën është thënë se është dashuria më sublime dhe më e bukur. Madje edhe nëna ime, që më deshi kaq shumë, më tha ndërsa qante me hidhërim, "Vdis, dhe kjo do të jetë detyra jote si biri im," sepse kisha vite që isha i sëmurë dhe për mua nuk kishte shpresë për përmirësim.

Megjithatë, si e tregoi Perëndia i dashurisë, dashurinë e Tij për ne? Ai na dha jo vetëm birin e Tij të vetëm duke lejuar që ai të vdiste në kryq për të hapur rrugën e shpëtimit dhe të parajsës, por edhe dashurinë e Tij të pashtershme.

Në rastin tim, që nga koha kur kam takuar Perëndinë, gjithmonë kam ndjerë dhe kam kuptuar dashurinë e Tij të madhe nga thellësia e zemrës time, për këtë arsye u rrita shpejt në masën e plotë të besimit. Unë arrita ta dua Perëndinë mbi çdo gjë tjetër dhe të zotëroja besimin që kënaq atë.

Të zotërosh besimin që kënaq Perëndinë

Te Psalmi 37:4, Perëndia na premton, *"Gjej kënaqësinë*

tënde në Zotin dhe ai do të plotësojë dëshirat e zemrës sate."

Nëse e kënaq Perëndinë, Ai nuk do të të japë vetëm atë që i kërkon, por edhe gjithçka që ti dëshiron në zemrën tënde.

Kur isha duke u përgatitur për të filluar kishën time, posedoja vetëm rreth 10 dollarë. Sidoqoftë, kur u luta me besim, Perëndia më bekoi të merrja me qira një ambient 85 metra katrorë për të themeluar kishën. Perëndia i dha kishës time edhe një ripërtëritje të madhe dhe bekime të ngjeshura, e të mjaftueshme kur u luta që nga fillimi me vizion dhe ëndrra të mëdha për misionin botëror.

Çdo gjë është e mundur për ty kur ke besimin që kënaq Perëndinë sepse Jezusi na kujton te Marku 9:23, *"Nëse ti mund të besosh, çdo gjë është e mundshme për atë që beson."* Siç është përmendur edhe te Ligji i Përtërirë 28, do të jesh i bekuar kur hyn dhe del, do t'u japësh hua shumë vetave por nuk do të marrësh hua dhe Zoti do të bëjë që të jesh koka. Për më tepër, do të shoqërojnë shenjat ashtu siç premtohet te Marku 16.

Jezusi gjithashtu premton bekime të paimagjinueshme te Gjoni 14:12-13. Le t'i lexojmë së bashku këto vargje për të parë se çfarë bekimesh do të të ndjekin kur e kënaq Perëndinë në besim,

> *"Në të vërtetë, në të vërtetë po ju them: kush beson në mua do të bëjë edhe ai veprat që bëj unë; madje do të bëjë edhe më të mëdha se këto, sepse unë po shkoj tek Ati. Dhe çfarëdo të kërkoni në emrin tim, do ta bëj, që Ati të përlëvdohet në Birin."*

Bekimet që iu dhanë Enokut

Në Bibël shohim shumë paraardhës të besimit që kënaqën Perëndinë. Mes tyre, Enoku që përmendet te Hebrenjtë 11. Si e kënaqi Perëndinë ai dhe çfarë bekimesh mori?

"Me anë të besimit Enoku u zhvendos që të mos shikonte vdekje dhe nuk u gjet më, sepse Perëndia e kishte zhvendosur; sepse para se të merrej, ai pati dëshmimin se i kishte pëlqyer Perëndisë. Edhe pa besim është e pamundur t'i pëlqesh Atij, sepse ai që i afrohet Perëndisë duhet të besojë se Perëndia është, dhe se është shpërblenjësi i atyre që e kërkojnë atë" (Hebrenjtë 11:5-6).

Zanafilla 5:21-24 e përshkruan Enokun si dikë që e kënaqi Perëndinë sepse u shenjtërua në moshën 65 vjeçare dhe ishte besnik në tërë shtëpinë e Perëndisë. Enoku eci me Perëndinë për 300 vite, duke marrë pjesë në dashurinë e Tij dhe ai nuk e pa vdekjen sepse Perëndia e mori në qiell. Ai ishte aq i bekuar sa që tani ai jeton pranë fronit të Perëndisë, duke ndarë dashurinë me Të në shkallën më të lartë.

Në mënyrë të ngjashme, është e mundur të zhvendosesh në parajsë pa parë vdekjen nëse posedon besimin që kënaq Perëndinë. Edhe profeti Elija nuk e pa vdekjen por u mor në qiell sepse ai i dëshmoi Perëndisë së gjallë dhe shpëtoi shumë njerëz duke u treguar atyre vepra të mahnitshme me fuqinë e besimit që kënaq Perëndinë.

A beson se Perëndia ekziston dhe se Ai i shpërblen ata që e

kërkojnë me zell? Nëse ke besim të tillë, ti dëshiron të jesh plotësisht i shenjtëruar dhe të japësh madje edhe jetën tënde për të përmbushur detyrat e dhëna nga Perëndia.

2. Besimi për të sakrifikuar vetë jetën tënde

Jezusi te Mateu 22:37-40 na urdhëron si më poshtë,

"Duaje Zotin, Perëndinë tënd me gjithë zemrën tënde, me gjithë shpirtin tënd dhe me gjithë mendjen tënde. Ky është urdhërimi i parë dhe i madhi. Dhe i dyti, i ngjashëm me këtë, është, "Duaje të afërmin tënd porsi vetveten." Nga këto dy urdhërime varet i tërë ligji dhe profetët."

Siç thotë Jezusi, ata që duan Perëndinë e kënaqin Atë jo vetëm duke e dashur Perëndinë me gjithë zemrën, shpirtin dhe mendjen e tyre por edhe duke dashur fqinjët si vetveten. Ky besim që kënaq Perëndinë mund të quhet "besimi i Krishtit" ose "besim i plotë frymëror" sepse për ty ky besim është i palëkundur, aq sa mund të lësh jetën tënde pa e kursyer për Jezus Krishtin.

Besimi për të sakrifikuar jetën e Tij për vullnetin e Perëndisë

Jezusi iu bind plotësisht vullnetit të pëlqyer të Perëndisë. Ai u kryqëzua në kryq, u bë fryti i parë i ringjalljes dhe tani është ulur pranë fronit të Perëndisë, e gjitha kjo sepse Ai kishte besimin për të sakrifikuar Veten e tij plotësisht deri në atë pikë sa dha jetën e Tij përtej bindjes së plotë. Prandaj, Perëndia i dëshmon Jezusit, duke thënë, *"Ky është Biri im i dashur, në të cilin jam kënaqur,"* (Mateu 3:17, 17:5) dhe, *"Ja shërbëtori im, që unë e zgjodha; i dashuri im, në të cilin shpirti im është i kënaqur"* (Mateu 12:18).

Gjatë tërë historisë së kishës, ka pasur shumë paraardhës në besim që dhanë jetën e tyre pa e kursyer, ashtu siç bëri Jezusi, për vullnetin e mirë të Perëndisë. Përveç Pjetrit, Jakobit, dhe Gjonit që ndoqën Jezusin gjatë gjithë kohës, shumë të tjerë dhanë jetën e tyre për Jezus Krishtin pa asnjë hezitim. Pjetri vdiq në kryq i varur kokëposhtë; Jakobit iu pre koka; Gjonin e futën në një enë prej hekuri në vaj të valuar, por që nuk vdiq, dhe u internua në ishullin e Patmosit.

Shumë të krishterë vdiqën në Kolose, në Romë, duke lavdëruar Perëndinë ndërsa bëheshin pre e luanëve. Shumë të tjerë mbajtën besimin e tyre duke jetuar gjatë gjithë jetës së tyre në katakombe, varreza nëntokësore, pa e parë kurrë dritën e diellit. Perëndia ishte i kënaqur me besimin e tyre sepse ata jetuan siç urdhëron Shkrimi më poshtë, *"Sepse, edhe nëse rrojmë, rrojmë për Zotin; edhe nëse vdesim, vdesim për Zotin; pra, edhe po të rrojmë ose të vdesim, të Zotit jemi"* (Romakëve 14:8).

Në vitin 1992, filloi të më dilte gjak nga hundët për shkak të punës së tepërme, mungesës së gjumit dhe pushimit. Dukej sikur gjaku më dilte pothuajse nga i gjithë trupi. Si rezultat, u ndodha në gjendje kritike. Gradualisht humba ndjenjat dhe në fund arrita pranë portave të vdekjes.

Në atë kohë, ndjeva se së shpejti do të gjendesha në krahët e Jezusit, por nuk kisha qëllim të varesha në trajtimet mjekësore. Nuk kisha menduar të vizitohesha tek doktori për gjakderdhjen në hundë. Nuk shkova në spital dhe as nuk u mbështeta te kurimet e botës megjithëse po përballesha me vdekjen, sepse besoja në Atin Perëndi të plotfuqishëm. Familja dhe kisha ime nuk më nxitën për t'u shëruar në spital. Ata më njihnin mirë që gjithmonë ia besoja jetën time plotësisht Perëndisë, e jo botës ose njeriut.

Edhe pse isha pa ndjenja nga gjakderdhja e tepërt, shpiri im i dha lavdi Perëndisë për faktin se isha në gjendje të prehesha në krahët e Jezusit dhe të merrja paqe të përjetshme.

Megjithatë, Perëndia, më tregoi në një vegim se çfarë do t'i ndodhte kishës mbas vdekjes time. Disa njerëz do të qëndronin në kishën time, duke mbajtur besimin e tyre, ndërsa shumë të tjerë do të ktheheshin në botë, të ndarë nga Perëndia, dhe do të mëkatonin kundër Tij.

Duke parë këtë, nuk mund të prehesha në krahët e Jezusit. I kërkova me zell Perëndisë të më forconte pasi ndjeva një trishtim të thellë për shkak të atyre që do të ktheheshin në botë. Pastaj me ndihmën e Perëndisë që më shëroi u ngrita nga krevati duke qëndruar në këmbë. Gati kisha vdekur dhe isha i zbehtë si kufomë.

Pasi rifitova ndjenjat, pashë shumë punëtorë të kishës të derdhnin lot gëzimi. E si të mos prekeshin pasi kishin përjetuar veprën e mrekullueshme e të fuqishme të Perëndisë që ringjallte një person të vdekur?

Perëndia është i kënaqur me ata që tregojnë besimin e tyre,

madje japin jetën e tyre pa u kursyer dhe u përgjigjet atyre shpejt. Ungjilli u përhap shpejt në mbarë botën, për shkak të martirëve në kishat e hershme. Madje edhe në Kore, ishte gjaku i martirëve ai që ndihmoi në përhapjen e shpejtë të ungjillit.

Besim për t'iu bindur tërë vullnetit të Perëndisë

1 Thesalonikasve 5:23 thotë, *"Dhe Perëndia i paqes ju shenjtëroftë ai vetë tërësisht; dhe gjithë fryma juaj, shpirt e trup, të ruhet pa të metë për ardhjen e Zotit tonë Jezu Krisht."* Këtu "gjithë fryma juaj" i referohet gjendjes që përmbush plotësisht zemrën e Jezus Krishtit.

Një njeri me një shpirt të plotë është ai që jeton vetëm me anë të vullnetit të Perëndisë sepse ai gjithmonë mund të dëgjojë zërin e Frymës së Shenjtë dhe zemra e tij bëhet vetë e vërteta duke realizuar plotësisht fjalën e Perëndisë. Ti mund të bëhesh njeri i frymës dhe të arrish qëndrimin e Jezusit duke u shenjtëruar plotësisht e duke larguar çdo lloj ligësie e duke luftuar kundër çdo mëkati brenda teje.

Kur një njeri frymëror armatoset me fjalën e Perëndisë, e vërteta drejton jo vetëm zemrën tënde, por edhe të gjithë jetën tënde.

Ky lloj besimi mund të quhet "besim i plotë" ose "besim i përsosur frymëror i Jezus Krishtit." Ti je në gjendje të kesh besim të tillë kur ke zemër të sinqertë siç përshkruhet tek Hebrenjve 10:22, *"Le t'i afrohemi me zemër të vërtetë, me siguri të plotë besimi, duke i pasur zemrat tona të lara prej ndërgjegjes së ligë dhe trupin të larë me ujë të kulluar."*

Megjithatë, kjo nuk do të thotë që mund të barazohesh me

Jezus Krishtin nëse do të kesh qëndrimin dhe besimin e Krishtit. Imagjino një djalë që e respekton shumë babanë e tij dhe përpiqet t'i përngjajë atij. Ai mund t'i përngjajë karakterit ose personalitetit të babait të tij, por kurrë nuk mund të jetë si ai.

Në të njëjtën mënyrë, ti kurrë nuk do të jesh si Jezus Krishti. Ai vendos një rregull frymëror te Mateu 10:24-25, *"Dishepulli nuk del mbi mësuesin, as shërbëtori mbi zotin e tij. I mjafton dishepullit të bëhet si mësuesi i tij dhe shërbëtorit të bëhet si zotëria e tij."*

Po çfarë për marrëdhënien ndërmjet Moisiut që i udhëhoqi izraelitët jashtë Egjiptit, dhe Jozueut qe zëvendësoi Moisiun dhe i drejtoi njerëzit e tij për në Kanan? Moisiu ndau Detin e Kuq dhe nxori ujë nga shkëmbi, por Jozueu nuk ishte më i ulët se Moisiu në kryerjen e mrekullive të Perëndisë; ai ndaloi derdhjen e lumit Gjordan në grykëderdhjen e tij, Xheriko u shkatërrua dhe ndaloi diellin dhe hënën për gati një ditë. Megjithatë, Jozueu nuk mund të ishte më i lartë se Moisi i cili kishte folur ballë për ballë me Perëndinë.

Në këtë botë, një student mund të jetë mbi mësuesin, por kjo është e pamundur në mbretërinë frymërore. Kjo pasi mbretëria frymërore krahasohet vetëm me ndihmën e Perëndisë dhe jo me disa libra ose me mençurinë e kësaj bote. Për më tepër, ai që disiplinohet frymërisht nga një mësues frymëror nuk do të jetë më lart se mësuesi i tij që realizon dhe bën gjëra vetëm me hirin e Perëndisë.

Në Bibël, Elisha mori dyfishin e frymës së Elias dhe kreu më shumë mrekulli por ishte më i ulët se Elija i cili u mor i gjallë në qiell. Edhe Timoteu, gjatë kohërave të kishës së hershme, bëri mjaft gjëra për Zotin Jezus por nuk mund të ishte më i lartë se mësuesi i tij, apostulli Pal.

Duke qenë se në botën frymërore nuk ka kufij, askush nuk mund ta masë plotësisht thellësinë e saj. Kjo është arsyeja pse ti mund të mësosh për të vetëm përmes mësimeve të Perëndisë, e jo të tuat. Është njësoj siç nuk mund të dish se sa i thellë është oqeani apo cilat lloje bimësh e gjitarësh jetojnë në fund të tij. Megjithatë, mund të shohësh shumë peshq shumëngjyrësh dhe bimë kur zhytesh nën oqean. Kur eksploron më tej, do t'i shohësh misteret e oqeaneve aq sa dëshiron. Gjithashtu, sa më shumë të hysh brenda botës frymërore, aq më shumë do të mësosh rreth saj.

Vetë Perëndia më mëson dhe më lejon të kuptoj botën frymërore që të mund të arrij në nivelin më të thellë të saj. Ai më ka udhëhequr që të përjetoj botën frymërore. Në këtë mënyrë Ai më drejton dhe më mëson në detaje masën e besimit dhe më përdor për të udhëhequr më shumë njerëz drejt një niveli më të thellë frymëror. Duke ditur këtë, ti duhet ta kontrollosh veten me më shumë kujdes dhe të përpiqesh të kesh më shumë besim të pjekur.

3. Besimi për të manifestuar shenja dhe mrekulli

Nëse ke besim të plotë ndërkohë që e vërteta e pushton plotësisht zemrën tënde, do të lutesh pa masë përderisa përpiqesh të jetosh sipas vullnetit të mirë të Perëndisë. Kjo ndodh pasi të duhet të marrësh fuqi për të shpëtuar sa më shumë shpirtra, ku secilin prej tyre Perëndia e konsideron si më të çmuar se universi.

Pse u kryqëzua Jezusi? Ai donte të shpëtonte shpirtrat e humbur që endeshin në rrugën e mëkatit dhe ti bënte fëmijë të Perëndisë.

Pse Jesuzi tha, "Kam etje" ndërsa Ai ishte i varur në kryq, i gjakosur për orë të tëra nën diellin përvëlues? Nëpërmjet kësaj shenje Jezusi nuk na kërkoi për të shuar etjen e Tij fizike duke shpaguar pagën e gjakut të Tij. Kjo ishte një thirrje e rëndësishme për ne për të shpëtuar shpirtrat e humbur dhe për ti drejtuar në krahët e Jezusit.

Duke shpëtuar shumë njerëz me fuqi

Kur dikush arrin nivelin e pestë të besimit në të cilin ai kënaq Perëndinë, ai mendon seriozisht, 'si mund të drejtoj shumë njerëz në krahët e Atit?', 'Si mund ta zgjeroj mbretërinë dhe drejtësinë e Perëndisë?' dhe në fakt bën maksimumin e tij për ta realizuar atë. Prandaj, ai përpiqet të kënaqë Perëndinë duke përmbushur detyrimet e tjera, detyrat që i janë besuar nga Perëndia. Megjithatë, edhe një individ kaq i përkushtuar nuk është në gjendje të kënaqë Perëndinë pa marrë fuqi prej Tij, sepse 1 Korintasve 4:20 na kujton, *"Sepse mbretëria e Perëndisë nuk qëndron në fjalë, por në fuqi."*

Si mund të marrësh fuqi për të drejtuar një shumicë njerëzish drejt udhës së shpëtimit? Këtë fuqi mund ta marrësh vetëm me anë të lutjeve të vazhdueshme. Kjo ndodh sepse të shpëtosh shpirtra nuk arrihet nga fjalët, mençuria, eksperienca, reputacioni ose autoriteti i njeriut, por vetëm me anë të fuqisë së dhënë nga Perëndia.

Më tutje, ata që ndodhen në nivelin e pestë të besimit duhet të këmbëngulin në lutje me zell për të marrë fuqinë me të cilën mund të shpëtojnë sa më shumë shpirtra që të munden.

Mbretëria e Perëndisë është çështje fuqie

Një herë takova një pastor që nuk ishte vetëm i sjellshëm në zemrën e tij, por përpiqej gjithashtu të plotësonte detyrat e tij dhe lutej që të jetonte sipas fjalës së Perëndisë, megjithatë nuk korrte aq fryte sa priste. Cila është arsyeja? Nëse ai vërtet e donte Perëndinë, ai duhej t'i nënshtronte Perëndisë të gjithë mendjen, vullnetin, jetën, madje edhe zgjuarsinë e tij, por nuk e kishte bërë këtë. Ai duhej të kuptonte se vetvetja ishte ende padroni i jetës së tij, dhe duhej të lejonte Perëndinë që ta drejtonte atë.

Perëndia nuk mund të punonte për të sepse ai pastor nuk u mbështet plotësisht në Perëndinë dhe nuk zbatoi detyrat e tij, por u mbështet në mençurinë dhe mendimet e veta. Ai nuk ishte në gjendje të manifestonte veprën e Perëndisë që është përtej mundësive të njeriut, megjithatë ai pa rezultatet e përpjekjeve të tij.

Prandaj, kur fillon shërbesën e Perëndisë, ti duhet të lutesh, të dëgjosh zërin e Frymës së Shenjtë dhe të mbikëqyresh nga Fryma e Shenjtë, në vend që të mbështetesh në mendjen, mençurinë dhe eksperiencën e njeriut. Vetëm kur bëhesh njeri i së vërtetës dhe mbikëqyresh plotësisht nga Fryma e Shenjtë, mund të përjetosh vepra të mrekullueshme me fuqinë e Tij që vjen prej së larti.

Megjithatë, kur mbështetesh në mendjen dhe teorinë e njeriut, edhe nëse mendon se e di fjalën e Perëndisë, lutesh dhe bën maksimumin për të përmbushur detyrën tënde, Perëndia nuk është me ty pasi një sjellje e tillë është arrogante në sytë e Tij. Si pasojë duhet të largosh plotësisht natyrën mëkatare, të lutesh me zjarr për të qenë njeri frymëror i përsosur, dhe të kërkosh fuqinë e Perëndisë duke kuptuar pse apostulli Pal rrëfente, "unë vdes çdo ditë."

Nëse lutesh me frymëzimin e Frymës së Shenjtë

Çdokush që pranon Jezus Krishtin duhet të lutet sepse lutja është frymëmarrja shpirtërore. Por përmbajta e lutjes ndryshon në nivelet e ndryshme të besimit. Një person që është në nivelin e parë ose të dytë të besimit lutet kryesisht për veten e tij dhe ka vështirësi të lutet për dhjetë minuta sepse nuk ka shumë gjëra për t'u lutur.

Ai nuk lutet me besim nga thellësia e zemrës së tij, edhe nëse lutet për mbretërinë dhe drejtësinë e Perëndisë. Megjithatë, kur ai hyn në nivelin e tretë të besimit, ai është në gjendje të lutet për mbretërinë e Perëndisë dhe drejtësinë e Tij, përveç kërkesave që mund të bëjë për veten e tij.

Si do të lutet ai kur hyn në nivelin e katërt të besimit? Në këtë nivel, ai lutet vetëm për mbretërinë dhe drejtësinë e Perëndisë sepse ai ka larguar të dyja dëshirat dhe veprat e natyrës mëkatare.

Ai nuk ka nevojë të lutet për t'u çliruar nga mëkatet e tij sepse tashmë ai jeton sipas fjalës së Perëndisë. Ai i kërkon Perëndisë gjëra të tjera përveç familjes dhe vetes së tij; shpëtimin e sa më shumë njerëzve, zgjerimin e mbretërisë dhe drejtësisë së Perëndisë, dhe kishën e tij, punëtoret e kishës, dhe për të gjithë vëllezërit dhe motrat në besim. Ai lutet vazhdimisht sepse është i vetëdijshëm se nuk mund të shpëtojë qoftë edhe një shpirt të vetëm pa marrë fuqinë e Perëndisë prej së larti. Ai lutet me zjarr me gjithë zemrën, shpirtin, mendjen dhe fuqinë e tij për mbretërinë dhe drejtësinë e Perëndisë.

Nëse ai arrin në nivelin e pestë të besimit, ai ofron lutje që mund të kënaqin Perëndinë dhe lutje falënderuese që mund të prekin madje edhe Perëndinë në fronin e Tij.

Më parë do t'i jetë dashur një kohë mjaft e gjatë për t'u lutur në plotësinë e Frymës së Shenjtë, por tani ai ndjen që lutja e tij mund të arrij në parajsë me frymëzimin e Frymës së Shenjtë në momentin që ai bie në gjunjë për t'u lutur.

Është e vështirë të largosh mëkatet e tua kur lutesh. Por, nuk është e vështirë kur lutesh me besim për të marrë fuqi nga Perëndia për të shpëtuar shumë shpirtra dhe për të kënaqur Perëndinë me dashuri të zjarrtë për Zotin.

Të shfaqësh shenja dhe mrekulli të madhërishme

Shumë shenja dhe mrekulli të madhërishme janë manifestuar nëpërmjet besimtarit që lutet vazhdimisht me dashuri të zjarrtë për të marrë fuqi nga Perëndia. Kjo shërben për të konfirmuar se ai ka dashurinë që kënaq Perëndinë.

Jezusi shfaqi shumë shenja dhe mrekulli përgjatë shërbesës së Tij, duke thënë te Gjoni 4:48, *"Po të mos shikoni shenja dhe mrekulli, ju nuk besoni."* Kjo u tha sepse Jezusi mund t'i drejtonte lehtësisht njerëzit drejt besimit te Perëndia duke dëshmuar për Perëndinë e gjallë dhe duke u treguar atyre shenja dhe mrekulli të madhërishme.

Në ditët e sotme, Perëndia vazhdon të zgjedhë njerëzit e

përshtatshëm dhe i lejon ata të shfaqin shenja dhe mrekulli e madje gjëra më të mëdha sesa ato që bëri Jezusi (Gjoni 14:12). Në kishën time, janë manifestuar shenja dhe mrekulli të panumërta.

Tani le të shqyrtojmë shenjat dhe mrekullitë e manifestuara përmes atyre që kanë besimin që kënaq Perëndinë. Së pari, kur shfaqet dhe manifestohet fuqia e Perëndisë që është përtej mundësive të njeriut, ne e quajmë "shenjë." Për shembull në rastet kur i verbëri shikon, memeci flet, i shurdhëri dëgjon, sakati ecën, këmba e shkurtër zgjatet, kurrizi i kërrusur drejtohet dhe poliomieliti ose paraliza cerebrale shërohen.

Te Marku 16:17-18 Jezusi flet për shenjat,

> *"Dhe këto janë shenjat që do t'i përcjellin ata që do të besojnë: në emrin tim ata do t'i dëbojnë demonët, do të flasin gjuhë të reja; do t'i kapin me dorë gjarpërinjtë, edhe nëse do të pinë diçka që shkakton vdekjen, nuk do t'u bëjë asnjë të keqe; do t'i vënë duart mbi të sëmurët dhe këta do të shërohen."*

Këtu "ata që kanë besuar" është për ata njerëz që kanë besimin e Atit. Shenjat që përcjellin "ata që kanë besuar" mund të klasifikohen në pesë kategori, të cilat do t'i zhvilloj me detaje në kapitullin tjetër.

Së dyti, mes shumë veprave të Perëndisë, "një mrekulli" është ndryshimi i motit nga dikush ku përfshihet lëvizja e reve, rënia e shiut ose pushimi i shiut, lëvizja e trupave dhe gjëra të ngjashme.

Sipas Biblës, Perëndia dërgoi bubullima dhe shi kur Samueli

u lut (1 Samuelit 12;18). Kur profeti Isaia thirri Perëndinë, *"Zoti bëri hijen të kthehej prapa dhjetë shkallëzat"* (2 Mbretërve 20:11). Gjithashtu Elija, *"U lut intensivisht që të mos binte shi, edhe nuk ra shi mbi dhe për tre vjet e gjashtë muaj. Dhe u lut përsëri dhe qielli dha shi edhe dheu dha frytin e vet"* (Jakobi 5:17-18).

Në të njëjtën mënyrë, Perëndia i dashurisë i drejton njerëzit në rrugën e shpëtimit duke u treguar qartë shenjat dhe mrekullitë e madhërishme përmes njerëzve që Ai i mendon të përshtatshëm. Ti duhet të kesh besim të fortë në fjalën e Perëndisë të shkruar në Bibël dhe duhet të përpiqesh të kesh besimin që kënaq Perëndinë.

4. Të jesh besnik në tërë shtëpinë e Perëndisë

Njerëzit në nivelin e parë ose të dytë të besimit janë përkohësisht të aftë të hyjnë në nivelin e pestë të besimit. Kjo ndodh pasi kur në fillim kanë marrë Frymën e Shenjtë, ata janë kaq shumë të mbushur me Frymën e Shenjtë saqë nuk i tremben madje as vdekjes, por bëhen shumë mirënjohës, luten me zell, shpallin ungjillin dhe marrin pjesë në çdo takim të kishës. Çdo gjë që ata e kërkojnë e marrin sepse janë në nivelin e katërt ose të pestë të besimit edhe pse eksperienca e tyre është e përkohshme. Kur e humbasin plotësinë e Frymës së Shenjtë, ata shpejt kthehen në nivelin e tyre të besimit.

Por, njerëzit në nivelin e pestë të besimit nuk ndryshojnë kurrë. Kjo ndodh pasi ata gjithmonë janë të mbushur plotësisht me Frymën e Shenjtë dhe mund të kontrollojnë dhe drejtojnë në mënyrë të përsosur mendjet e tyre, poashtu nuk jetojnë si njerëzit e nivelit të parë ose të dytë të besimit. Ata kënaqin Perëndinë duke qenë besnik në tërë shtëpinë e Tij.

Numrat 12:3 flet për Moisiun, *"Sepse Moisiu ishte një njeri shumë zemërbutë, më tepër se kushdo mbi faqen e dheut,"* dhe vargu 7 thekson, *"Por nuk veproj kështu me shërbëtorin tim Moisi, që është besnik në tërë shtëpinë time."* Me anë të kësaj, ne dimë se Moisiu ishte në nivelin e pestë të besimit në të cilin ai mund të kënaqte Perëndinë.

Çfarë do të thotë "të jesh besnik në tërë shtëpinë e Perëndisë"? Pse Perëndia njeh vetëm ata që janë besnikë në tërë shtëpinë e Tij siç ishte Moisiu, ashtu si edhe ata që kënaqin Perëndinë me besim?

Domethënia e besnikërisë në tërë shtëpinë e Perëndisë

Ai që është "besnik në tërë shtëpinë e Perëndisë" ka besimin e Krishtit ose "besim të plotë frymëror"; ai e bën gjithçka me sjelljen e Jezus Krishtit. Bën çdo gjë me zemrën e Krishtit dhe zemrën e frymës, pa u mbështetur në mendimet e tij.

Meqenëse ai ka përmbushur mendjen e mirësisë, mendjen e Krishtit, ai nuk do të zihet apo nuk do të bërtasë, dhe nuk do ta thërrmojë kallamin e thyer dhe nuk do ta shuajë kandilin që tymos (Mateu 12:19-20). Një person i tillë e ka kryqëzuar natyrën e tij mëkatare bashkë me dëshirat dhe pasionet, prandaj mund të jetë besnik në të gjitha detyrat e tij.

Ai nuk ka asnjë "vetvete" të mbetur brenda tij, por vetëm zemrën e Krishtit – zemrën e frymës – sepse ai ka flakur tutje të gjitha gjërat e tij mishërore.

Zemra e tij është e tejmbushur me shpresën e gjërave të përjetshme. Ai mendon se sa do të jetë në gjendje të përmbushë mbretërinë e Perëndisë dhe drejtësinë e Tij ndërsa jeton në këtë botë, si mund të jetë një person i mrekullueshëm në parajsë dhe të duhet prej Atit Perëndi, dhe si mund të jetojë gjithmonë i lumtur duke mbledhur shpërblime të mëdha në parajsë. Si pasojë, ai mund të jetë besnik në të gjitha detyrat e tij sepse nga thellësia e zemrës së tij rrjedh zjarri dhe sinqeriteti për të përmbushur mbretërinë dhe drejtësinë e Perëndisë.

Ka ndryshime në masën e përkushtimit midis njerëzve që përmbushin mbretërinë e Perëndisë dhe drejtësinë e tij. Nëse ai zbaton vetëm detyrën që i është dhënë, kjo është thjesht kryerja e përgjegjësive të tij personale.

Për shembull, kur ti punëson dikë, i jep atij rrogën dhe ai bën punën për të cilën është punësuar dhe paguhet, ne nuk mund të themi se ai ishte "besnik në tërë shtëpinë" edhe nëse e kryen punën mirë. Duke "qenë besnik në tërë shtëpinë" personi jo vetëm përmbush mirë detyrën e tij, por me sinqeritet bën edhe më tepër duke mos i kursyer zotërimet e tij materiale, përtej thjesht kryerjes së detyrave të tij.

Prandaj, ti nuk mund të njihesh "besnik në tërë shtëpinë e Perëndisë" edhe nëse ke flakur tutje mëkatet duke luftuar kundër tyre deri në derdhjen e gjakut në dashurinë e madhe për Perëndinë dhe ke përmbushur detyrat e tua me zemër të shenjtëruar. Ti mund të njihesh si "besnik në tërë shtëpinë e Perëndisë" vetëm kur je plotësisht i shenjtëruar dhe përmbush jashtëzakonisht mirë detyrat e tua përtej përgjegjësive të tua, me besimin e Krishtit, me të cilin bindesh deri në vdekje.

Të jesh besnik në tërë shtëpinë e Perëndisë

Ti je në nivelin e katërt të besimit kur e do Jezus Krishtin në shkallën më të lartë dhe posedon dashuri frymërore siç përshkruhet tek 1 Korintasve 13, poashtu jep frytin e Frymës së Shenjtë siç përmendet tek Galatasve 5. Përveç kësaj, ti je në gjendje të zotërosh besimin që kënaq Perëndinë kur përmbush Lumturinë e Plotë te Mateut 5 dhe je besnik në tërë shtëpinë e Perëndisë. Pse kjo është e vërtetë?

Ka ndryshim mes dashurisë si fryt i Frymës së Shenjtë dhe dashurisë së përkufizuar tek 1 Korintasve 13. Dashuria tek 1 Korintasve 13 është përkufizimi i dashurisë frymërore, ndërsa dashuria si fryt i Frymës së Shenjtë i referohet dashurisë së pakufishme që përmbush ligjin.

Dashuria si fryt i Frymës së Shenjtë mbulon një sferë më të gjerë sesa që mbulon dashuria e përshkruar tek e 1 Korintasve 13. Me fjalë të tjera, kur sakrifica e Jezus Krishtit që përmbushi ligjin me dashuri në kryq i shtohet dashurisë tek 1 Korintasve 13, atëherë kjo mund të quhet "dashuri si fryt i Frymës së Shenjtë."

Gëzimi vjen prej së larti me lumturi dhe paqe frymërore sepse gjërat mishërore zhduken nga ti me rritjen e dashurisë frymërore brenda teje. Ti mbushesh vetëm me gëzim kur je i mbushur me gjëra të mira sepse shikon, dëgjon, dhe mendon vetëm gjëra të mira.

Ti nuk urren asnjë sepse në ty nuk ka urrejtje. Je i tejmbushur me gëzim sepse në vend të urrejtjes ti do t'u shërbesh të tjerëve, do t'ju japësh atyre gjëra të mira, dhe do të sakrifikosh për ta. Ndonëse jeton në këtë botë, ti nuk kërkon gjëra mishërore për interesin tënd, por je i mbushur me shpresë qiellore, duke menduar se si mund ta zgjerosh mbretërinë e Perëndisë dhe drejtësinë e Tij, dhe si mund ta kënaqësh Atë duke shpëtuar më shumë njerëz. Ti je në gjendje të jetosh në paqe me fqinjët tuaj sepse ti gëzon lumturi të vërtetë dhe ke paqen e mendjes për t'u kujdesur për ta ndërkohë që gëzimi vjen mbi ty.

Ti mund të jesh i durueshëm nëpërmjet paqes qiellore po aq sa je në paqe me të tjerët. Mund t'u tregosh mirësi të tjerëve sepse mund të jesh i mëshirshëm me ta po aq sa je dhe i durueshëm. Ti zotëron mirësinë sepse ti nuk grindesh apo bërtet, dhe nuk thërrmon kallamin e thyer e nuk shuan kandilin që nxjerr tym, nëse ti e ke këtë mirësi. Njerëzit me mirësi mund të jenë frymërisht besnik sepse ata tashmë e kanë flakur tutje vetveten.

Për më tepër, masa e besnikërisë është e ndryshme mes atyre që janë besnik, sipas fushës së zemrës së secilit individ. Sa më shumë mirësi që ka dikush, aq më e madhe është përmbushja e masës së besnikërisë. Ti mund të veresh se sa është mirësia e dikujt nëse ai është besnik në tërë shtëpinë e Perëndisë. Ai përmbush të gjitha detyrimet besnikërisht në shtëpi dhe punë, në marrëdhënie me të tjerët dhe në kishë. Kështu, Moisiu, që ishte njeriu më i përulur në faqen e dheut, mund të ishte besnik në të gjitha detyrat e dhëna.

Atëherë, si mund të jesh i përsosur duke mos pasur vetëkontroll? Besnik në tërë shtëpinë e Perëndisë do të jesh me vetëkontroll, sepse pa të është e pamundur që të jesh i balancuar mirë në çdo fushë. Kështu, ti nuk mund të jesh besnik në tërë shtëpinë e Perëndisë, pa frytin e vetëkontrollit edhe pse ti jep tetë frytet e tjera të Frymës së Shenjtë.

Për shembull, le të themi se e ke caktuar të takohesh me një mik diku tjetër pas takimit të grupit të kishës. Do të ishte shumë e pasjellshme ndaj mikut tënd që ti do të vonoheshe apo do ta ndryshoje orarin duke e telefonuar, jo sepse grupi i takimit mbaroi vonë, por sepse ti qëndrove mbas takimit të flisje me njerëzit në grup. Në të njëjtën mënyrë, si mund të jesh besnik në tërë shtëpinë e Perëndisë nëse nuk mund të mbash një premtim të vogël ose të përmbushësh një premtim të tillë, pa dhënë frytin e vetëkontrollit? Ti duhet të kuptosh se do të jesh besnik në të gjithë shtëpinë e Perëndisë vetëm kur jeta jote është në ekuilibër me frytin e vetëkontrollit.

Dashuria frymërore, Fryti i Frymës dhe Lumturia e plotë

Lumturia e vërtetë vjen në ty deri në atë masë sa ti zotëron dashuri frymërore, frytin e Frymës dhe zbaton ato në praktikë. Lumturia e plotë e konsideron karakterin e dikujt si një enë dhe ti mund të jesh plotësisht besnik në tërë shtëpinë e Perëndisë vetëm kur Lumturia vjen tërësisht mbi ty duke vepruar plotësisht dhe duke jetuar çfarë ti kultivon në zemrën tënde.

Gjatë gjithë historisë së Koresë, këshilltarët besnik të mbretit morën çdo çështje të qeverisë si çështje të tyre personale. Në këtë mënyrë këta këshilltarë ishin në gjendje ti shërbenin mbretit dhe ta ndihmonin të merrte vendime të drejta, edhe pse kjo shumë herë do të thoshte vuajtje të mëdha personale apo madje edhe vdekje. Ata jo vetëm që e donin mbretin e tyre, por donin edhe tërë vendin siç donin veten e tyre, dhe u sollën si të tillë.

Këta këshilltarë besnikë i shërbyen mbretit të tyre deri në fund edhe duke rrezikuar jetrat e tyre. Nga ana tjetër, disa këshilltarë ishin besnikë në dukje ndaj mbretit të tyre por hoqën dorë dhe jetuan të veçuar kur mbreti nuk ndiqte këshillat e tyre të sinqerta të herëpashershme. Megjithatë, këshilltarët besnik të vërtetë dhe të nënshtruar nuk silleshin në këtë mënyrë, ata ishin besnikë ndaj mbretit deri në fund edhe nëse mbreti i injoronte dhe i refuzonte këshillat e tyre. Mbreti mund t'i refuzonte ata, të refuzonte këshillat e tyre, apo t'i turpëronte ata pa ndonjë arsye. Por, ata nuk mbanin mëri ndaj mbretit dhe nuk ndryshonin mendjet e tyre madje edhe nëse humbnin jetën e tyre.

Karakteri si një personi si një enë dhe karakteri i zemrës

Për të kuptuar më qartësisht çfarë do të thotë "të jesh besnik në tërë shtëpinë e Perëndisë," le të shqyrtojmë së pari karakterin si një enë dhe karakterin e zemrës.

Masa e karakterit si një enë është ndryshe nga një person tek tjetri, në varësi se sa ai punon me zemrën e tij për ta kthyer në një zemër të mirë, ose se sa e kthen zemrën në zemër të dashur. Prandaj, karakteri si një enë është i përcaktuar nëse ai bën apo jo atë çfarë i thuhet ose nëse bindet apo jo.

Atëherë, çfarë e bën një ndryshim të dukshëm në karakterin e dikujt si një enë? Varet se me çfarë dhe me ç'lloj zemre reagon ndaj fjalës së Perëndisë dhe sa tregon nga ajo që ka në zemrën e tij. Prandaj, dikush që është një enë e mirë e ruan si thesar fjalën e Perëndisë dhe e mendon atë thellësisht në zemrën e tij ashtu si bëri dhe Maria, *"Maria i ruante të gjitha këto fjalë, duke i medituar në zemrën e saj"* (Luka 2:19).

Karakteri i zemrës së dikujt ndryshon në varësi se si e zgjeron mendjen e tij në kryerjen e detyrës së tij ose deri në ç'masë ai e përdor mendjen e tij në kryerjen e kësaj detyre. Nëpërmjet një shembulli të ndryshëm në të cilin njerëzit reagojnë ndaj të njëjtës situatë, unë do t'i klasifikoj veprat e njerëzve në katër kategori sipas karaktereve të ndryshme të zemrave të tyre.

Personi i parë bën përtej asaj që i është urdhëruar të bëjë. Për shembull, kur prindërit i thonë fëmijës së tyre të marrin një mbeturinë nga dyshemeja, ai jo vetëm që pastron dyshemenë por gjithashtu fshin tërë pluhurin, pastron çdo cep të dhomës, dhe zbraz koshin e plehrave. Ky fëmijë u jep prindërve të tij gëzim dhe kënaqësi sepse ai bën gjëra përtej asaj që prindërit kërkojnë prej tij. Sa shumë do ta duan atë prindërit e tij? Dhjakët Stefan dhe Filip ishin dy njerëz të tillë. Ata ishin njerëz me horizont kështu që kishin mundësi të kryenin shenja dhe mrekulli të mëdha midis njerëzve ashtu siç bënë apostujt (Veprat 6).

Personi i dytë vetëm bën çfarë i urdhërohet të bëjë. Për shembull, nëse një fëmijë merr një mbeturine nga dyshemeja në përputhje me urdhrin e prindërve, atë do ta duan prindërit e tyre meqenëse u bindet atyre, por ndoshta nuk i kënaq ata.

Personi i tretë nuk bën çfarë duhet të bëjë. Ai është zemërftohtë dhe apatik që bezdiset madje edhe kur i tregohet të bëjë një detyrë të caktuar. Njerëz të tillë që thonë se duan Perëndinë por nuk luten e nuk kujdesen për delet e Jezusit, i përkasin këtij grupi. Në një nga shëmbëlltyrat e Jezusit, prifti dhe leviti që kaluan pranë një njeriu të grabitur në anën tjetër të rrugës, i përkasin edhe ata këtij grupi (Luka 10). Duke qenë se njerëz të tillë nuk kanë dashuri, ata mund të bëjnë atë që Perëndia urren më shumë, si të jenë arrogantë, të kryejnë shkelje të kurorës dhe ta tradhtojnë Atë.

Personi i katërt e përkeqëson çështjen dhe në fakt e pengon përmbushjen e detyrës. Do të ishte më mirë për të të mos e kishte filluar fare detyrën. Nëse ka një fëmijë që thyen vazon ngaqë është i mërzitur me prindërit e tij që i kanë thënë të merrte mbeturinat nga dyshemeja, ai i përket këtij grupi.

Zemër bujaria dhe besnikëria në tërë shtëpinë e Perëndisë

Siç i shpjegova katër klasifikimet e karakterit të ndonjë personi, një individ mund të njihet që ka enë të madhe, kur ai kryen detyrën e tij përtej asaj çfarë pritet prej tij. Kjo ndodh sepse madhësia e enës varet nga masa se sa e zgjeron mendjen e tij me shpresë dhe me sa sinqeritet përpiqet. Është e njëjta gjë kur bën ndonjë gjë në kishë, në punë ose në shtëpi.

Prandaj, kur dikujt i jepet një detyrë e caktuar, nëse ai bindet me "Amen," mund të konsiderohet si një njeri me enë të madhe. Një person me zemër bujare mund të dallohet kur jo vetëm bindet për atë që i është urdhëruar, por bën edhe më tepër me sinqeritet dhe me horizont. Në këtë kuptim, të qenit besnik në tërë shtëpinë e Perëndisë është i lidhur me masën e zemërgjerësisë. Sinqeriteti ndryshon nga masa e zemërgjerësisë.

Le të shqyrtojmë disa njerëz që kanë qenë besnik në tërë shtëpinë e Perëndisë. Tek Numrat 12:7-8 kuptojmë sa shumë Perëndia e donte Moisiun, i cili ishte besnik në tërë shtëpinë e Tij. Këto vargje na shfaqin sa e rëndësishme është të jesh besnik në tërë shtëpinë e Perëndisë.

"Por nuk veproj kështu me shërbëtorin tim Moisi, që është besnik në tërë shtëpinë time. Me të unë flas sy për sy, duke bërë që ai të më shohë, dhe jo me shprehje të

errëta; dhe ai sodit dukjen e Zotit. Pse nuk keni pasur frikë të flisni kundër shërbëtorit tim, kundër Moisiut?"

Moisiu jo vetëm që kishte një dashuri të qëndrueshme dhe një zemër të pandryshuar për Perëndinë, por kishte edhe të njëjtën sjellje për njerëzit dhe familjen e tij, dhe i kryente detyrat pa ndryshuar kurrë mendjen e tij. Ai ishte gjithmonë në gjendje të zgjidhte më parë gjërat e përjetshme të Perëndisë, dhe të kënaqte Atë me besim. Ai ishte aq fisnik saqë kur izraelitët mëkatuan, ai i kërkoi Perëndisë të shpëtonte njerëzit e Tij duke rrezikuar humbjen e jetës së tij.

Si u përgjigj Moisiu kur njerëzit ngritën një imazh viçi të artë dhe e adhuruan, kur u kthye me pllakat e Dhjetë Urdhërimeve të dhëna nga Perëndia, pasi kishte agjëruar për dyzet ditë? Shumë njerëz, në atë situatë, mund të thonin, "Nuk mund t'i duroj më ata, o Perëndi! Të lutem bëj si Ti dëshiron!"

Në të kundërtën, Moisiu kërkoi me zell nga Perëndia që t'i falte ata për mëkatet e tyre. Ai ishte i gatshëm dhe i vullnetshëm të sakrifikonte jetën e tij, si një lloj garancie, nga thellësia e zemrës së tij duke tepruar në dashuri për ta.

E njëjta gjë ndodh edhe me Abrahamin, paraardhësin e besimit. Kur Perëndia planifikoi të shkatërronte qytetin e Sodomës dhe Gomorës, Abrahami nuk mendoi që kishte të bënte me të. Por, Abrahami iu lut Perëndisë të shpëtonte njerëzit e Sodomës dhe Gomorës, *"Le ta zëmë se ka pesëdhjetë të drejtë në qytet, ti do ta shkatërroje vendin dhe nuk do t'i falje për hir të pesëdhjetë njerëzve të drejtë që banojnë në mes të saj?"* (Zanafilla 18:24)

Atëherë ai i kërkoi Perëndisë mëshirë për të mos i shkatërruar këto qytete nëse do të gjendeshin dyzet e pesë njerëz të drejtë dhe vazhdoi të pyeste Perëndinë nëse numri i njerëzve të drejtë do të ishte dyzet, tridhjetë e pesë, njëzet ose dhjetë. Në fund, Abrahami mori një përgjigje përfundimtare nga Perëndia, *"Nuk do ta shkatërroj për hir të të dhjetëve"* (Zanafilla 18:32). Megjithatë, të dy qytetet u shkatërruan sepse nuk kishte madje as dhjetë njerëz të drejtë në ato qytete.

Për më tepër, Abrahami hoqi dorë nga e drejta për të zgjedhur me qëllim që nipi i tij Loti të zgjidhte tokë të mirë sepse fusha ku ata kishin jetuar nuk mund t'i mbante dot, poashtu pasuritë e tyre ishin shumë të mëdha. Loti zgjodhi gjithë fushën që i dukej më e mirë dhe u vendos aty.

Pak kohë më vonë, Sodoma dhe Gomora humbën në luftë dhe shumë njerëz u zunë robër përfshirë edhe Lotin, nipin e Abrahamit. Atëherë, duke rrezikuar vetë jetën e tij, Abrahami ndoqi armikun me 318 shërbëtor të tij, shpëtoi Lotin dhe robërit e tjerë dhe rimori pronat e tyre.

Në atë kohë, mbreti i Sodomës e përshëndeti Abrahamin dhe i tha, *"Nëm personat dhe merr për vetë pasuritë"* (v. 21). Por Abrahami nuk mori asgjë nga ato grabitje duke thënë, *"nuk do të merrja asgjë nga ajo që të përket, as edhe një fije apo një lidhëse këpucësh"* (v. 23). Ai në të vërtetë ia ktheu të gjitha gjërat mbretit të Sodomës (Zbulesa 14:1-24).

Abrahami kishte një sjellje të palëkundur kur ai takohej ose kur shoqërohej me dikë duke mos lënduar dhe bezdisur asnjë. Ai jo vetëm që i inkurajonte njerëzit dhe u jepte atyre kënaqësi dhe shpresë, por edhe i donte dhe u shërbente atyre me sinqeritet.

Si mund të jesh besnik në tërë shtëpinë e Perëndisë

Moisiu dhe Abrahami ishin burra me bujari të madhe. Ata ishin të sinqertë, të përsosur, dhe të vërtetë duke mos neglizhuar asgjë. Çfarë duhet të bësh ti për të qenë besnik në tërë shtëpinë e Perëndisë?

Së pari, duhet të provosh çdo gjë duke u mbajtur fort pas mirësisë pa e shuar zjarrin e Frymës dhe duke mos i përbuzur profecitë. Me fjalë të tjera, ti duhet të shikosh, të dëgjosh dhe të mendosh për mirësinë, duke folur të vërtetën, dhe të shkosh vetëm në vende të mira.

Së dyti, duhet të mohosh dhe të sakrifikosh veten tënde nëpërmjet dashurisë frymërore për mbretërinë e Perëndisë dhe drejtësinë e tij. Për të bërë këtë, ti duhet të kryqëzosh natyrën mëkatare me pasionet dhe dëshirat e saj. Ti do të jesh në gjendje të përcaktosh cilat duhet të jenë prioritetet e jetës tënde dhe të bësh çfarë kënaq Perëndinë nëse dëshiron gjëra frymërore dhe nuk je i lidhur me botën. Ti duhet të përpiqesh me zell të zotërosh besimin për të dashur Perëndinë në nivelin më të lartë nëse tani je duke qëndruar në shkëmbin e besimit.

Nëse zotëron besimin për të dashur Perëndinë në nivelin më të lartë, atëherë duhet të hysh shpejt në dimensionin ku mund të kënaqësh Perëndinë duke qenë besnik në tërë shtëpinë e Tij.

Të zotërosh besimin për të kënaqur Perëndinë është ngjashëm me diplomimin nga universiteti ose nga shkolla. Mbas diplomimit, ti kthehesh në botë dhe je në gjendje të aplikosh atë që ke mësuar në shkollë për t'u bërë i suksesshëm në këtë botë.

Në mënyrë të ngjashme, kur arrin nivelin e katërt të besimit, bota e thellë frymërore do të shpaloset para teje sepse bota frymërore është pafundësisht e madhe në thellësinë, gjatësinë dhe lartësinë e saj.

Kur hyn në nivelin e katërt të besimit, ti në një farë mase arrin të kuptosh thellësinë dhe zemërgjerësinë e Perëndisë. Ti do të jesh në gjendje të kuptosh sa shumë dashuri ka Perëndia dhe sa i mbushur me dashuri, mëshirë, zemërbutësi, dashamirësi dhe mirësi është Ai. Ti do të jesh gjithashtu në gjendje të përjetosh dashurinë e Tij të madhe sepse e ndjen se Zoti është duke ecur me ty dhe shpërthen në lot duke menduar për Zotin.

Prandaj, ti duhet të bëhesh njeri me zemërgjerësi të madhe me më shumë bindje, besnikëri dhe dashuri duke ditur se ekziston një ndryshim i madh mes nivelit të katërt dhe të pestë të besimit në dashurinë dhe sakrificën frymërore. Shpresoj gjithashtu që do të pranosh çdo gjë nga Perëndia me atë besim që e kënaqë atë, dhe të bekohesh për të shfaqur dhe kryer shenja dhe mrekulli me lutje të vazhdueshme.

I gëzofsh të gjitha këto bekime që Perëndia ka përgatitur për ty. Në emër të Jezus Krishtit, lutem.

Kapitulli 9

Shenjat që i shoqërojnë ata që kanë besuar

1
Dëbimi i demonëve

2
Të folurit në gjuhë të reja

3
Kapja me dorë e gjarpërinjve

4
Asnjë helm vdekjeprurës nuk do t'ju dëmtojë

5
Të sëmurët shërohen kur vini duart tuaja mbi ta

"Dhe këto janë shenjat që do t'i përcjellin ata që do të besojnë: në emrin tim ata do t'i dëbojnë demonët, do të flasin gjuhë të reja; do t'i kapin me dorë gjarpërinjtë, edhe nëse do të pinë diçka që shkakton vdekjen, nuk do t'u bëjë asnjë të keqe; do t'i vënë duart mbi të sëmurët dhe këta do të shërohen"

(Mark 16:17-18).

Ne e gjejmë Jezusin duke kryer shumë shenja në Bibël. Shenjat janë kryer me anë të fuqisë së Perëndisë përtej limitit se çfarë njeriu mund të bëjë. Cila është shenja e parë e kryer nga Jezusi?

Është ngjarja ku në një dasmë në Kanë të Galilesë, Ai shndërron ujin në verë ashtu siç përshkruhet te Gjoni 2:1-11. Kur Jezusi kuptoi se nuk kishte më verë, Ai u tha ndjekësve të tij t'i mbushnin gjashtë enët me ujë deri në grykë. Atëherë ata morën nga ena dhe ia dërguan pijen të parit të festës, dhe pasi i pari i festës, i cili pasi provoi verën që ishte kthyer nga uji, e lavdëroi atë për shijen e saj të mirë.

Pse e shndërroi ujin në verë Jezusi Biri i Perëndisë si shenjën e tij të parë të kryer? Ngjarja gjen një numër zbatimesh shpirtërore. Kana në Galile nënkupton këtë botë dhe festa e dasmës përfaqëson kohët e fundit ku njerëzit hanë e pinë derisa të ngopen pastaj dehen, dhe janë plotësisht të njollosur nga ligësia (Mateu 24:37-38). Uji i referohet fjalës së Perëndisë kurse vera, gjakut të çmuar të Jezus Krishtit.

Prandaj, shenja e shndërrimit të ujit në verë tregon se gjaku i Jezusit në kryqëzimin e Tij do të ishte gjaku që i jep njerëzimit jetë të përjetshme. Njerëzit e lartësuan verën për shijen e saj të mirë. Kjo do të thotë se njerëzit gëzohen sepse mëkatet e tyre u falen duke pirë gjakun e Jezusit dhe ata fitojnë shpresë për parajsën.

Duke filluar me shenjën e parë, Jezusi shfaqi shumë shenja të mrekullueshme. Ai shpëtoi një fëmijë që po vdiste; kreu mrekulli duke ushqyer pesë mijë njerëz me pesë bukë dhe dy peshq; dëboi demonë, bëri që i verbëri të shikonte dhe solli në jetë Llazarin që kishte vdekur prej katër ditësh.

Atëherë, cili ishte qëllimi themelor i kryerjes së këtyre shenjave nga Jezusi? Ishte t'i shpëtonte njerëzit dhe t'i lejonte që të kishin besim ashtu siç Ai na mëson te Gjoni 4:48, *"Po të mos shikoni shenja dhe mrekulli, ju nuk besoni."* Ja pra edhe sot, Perëndia, i cili edhe një shpirt të vetëm e konsideron më të çmuar se gjithë universin, na shfaq neve shumë shenja nëpërmjet atyre me besim që janë në gjendje të humbin jetën e tyre, për të shpëtuar të tjerët.

Tani le të shikojmë në detaje shenja të ndryshme që i shoqërojnë ata që kanë besimin që kënaq Perëndinë.

1. Dëbimi i demonëve

Bibla tregon qartë përreth ekzistencës së demonëve, edhe pse sot shumë njerëz thonë se "demonët nuk ndodhen askund." Demoni është një lloj fryme e ligë që është kundër Perëndisë. Në përgjithësi, ai mashtron ata njerëz që u shërbejnë idhujve duke u sjellë atyre shqetësime dhe probleme dhe bën që njerëz të tillë t'i shërbejnë atij më shumë zell.

Mirëpo, ti duhet ta nxjerrësh jashtë dhe ta sundosh nëse ke besim të vërtetë, sepse Jezusi na thotë,"Dhe këto janë shenjat që do t'i përcjellin ata që do të besojnë: në emrin tim ata do t'i dëbojnë demonët."

Ne lexojmë gjithashtu te Gjoni 1:12, *"Por të gjithë atyre që e pranuan, ai u dha pushtetin të bëhen bij të Perëndisë, atyre që besojnë në emrin e tij."* Sa e turpshme do të jetë nëse ti si fëmijë i Perëndisë ke frikë nga demonët apo bie pre e skemave të tyre?

Ndonjëherë, besimtarët e rinj pa besim frymëror pengohen nga demonët kur ngjiten në mal për t'u lutur. Disa madje edhe mund te pushtohen nga demonët sepse kërkojnë dhuntinë dhe fuqinë e Perëndisë kur nuk përpiqen të largojnë ligësinë e tyre.

Prandaj, besimtarët e rinj duhet të shoqërohen nga drejtues shpirtëror që janë në gjendje t'i nxjerrin jashtë demonët në emrin e Jezus Krishtit, kur duan të ngjiten në mal për tu lutur, dhe atëherë ata do të kenë mundësi të luten pa asnjë lloj pengese.

Dëbimi i demonëve në emrin e Jezus Krishtit

Është e njëjta gjë me shërbyesit dhe punëtorët e kishës kur ata janë duke vizituar anëtarët e kishës. Si fillim ata duhet t'i nxjerrin jashtë demonët nëpërmjet gjykimit të gjërave frymërore dhe në këtë mënyrë ata që pranojnë vizitën do të jenë në gjendje t'i hapin zemrat e tyre, të pranojnë hirin e Perëndisë dhe të kenë besim nëpërmjet mesazhit të tyre. Mirëpo, vizita mund të ndërpritet nëse ti viziton një anëtar të kishës duke mos e dëbuar armikun Satan që në fillim. Anëtari të cilin ti viziton nuk mund të hapë zemrën e tij apo të saj kështu që ai nuk mund të jetë në gjendje të pranojë hirin dhe të ketë besim. Dikush me sy të hapur frymëror i dallon lehtë frymërat e këqija penguese. Disa janë të pushtuar plotësisht nga demonët, por në shumicën e rasteve njerëzit janë pjesërisht të kontrolluar nga demonët në mendimet e tyre.

Ata veprojnë kundër së vërtetës kur Satani punon në mendjet e tyre sepse ende kanë besim të dobët ose natyrë mëkatare brenda tyre si, kurorëshkelje, vjedhje, mashtrim, zemërim, xhelozi dhe zili. Zemrat e njerëzve mund të ndryshojnë kur ata dëgjojnë mesazhin nga predikuesi që ka fuqi frymërore të mjaftueshme për të dëbuar demonë në emrin e Jezus Krishtit.

Njerëzit do të pendoheshin me lot sepse ata janë prekur thellësisht në zemrat e tyre ose kuptojnë mëkatin e tyre ndërsa predikuesi jep mesazhin me fuqinë që i ka dhënë Perëndia. Ata do të kenë besim të fortë dhe fuqi për të luftuar kundrejt mëkatit. Pas disa muajsh, ata mund të vënë re se sa shumë kanë ndryshuar në besimin dhe karakterin e tyre. Në këtë mënyrë, është e mundur që ata ta kthejnë natyrën e tyre në të vërtetën.

Në të katër Ungjijtë, mund të vërehet se shumë njerëz transformoheshin në karakterin e tyre pasi takonin Jezusin. Për shembull, edhe pse apostulli Gjon në fillim ishte një njeri aq gjaknxehtë sa të quhej biri i bubullimës (Marku 3:17), sapo takoi Jezusin ai ndryshoi duke u quajtur "dishepulli i dashur."

Në të njëjtën mënyrë, një njeri me besim të plotë është në gjendje t'i ndryshojë njerëzit e tjerë, ashtu siç bëri Jezusi. Ai është në gjendje gjithashtu të dëbojë demonë në emrin e Jezus Krishtit sepse ka fuqi për të sunduar mbi Satanin.

Si të dëbosh demonë

Ka raste të ndryshme në dëbimin e demonëve. Disa herë,

demoni largohet menjëherë nëpërmjet lutjes, disa herë të tjera nuk largohet edhe nëse lutesh njëqind herë. Nëse dikush me besim pushtohet nga demonët për arsye se Perëndia i ka fshehur atij fytyrën e Tij për shkak se ai e ka trishtuar Atë në një farë mënyre, demoni brenda tij mund të dëbohet lehtësisht kur ai pranon lutjen pas pendimit me lot. Kjo ndodh sepse ai tashmë ka besim dhe njeh fjalën e Perëndisë.

Në cilin rast është i vështirë dëbimi i demonëve edhe pas shumë lutjesh? Është rasti kur një demon shumë i lig pushton dikë që nuk ka fare besim dhe nuk e njeh të vërtetën. Në raste të tilla, nuk është e lehtë për të që të këtë besim ndërkohë që është i pushtuar nga demonët sepse e keqja është e rrënjosur thellë në të. Për ta çliruar, dikush duhet ta ndihmojë që ai të ketë besim, të kuptojë të vërtetën, të pendohet dhe të shkatërrojë murin e mëkateve.

Edhe nëse ka ndonjë problem në jetën që kanë prindërit në Krishtin, djali i tyre i dashur mund të pushtohet nga demonët. Në raste të tilla, djali nuk mund të çlirohet nga demoni derisa prindërit e tij të pendohen nga mëkatet e tyre, të pranojnë shpëtimin dhe të qëndrojnë vendosmërisht mbi shkëmbin e besimit.

Gjithashtu ka dhe një rast kur infektohemi nga forcat e errësirës. Ti mund të shikosh dikë që jeton një jetë pikëlluese besimi sepse ai e ka të vështirë të hapë zemrën e tij. Mendimet botërore, dyshimet dhe lodhja e pengojnë atë të dëgjojë mesazhin edhe kur ai mundohet me plot zell.

Një rast i tillë mund të ndodhë sepse forcat e errësirës mund të punojnë në jetën e një familjeje nëse paraardhësit e tij u kanë shërbyer besnikërisht idhujve ose nëse prindërit e tij janë magjistarë apo adhurues idhujsh. Megjithatë, demoni do të largohet prej tij, kështu që ai dhe familja e tij do të shpëtohen, kur ai kthehet në një bir të dritës duke dëgjuar me zell fjalën e Perëndisë dhe duke u lutur me etje.

Sidoqoftë, Perëndia e urren kaq shumë idhujtarinë saqë midis Perëndisë dhe idhujtarëve krijohet një mur i gjerë mëkati. Si rezultat ai do të vazhdojë luftën me veten e tij për të jetuar në të vërtetën derisa ta shembë murin e mëkatit. Ai shpejt mund të çlirohet duke u bazuar në zellin me të cilin lutet dhe ndryshon.

Përjashtime në raste kur demonët nuk largohen

Në çfarë rastesh demonët nuk largohen edhe nëse dikush i urdhëron në emrin e Jezus Krishtit?

Demonët nuk largohen nëse një person ka besuar dikur në Zotin por ndërgjegjja e tij është djegur si me një hekur të nxehtë pasi ai është larguar nga Zoti. Ai nuk mund të kthehet te Zoti edhe nëse mundohet sepse ndërgjegjja e tij e pastër është zëvendësuar nga e pavërteta.

Për këtë arsye ne gjejmë te 1 Gjonit 5:16, "Ka mëkat që çon në vdekje nuk them që ai të lutët për këtë." Me fjalë të tjera, Perëndia nuk i përgjigjet atij edhe nëse ai lutet.

Çfarë është mëkati që të çon në vdekje? Të blasfemosh ose të flasësh keq kundër Frymës së Shenjtë. Dikush që ka kryer këtë mëkat nuk mund të falet as në këtë jetë as edhe në atë që ka për të ardhur. Prandaj, një njeri i tillë nuk mund të shpëtohet edhe nëse lutet vazhdimisht.

Te Mateu 12:31, Jezusi na tregon se blasfemia kundër Frymës nuk do të mund të falet. Të blasfemosh kundër Frymës do të thotë të shqetësosh punën e Frymës së Shenjtë duke pasur një mendje të keqe, duke e gjykuar dhe duke e dënuar me vullnetin e tij të plotë. Për shembull, është blasfemi kur njerëzit gjykojnë si "herezi" kishën ku kryhen veprat e Perëndisë duke bërë deklarata të rreme dhe duke përhapur thashetheme përreth kishës (Marku 3:20-30).

Jezusi gjithashtu tha te Mateu 12:32, *"Dhe kushdo që flet kundër Birit të njeriut do të falet; por ai që flet kundër Frymës së Shenjtë nuk do të falet as në këtë botë as në atë të ardhme."* Përsëri te Luka 12:10, Ai na kujton, *"Dhe kushdo që do të flasë kundër Birit të njeriut do të jetë i falur, por ai që do të blasfemojë kundër Frymës së Shenjtë, nuk do të jetë i falur."*

Çdokush që flet një fjalë kundër Birit të Njeriut, dhe që e bën pa e njohur atë, mund të falet për mëkatet e tij. Mirëpo, një person i cili blasfemon kundër Frymës së Shenjtë nuk mund të falet dhe do të shkojë në rrugën e vdekjes sepse ai pengon punën e Perëndisë dhe blasfemon kundër Frymës edhe nëse ai tashmë ka pranuar Jezus Krishtin dhe ka marrë Frymën e Shenjtë. Prandaj, nuk duhet të kryesh mëkate blasfemie ndaj Frymës e të flasësh kundër Frymës së Shenjtë, duke kuptuar që këto mëkate janë tepër të mëdha dhe nuk mund të justifikosh faljen dhe për më tepër shpëtimin.

Hebrenjve 10:26 na këshillon se nëse një njeri vazhdon të mëkatojë me dashje edhe pasi ka marrë njohuri të së vërtetës, nuk ka më ndjesë për mëkatin. Ai nëpërmjet fjalës së Perëndisë e di mjaft mirë se çfarë është mëkati dhe se nuk duhet të kryejë ligësi.

Mirëpo, nëse ai kryen mëkat me plot njohuri dhe dijeni, atëherë ndërgjegjja e tij bëhet gradualisht e pandjeshme ndaj mëkateve dhe digjet si me hekur të nxehtë. Në fund, ai do të braktiset sepse nuk mund të marrë frymën e pendimit.

Për më tepër, atyre që janë ndriçuar njëherë dhe kanë shijuar bekimet qiellore, kanë qenë pjesëtarë të Frymës së Shenjtë dhe kanë shijuar mirësinë e fjalës së Perëndisë dhe fuqinë e jetës së përtejme, nuk do t'u jepet fryma e pendimit pasi "rrëzohen" sepse kjo do të thotë se ata e kryqëzojnë përsëri Birin e Perëndisë dhe e poshtërojnë hapur (Hebrenjtë 6:4-6).

Njerëzve të tillë që kanë pranuar Frymën e Shenjtë, që dinë për parajsën dhe ferrin, të cilët njohin fjalën e Perëndisë dhe përsëri tundohen nga bota, bien dhe e çnderojnë lavdinë e Perëndisë, nuk do t'u jepet asnjë mundësi pendimi.

Përveç disa rasteve të lartpërmendura, ku Perëndia s'mund të bëjë gjë tjetër veçse të kthejë fytyrën e Tij. Ti mund të sundosh armikun Satan. Për këtë arsye demonët dëbohen kur i urdhëron në emrin e Jezus Krishtit.

Lutu vazhdimisht ndërsa jeton plotësisht në të vërtetën

Sa të pikëlluar janë shërbëtorët dhe punëtorët e Perëndisë kur demonët nuk largohen edhe kur ai ose ajo i urdhëron në emrin e Jezus Krishtit? Prandaj, natyrshëm duhet të marrësh fuqi për të sunduar dhe kontrolluar armikun Satan. Për të kryer shenja që i shoqërojnë ata që besojnë, ti duhet të jesh në gjendje të kënaqësh Perëndinë jo vetëm duke jetuar plotësisht në të vërtetën me dashuri për Perëndinë nga thellësia e zemrës, por edhe duke u lutur vazhdimisht me zjarr.

Pak pasi themelova kishën time, një djalë i ri i pushtuar nga epilepsia erdhi nga Provinca Gang-uon për të më takuar pasi kishte dëgjuar lajmin për shërbesën time të shërimit. Edhe pse mendonte se po i shërbente mjaft mirë Perëndisë si mësues në shkollën e së dielës dhe si pjesëtar i korit të kishës, ai nuk kishte provuar ta largonte veten e tij nga mëkatet, por vazhdonte të mëkatonte ngaqë ishte jashtëzakonisht arrogant. Si rezultat, një demon i lig hyri në mendjen e tij të ndotur dhe ky po vuante shumë për shkak të kësaj.

Vepra e shërimit u manifestua për shkak të lutjes së sinqertë të babait të tij dhe përkushtimit ndaj birit të tij. Kur unë shpjegova identitetin e demonit dhe e dëbova nëpërmjet lutjes, djali i ri ra mbrapa pa ndjenja ndërsa një shkumë me erë të rëndë mbuloi gojën e tij. Djaloshi u kthye në shtëpi pasi ai u armatos me fjalën e Perëndisë në kishën time dhe u bë një njeri i ri në Krishtin. Më vonë, dëgjova se ai po i shërbente besnikërisht kishës dhe jepte dëshmi të shërimit të tij.

Në ditët tona shumë njerëz çlirohen nga demonët ose nga forcat e errësirës përtej kohës dhe hapësirës, nëpërmjet lutjes me shami mbi të cilën jam lutur unë.

Në një rast tjetër, një djalë i ri nga Ulsani, Provinca Kjungnam, ishte rrahur keqas nga disa nxënës më të mëdhenj se ai në shkollën e mesme ngaqë ai kishte refuzuar të pinte duhan bashkë me ta. Si rezultat, djali i ri vuante nga ankthi dhe përfundimisht pushtohej nga demonët dhe për këtë arsye u shtrua për disa muaj në një institucion psikiatrik. Megjithatë, ai u çlirua nga demonët pasi pranoi lutjen me shami mbi të cilën u luta unë. Ai fitoi shëndetin dhe tani është punëtor i çmuar në kishën e tij.

Vepra të tilla ndodhin kudo. Për shembull, në Pakistan një laik kishte katër vite që vuante nga një frymë e keqe, por ai u çlirua nëpërmjet lutjes me shami dhe pranoi Frymën e Shenjtë, dhe dhuntinë e të folurit në gjuhë.

2. Të folurit në gjuhë të reja

Shenja e dytë që do t'i shoqërojë ata që besojnë është të folurit në gjuhë të reja. Çfarë do të thotë saktësisht të folurit në gjuhë të reja?

Te 1 Korintasve 14:15 lexojmë, *"Do të lutem me frymën, por do ta bëj edhe me mendjen; do të këndoj me frymën, por do të këndoj edhe me mendjen."* Ti mund të shohësh se fryma është ndryshe nga mendja. Atëherë, cili është ndryshimi midis frymës dhe mendjes?

Ka dy lloje mendjesh në zemrën e dikujt: mendja e së vërtetës dhe mendja e së pavërtetës. Mendja e së vërtetës është fryma, një mendje e bardhë. Mendja e së pavërtetës është mishi, një mendje e zezë. Pasi ti pranon Jezus Krishtin, zemra jote mbushet me frymë aq sa ti lutesh dhe largon tutje mëkatet duke jetuar me anë të fjalës së Perëndisë, ngaqë e pavërteta është çrrënjosur po dhe aq.

Në fund, zemra jote mbushet me frymë pak nga pak, duke mos mbetur aty asgjë e pavërtetë kur arrin nivelin e katërt të besimit për të dashur Perëndinë në shkallën më të lartë. Për më tepër, nëse ke besimin që kënaq Perëndinë, zemra jote është plotësisht e mbushur me frymën dhe kjo quhet "fryma e plotë." Në këtë fazë, mendja jote është frymë dhe fryma është mendja jote.

Të flasësh në gjuhë të reja

Kur një frymë e tillë brenda teje i lutet Perëndisë nën frymëzimin e Frymës së Shenjtë, kjo quhet "lutje në gjuhë." Lutja në gjuhë është një bisedë midis teje dhe Perëndisë dhe për këtë arsye kjo është jashtëzakonisht e dobishme për jetën tënde në Krishtin sepse armiku Satan nuk është në gjendje ta përgjojë.

Dhuntia e të folurit në gjuhë i jepet përgjithësisht fëmijës së Perëndisë kur ai ose ajo lutet vazhdimisht në plotësinë e Frymës së Shenjtë. Perëndia dëshiron t'i japë dhuntinë çdo fëmije të Tij.

Kur lutesh me zjarr në gjuhë, në mënyrë të pavetëdijshme, ti mund të jesh gjendje të këndosh një këngë në gjuhë, të kërcesh apo edhe të bësh ndonjë lëvizje ritmike nën frymëzimin e Frymës së Shenjtë. Edhe nëse dikush normalisht nuk është i mirë në të kënduar, ai mund të këndojë shumë mirë e nëse dikush nuk është i mirë në të kërcyer, mund të kërcejë më mirë sesa kërcimtaret profesioniste ngaqë Fryma e Shenjtë e udhëheq atë person plotësisht.

Një person do të ketë një përvojë të re frymërore nëpërmjet të folurit në gjuhë të ndryshme kur ai shkon më tutje në një nivel më të thellë. Kjo quhet "të folurit në gjuhë të reja." Ti do të kesh mundësi të flasësh në gjuhë të reja menjëherë kur lutesh në gjuhë në nivelin e pestë të besimit.

Fuqi për të dëbuar armikun Satan

Të folurit në gjuhë të reja është kaq i fuqishëm sa që armiku Satan frikësohet dhe largohet. Le të supozojmë se në shtëpi përballesh me një hajdut i cili do që të të godasë me thikë. Në atë moment, nëse lutesh në gjuhë të reja, Perëndia është në gjendje ta bëjë atë që të ndryshojë mendje apo të lejojë një engjëll që të mbajë krahun e tij.

Nëse ti ndjehesh i shqetësuar ose sikur duhet të lutesh gjatë rrugës për diku, kjo ndodh sepse Perëndia është duke detyruar mendjen tënde nëpërmjet Frymës së Shenjtë; Ai tashmë e di që para teje do të ndodhë një aksident.

Kur lutesh në bindje ndaj punës së Frymës së Shenjtë, ti do të jesh në gjendje të parandalosh një fatkeqësi të papritur apo një aksident, sepse djalli largohet prej teje dhe Perëndia të drejton për ta evituar.

Prandaj, duke folur në gjuhë të reja ti mbrohesh dhe mund të ndalosh problemet dhe vështirësitë në shtëpi, punë, biznes apo në çdo vend pa pengesën e djallit dhe armikut Satan.

3. Kapja me dorë e gjarpërinjve

Shenja e tretë që do t'i shoqërojë ata që besojnë është të kapin me dorë gjarpërinjtë. Atëherë kujt i referohet "gjarpri?"

Le të shikojmë te Zanafilla 3:14-15,

> "Atëherë Zoti Perëndi i tha gjarprit: Me qenë se bëre këtë gjë, qofsh i mallkuar ndër gjithë kafshët dhe tërë bishat e fushave! Ti do të ecësh mbi barkun tënd dhe do të hash pluhur gjithë ditët e jetës sate. Dhe unë do të shtie armiqësi midis teje dhe gruas, midis farës sate dhe farës së saj; fara e saj do të shtypë kokën tënde, dhe ti

do të plagosësh thembrën e farës së saj."

Kjo është skena ku gjarpri mallkohet për shkak se ka tunduar Evën. Këtu, "gruaja" frymërisht i referohet Izraelit dhe "fara e saj" Jezus Krishtit. Pra, fara e gruas "do të shtypë kokën e gjarprit" do të thotë se Jezus Krishti do të thyejë autoritetin e vdekjes që ka armiku Satan. Thënia "gjarpri do të plagosë thembrën e tij" profetizon armikun Satan që kryqëzon Jezusin.

Gjithashtu duket shumë e qartë se "gjarpri" i referohet armikut Satan siç lexojmë te Zbulesa 12:9, *"Kështu dragoi i madh, gjarpri i lashtë, që është quajtur djall, edhe Satan, që mashtron gjithë dheun, u hodh mbi tokë; me të u hodhën edhe engjëjt e tij."*

Si pasojë, thënia "do të kapin me dorë gjarpërinj" do të thotë se ti do të jesh në gjendje ta përçash armikun Satan dhe ta shkatërrosh atë në emrin e Jezus Krishtit.

Të shkatërrosh një sinagogë të Satanit

Vargjet e mëposhtme i gjejmë te Libri i Zbulesës,

"Unë i njoh veprat e tua, dhe shtrëngimin e varfërinë (por ti je i pasur) dhe blasfeminë e atyre që e quajnë vetën Judenj, por nuk janë, por janë një sinagogë e Satanit" (2:9).

"Ja, unë do të dorëzoj disa nga sinagoga e Satanit, që e quajnë vetën Judenj, dhe nuk janë, por gënjejnë; ja, unë do t'i bëj të vijnë dhe të bien përmbys përpara këmbëve

të tua, dhe do të njohin se unë të kam dashur" (3:9).

Këtu, "Judenj" si të zgjedhurit frymërorë të Perëndisë, u referohet të gjithë atyre që besojnë në Perëndinë. Ata "të cilët deklarojnë se janë Judenj" u referohet njerëzve që pengojnë punën e Perëndisë, duke gjykuar dhe shpifur duke thënë se puna e Perëndisë bie ndesh me mendimet e tyre, duke urryer dhe duke murmuritur me veten e tyre për shkak të zilisë dhe xhelozisë.

"Sinagoga e Satanit" nënkupton mbledhjen e dy apo më shumë njerëzve që flasin keq për të tjerët në pavërtetësi, duke shkaktuar probleme në kishë. Murmuritja e disa njerëzve ndot shumë të tjerë duke themeluar kështu përfundimisht një sinagogë të Satanit.

Sigurisht, propozime dhe sugjerime të dobishme duhet të pranohen për zhvillimin e kishës. Por, një sinagogë e Satanit është nëse disa anëtarë të kishës luftojnë kundër shërbëtorit të Perëndisë duke e ndarë kishën me arsye bindëse dhe duke formuar një grup kundër së vërtetës.

Edhe pse kishat duhet të mbushen me dashuri, shenjtëri dhe të jenë të bashkuara në të vërtetën, ka shumë kisha ku lutja dhe dashuria ftohen, gjallëria mbaron krejtësisht dhe si pasojë mbretëria e Perëndisë nuk qëndron e fortë dhe e gjitha kjo për shkak të sinagogës së Satanit.

Mirëpo, sinagoga e Satanit, nuk mund ta ushtrojë fuqinë e saj nëse ti dallon një besimtar me besim të pëlqyer te Perëndia në nivelin e pestë.

Ka pasur një sinagogë të Satanit në kishen time që në kohën kur u themelua. Në fillimet e shërbesës sime, sigurisht, kjo mund të ketë ndodhur nëpërmjet disa njerëzve mendimet e të cilëve kontrolloheshin nga Satani, sepse anëtarët e kishës nuk ishin të armatosur me të vërtetën.

Sidoqoftë, në çdo moment, Perëndia më ka bërë këtë të ditur dhe e ka shkatërruar nëpërmjet mesazhit. Në këtë mënyrë, çdo përpjekje për të krijuar një sinagogë të Satanit është shuar. Në kohët e sotme anëtarët e kishës sime janë në gjendje të dallojnë qartësisht të vërtetën nga e pavërteta. Ata që futen fshehurazi në kishë për të krijuar një sinagogë të Satanit, largohen ose pendohen sepse te disa prej tyre vazhdojnë të kenë zemër të mirë. Në mënyrë të ngjashme, sinagoga e Satanit nuk mund të krijohet kur askush nuk vepron vullnetarisht.

4. Asnjë helm vdekjeprurës nuk do t'ju dëmtojë

Shenja e katërt që do t'i shoqërojë ata që kanë besuar është se kur të pinë helm vdekjeprurës, ai nuk do t'u bëjë dëm fare atyre. Çfarë do të thotë kjo me saktësi?

Te Veprat 28:1-6 kemi një ngjarje ku apostulli Pal u kafshua nga një gjarpër në ishullin e Maltës. Ishullorët priten që ai të fryhej apo të binte menjëherë i vdekur, (vargu 6) por ai nuk pësoi asgjë. Pasi priten për një kohë të gjatë dhe panë se asgjë e pazakontë nuk po i ndodhte Palit, banorët e ishullit ndryshuan mendjen dhe thanë se Pali ishte perëndi (v. 6). Pali kishte besim aq të përsosur sa që edhe helmi i gjarprit nuk mund ta dëmtonte.

Edhe nëse një gjarpër të kafshon

Njerëzit me besim të përsosur nuk mund të sëmuren apo të

infektohen nga mikrobe, viruse apo nga ndonjë helm edhe nëse konsumojnë diçka rastësisht, sepse Perëndia e djeg helmin me zjarrin e Frymës së Shenjtë.

Mirëpo, nëse e pinë me qëllim ata nuk mund të mbrohen, sepse kjo do të thotë se ata po vënë Perëndinë në provë. Ai nuk pranon që askush ta vërë në provë përveçse për të dhjetën. Megjithatë, ti mund të hash ushqime që ishin helmuar qëllimisht për të të dëmtuar.

Një person mund t'i japë një gruaje pije me drogë për ta tunduar atë ose dikujt tjetër medikament gjumi për ta rrëmbyer apo për të vjedhur para prej tij. Edhe në këto raste, dikush me besim të përsosur do të mbrohej dhe nuk do të dëmtohej sepse këto helme do të neutralizohen nëpërmjet zjarrit të Frymës së Shenjtë.

Zjarri i Frymës së Shenjtë djeg çdo lloj helmi

Nga fundi i vitit të tretë të seminarit teologjik, ndjeva një dhimbje të fortë në stomak pasi kisha konsumuar një pije ndërsa isha duke u përgatitur për takimin tim të parë të rizgjimit. U ndjeva i çliruar pasi u luta duke vënë duart mbi stomak dhe u shkarkova nëpërmjet diarresë. Nuk e dija, deri ditën tjetër, që pija përmbante lëndë helmuese.

Njëherë qëndrova ne Provincën Çungçang, Xhokiuon për t'u lutur. Aty pranë meje ndodhej një universitet ku kishte demonstrata të studenteve dhe ku policët po përdornin gaz lotsjellës për të shpërndarë turmën. Edhe kur njerëzit përreth meje kishin probleme me frymëmarrjen, unë vetë nuk kisha asnjë vështirësi të tillë.

Në kohët e hershme të shërbesës, familja ime jetonte në bodrumin e ndërtesës së kishës. Në atë kohë, koreanët përdornin briketa për ngrohje. Familja ime vuante shumë për shkak të monoksidit të karbonit, sidomos gjatë ditëve me re për shkak të mungesës së qarkullimit të ajrit. Përsëri, unë asnjëherë nuk vuajta nga gazi helmues. Fryma e Shenjtë menjëherë shuan çdo lloj lënde helmuese edhe nëse ky helm hyn te dikush që ka besim të pëlqyer te Perëndia, ndërsa Fryma e Shenjtë në plotësinë e Tij lëviz brenda dhe përreth trupit të personit.

5. Të sëmurët shërohen kur vini duart tuaja mbi ta

Shenja e pestë që do t'i shoqërojë ata që kanë besuar është se kur ata i vendosin duart e tyre mbi të sëmurët, të sëmurët shërohen. Nëpërmjet hirit të Perëndisë, kjo shenjë më ka shoqëruar përpara se të filloja shërbesën time. Pas themelimit të kishës sime, njerëz të panumërt janë shëruar dhe kanë përlëvduar Perëndinë.

Në ditët tona, ngaqë s'mund t'i vë duart e mia mbi çdo anëtar të kishës sime, unë lutem për të sëmurët nga katedra. Shumë të sëmurë janë shëruar kështu dhe gjymtyrët e tyre janë rregulluar nëpërmjet lutjes.

Gjatë takimit të përvitshëm Dyjavor të Rizgjimit që mbahej çdo maj deri në vitin 2004, u shëruan një sërë sëmundjesh të ndryshme si leukemia, paraliza, deri te kanceri. Të verbrit kanë parë, të shurdhrit kanë dëgjuar dhe sakatet kanë ecur. Nëpërmjet këtyre veprave të mrekullueshme të Perëndisë, një numër i madh njerëzish kanë takuar Perëndinë e gjallë.

Por pse kemi akoma njerëz që nuk mund të marrin përgjigje në mes të punës së zjarrit të Frymës së Shenjtë, që djeg mikrobe, shëron të sëmuret dhe gjymtyrët?

Së pari, duhet të mbajmë mend se nëse dikush merr lutje duke mos pasur besim, ai nuk mund të shërohet. Ai nuk mund të marrë përgjigje nëse nuk ka besim, sepse Perëndia punon sipas masës së besimit të çdo individi. Së dyti, dikush nuk mund të shërohet, edhe nëse ka besim, kur mes tij dhe Perëndisë ndodhet muri i mëkatit. Në këtë rast, ai mund të shërohet kur pranon lutjen vetëm pasi të jetë penduar për mëkatin e tij dhe kthehet te Perëndia.

Ka dhe një gjë tjetër që ti duhet të dish: edhe nëse dikush e shëron një të sëmurë me anë të lutjes, ti nuk mund ta konsiderosh sikur të ketë zotëruar nivelin e pestë të besimit. Ti je në gjendje të shërosh njerëz nëse ke dhuntinë e shërimit edhe nëse ndodhesh në nivelin e tretë të besimit.

Për më tepër, dikush në nivelin e dytë të besimit shpesh shëron njerëz nëpërmjet lutjes kur ai është i mbushur me Frymën e Shenjtë, sepse ai mund të hyjë në nivelin e pestë të besimit për një kohë të shkurtër. Përveç kësaj, lutja e një të drejti ose lutja e dashurisë është shumë e fuqishme dhe efektive për manifestimin e veprës së Perëndisë (Jakobi 5:16).

Në të njëjtën kohë, raste të tilla kanë limite. Sëmundjet e shkaktuara nga mikrobet apo viruset si sëmundje të lehta, kanceri dhe tuberkulozi mund të shërohen por nuk mund të kryhen vepra të mëdha të Perëndisë si ecja te sakati apo shikimi te i verbri.

Edhe nëse demonët dëbohen me anë të lutjes së dashurisë apo me anë të dhuntisë së shërimit, ka gjasa që demonët të rikthehen pas një kohe. Por kur dikush në nivelin e pestë të besimit dëbon demonë, ata nuk mund të kthehen.

Sipas kësaj, mund të thuhet që je në nivelin e pestë të besimit vetëm kur je në gjendje të shfaqësh plotësisht këto pesë shenja së bashku. Për më tepër, ti mund të shfaqësh më shumë autoritet, fuqi dhe dhunti të Frymës së Shenjtë nëse ndodhesh në këtë etapë.

Në kohët e sotme ku shumë njerëz janë njollosur tërësisht me ligësi dhe mëkat, ata mund të kenë besim vetëm kur shikojnë më shumë shenja dhe mrekulli të fuqishme sesa njerëzit në kohën e Jezusit.

Për këtë arsye Perëndia dëshiron që fëmijët e Tij jo vetëm të kenë besim të plotë dhe frymëror, por të shfaqin gjithashtu shenja që shoqërojnë ata që kanë besuar me qëllim që të çojnë njerëz të panumërt drejt rrugës së shpëtimit.

Ti duhet të përpiqesh të marrësh forcë, autoritet dhe fuqi duke ditur se je në gjendje të bësh atë që bëri Jezusi, madje edhe më shumë sesa veprat e Tij, nëse ti ke besimin e Krishtit që i pëlqen Perëndisë.

Shpresoj që të arrirësh këtë lloj besimi që të përhapësh mbretërinë e Perëndisë dhe të përmbushësh drejtësinë e Tij sa më shpejtë dhe të shkëlqesh përgjithmonë në qiell si dielli. Në emrin e Jezus Krishtit, lutem.

Kapitulli 10

Kurora dhe banesa të ndryshme qiellore

1
Parajsa e zotëruar vetëm me anë të besimit
2
Mbretëria e qiejve ka pësuar dhunë
3
Kurora dhe banesa të ndryshme qiellore

"Zemra juaj mos u trondittë; besoni në Perëndi dhe besoni edhe në mua! Në shtëpinë e Atit tim ka shumë banesa; përndryshe do t'ju thoja. Unë po shkoj t'ju përgatis një vend. Dhe kur të shkoj e t'ju përgatis vendin, do të kthehem dhe do t'ju marr pranë meje, që aty ku jam unë, të jeni edhe ju"
(Gjoni 14:1-3).

Për një atlet olimpik, fitorja e një medaljeje ari duhet të jetë një moment i thellë prekës. Ai nuk mund ta fitojë rastësisht medaljen, por pas një periudhe të vështirë trajnimi për përmirësimin e aftësive, duke e privuar veten nga hobit ose ushqimet e tij të preferuara. Ai mund ta durojë gjithë këtë vështirësi sepse ka një dëshirë të fortë për të fituar medaljen e arit, duke ditur që këto përpjekje do të shpërblehen.

E njëjta gjë ndodh edhe me ne të krishterët. Në garën frymërore për mbretërinë e qiellit, ne duhet të luftojmë luftën e mirë të besimit, t'i mundojmë trupat tanë dhe t'i skllavërojmë ata për të dalë si fitimtarë të çmimit final. Njerëzit në këtë botë bëjnë çdo përpjekje për të marrë çmime dhe lavdi botërore. Atëherë, çfarë duhet të bësh ti për të marrë çmime dhe lavdi në mbretërinë e përjetshme qiellore?

Në Bibël, 1 Korintasve 9:24-25 lexojmë, *"A nuk e dini se ata që vrapojnë në pistë, vërtetë vrapojnë të gjithë, por vetëm një e fiton çmimin? Vraponi në mënyrë që ta merrni. Dhe kushdo që merr pjesë në garë kontrollon veten në të gjitha; dhe ata e bëjnë këtë për të marrë një kurorë që prishet, kurse ne për një kurorë që nuk prishet."*

Ky pasazh na inkurajon për të pasur vetëkontroll në gjithçka dhe për të vrapuar pa u ndalur duke pasur këtë mall për lavdinë që do të gëzojmë shumë shpejt.

Le të analizojmë me hollësi se si mund të zotërosh mbretërinë e lavdishme të qiejve dhe si mund të arrish të kesh një vend më të mirë qiellor brenda parajsës.

1. Parajsa e zotëruar vetëm me anë të besimit

Ka shumë njerëz të cilët edhe pse kanë ndershmëri dhe fuqi, pasuri, shëndet, mirëqenie dhe njohuri të mëdha, nuk e dinë prejardhjen e njeriut, për çfarë ai jeton dhe ku do të shkojë. Ata thjeshtë mendojnë se që nga lindja, njerëzit hanë, pinë, shkojnë në shkollë, punojnë, martohen dhe jetojnë derisa kthehen në një grusht pluhuri pas vdekjes.

Por, njerëzit e Perëndisë që kanë pranuar Jezus Krishtin nuk mendojnë në këtë mënyrë. Ata e dinë se Ati i tyre i vërtetë që u jep jetë është Perëndia, pasi ata besojnë se Ai krijoi njeriun e parë Adamin dhe e lejoi atë të ketë pasardhës duke i dhënë farën e jetës. Për më tepër, ata jetojnë për të lavdëruar Perëndinë edhe nëse hanë, pinë ose nëse bëjnë ndonjë gjë tjetër, sepse e dinë pse Perëndia i krijoi njerëzit dhe i lejoi të jetojnë në këtë botë. Ata jetojnë sipas vullnetit të Perëndisë sepse dinë si të shpëtohen, të shkojnë në mbretërinë e qiejve dhe të kenë jetë të përjetshme, ose se si mund të ndëshkohen në zjarrin e përjetshëm të ferrit.

Ata që mund të kenë besim janë fëmijët e Perëndisë me qytetëri qiellore. Ai do që ata të kenë njohuri të mira për mbretërinë e qiejve dhe të jenë të tejmbushur me shpresë për shtëpitë e tyre atje, pasi sa më shumë të kenë njohuri të qartë rreth mbretërisë së qiejve, aq zell mund të jetojnë me anë të besimit në këtë jetë.

Ti mund të zotërosh qiellin vetëm me anë të besimit dhe

kështu vetëm ata të cilët janë të shpëtuar me anë të besimit do të përfundojnë atje. Edhe nëse ke një sasi të konsiderueshme parash dhe të gjithë nderin e fuqinë, ti nuk mund të shkosh atje me fuqinë tënde. Vetëm ata që kanë të drejtën të jenë fëmijë të Perëndisë duke pranuar Jezus Krishtin dhe jetojnë me anë të Fjalës së Tij, mund të shkojnë në parajsë e të gëzojnë bekimet dhe jetën e përjetshme.

Shpëtimi në kohën e Dhiatës së Vjetër

A do të thotë kjo që ata të cilët nuk dinë asgjë për Jezus Krishtin nuk mund të jenë të shpëtuar? Jo. Duke qenë se koha e Dhiatës së Vjetër ishte koha e Ligjit, njerëzit e merrnin shpëtimin duke u bazuar te jeta e tyre: nëse jetonin apo nuk jetonin sipas Ligjit, fjalës së Perëndisë. Gjithsesi, në kohën e Dhiatës se Re, pasi erdhi Gjon Pagëzori në këtë botë dhe dëshmoi Jezus Krishtin, njerëzit u shpëtuan nëpërmjet besimit në Jezus Krishtin.

Edhe në kohën tonë mund të ketë disa njerëz të cilët nuk e kanë pranuar Jezus Krishtin pasi nuk kanë pasur akoma mundësinë të dëgjojnë për Të. Njerëz të tillë do të gjykohen sipas ndërgjegjes së tyre (për më shumë rreth kësaj pike, referoju librit *Mesazhi i Kryqit*). Në ditët e sotme, shumë njerëz duken sikur e keqinterpretojnë vullnetin e Perëndisë në lidhje me shpëtimin. Ata mund të mendojnë gabimisht se mund të shpëtohen vetëm nëse shpallin besimin e tyre me fjalë, duke thënë, "Unë besoj në Jezus Krishtin si Shpëtimtarin tim," sepse në kohen e Dhiatës së Re, Perëndia u jep atyre hirin e shpëtimit nëpërmjet Jezus Krishtit. Këta njerëz mendojnë që nuk është e nevojshme që të përpiqen të jetojnë sipas Fjalës dhe se të mëkatosh nuk është vërtet ndonjë problem i madh, por kjo është plotësisht e gabuar.

Atëherë çfarë do të thotë me të vërtetë të shpëtohesh nëpërmjet veprave në kohën e Dhiatës e Vjetër apo nëpërmjet besimit në kohën e Dhiatës të Re?

Jezusi nuk erdhi në këtë botë për të shpëtuar ata që nuk jetojnë sipas fjalës së Perëndisë, Ai erdhi për t'i drejtuar njerëzit të jetonin sipas fjalës së Perëndisë e jo vetëm me veprat e tyre, por edhe me zemrat e tyre.

Prandaj, Jezusi thotë te Mateu 5:17, *"Mos mendoni se unë erdha për të shfuqizuar ligjin ose profetët; unë nuk erdha për t'i shfuqizuar, po për t'i plotësuar."* Ai gjithashtu na kujton se nëse ndonjë mëkaton në zemrën e tij, ai konsiderohet sikur e ka kryer mëkatin, *"Ju keni dëgjuar se të lashtëve u që thënë: 'Mos shkel kurorën.' Por unë po ju them se kushdo që shikon një grua për ta dëshiruar, ka shkelur kurorën me të në zemrën e vet"* (Mateu 5:27-28).

Shpëtimi në kohën e Dhiatës së Re

Gjatë kohës së Dhiatës së Vjetër, edhe nëse ndokush kryente shkelje të kurorës në zemrën e tij, ai nuk konsiderohej sikur kishte mëkatuar, por vetëm nëse ai kishte mëkatuar me vepra. Vetëm kur ai kryente shkelje të kurorës me vepra konsiderohej si mëkatar. Si rezultat, vetëm kur ai kryente shkelje të kurorës me vepra, ai dënohej me gurë për vdekje (Ligji i Përtërirë 22:21-24). Në mënyrë të ngjashme, në kohën e Dhiatës së Vjetër, nëse dikush ishte i keq dhe i lig në zemrën e tij, të mendonte të vriste dikë ose të vidhte diçka në zemrën e tij por që nuk e shfaqte me aq ngulm në vepra, ai mund të shpëtohej sepse nuk gjendej fajtor ndaj mëkatit.

Atëherë, le të shikojmë tek 1 Gjonit 3:15 për të kuptuar se çfarë do të thotë të shpëtohesh nëpërmjet besimit në kohën e Dhiatës se Re, *"Kushdo që urren vëllanë e vet është vrasës; dhe ju e dini se asnjë vrasës nuk ka jetë të përjetshme të qëndrueshme në vete."*

Në kohën e Dhiatës së Re, edhe nëse nuk mëkatonte me vepra, një person nuk mund të shpëtohej nëse mëkatonte në zemrën e tij, sepse kjo është njësoj sikur të mëkatonte në vepër.

Prandaj, në kohën e Dhiatës së Re, nëse ndokush ka qëllim të vjedhë, ai tashmë është hajdut, nëse ndokush shikon një grua për ta dëshiruar ai tashmë është shkelës kurore, dhe nëse ndokush urren vëllanë dhe ka si qëllim ta vrasë atë, ai nuk është më i mirë sesa një vrasës. Duke ditur këtë qartë, ti duhet të marrësh shpëtimin duke i treguar Perëndisë besimin tënd me vepra, pa mëkatuar në zemrën tënde.

Largo veprat dhe dëshirat e natyrës mëkatare

Në Bibël, shpesh mund të gjesh terma si, "natyra mëkatarë," "mishi," "gjërat e mishit," "veprat e mishit," "trupi i mëkatit," etj. Megjithatë, është shumë e vështirë të gjesh dikë i cili njeh kuptimin e vërtetë të këtyre termave, madje edhe midis besimtarëve.

Sipas një fjalori, nuk ka ndonjë ndryshim në kuptimin midis "mishit" dhe "trupit," por sipas Biblës, ato kanë kuptime të ndryshme shpirtërore. Për të kuptuar domethënien shpirtërore të këtyre termave, ti duhet të dish së pari procesin përmes të cilit mëkati erdhi tek njeriu.

Njeriu i parë si qenie e gjallë ishte një person frymëror pa ndonjë të pavërtetë, sepse Perëndia e kishte mësuar atë vetëm sipas njohurisë së jetës. Vdekja erdhi mbi të kur ai pranoi mëkatin e mosbindjes duke marrë nga fryti i pemës së njohjes së mirës e së keqes, pasi ai nuk e mbajti urdhërimin e Perëndisë në mendjen e tij (Romakët 6:23).

Kështu, vdiq shpirti i tij që kishte luajtur rolin e padronit në të, dhe Adami nuk mund të komunikonte më me Perëndinë. Për më tepër, ai si krijesë duhet të kishte frikë Perëndinë Krijues dhe të zbatonte urdhërimet e Tij, por ai madje as që mundi të zbatonte detyrën e plotë të një burri të tillë. Ai u përzu jashtë kopshtit të Edenit dhe iu desh të jetonte në botë, të kalonte përmes lotëve, pikëllimeve, vuajtjeve, sëmundjeve dhe vdekjes. Ai dhe pasardhësit e tij kryen mëkate ndërsa brez pas brezi u bënë gradualisht të ligë.

Në këtë proces duke u njollosur me mëkat, kur dituria e jetës e dhënë fillimisht nga Perëndia largohet nga njeriu, ne e quajmë këtë gjendje "trup," dhe kur atributet e mëkatit janë kombinuar me këtë "trup," ne e quajmë "mish."

Prandaj, "mishi" është një term i përgjithshëm që i referohet të padukshmes, përveç atributeve të fshehura në zemrën e dikujt, të cilat janë në gjendje të zbulohen në sjellje, edhe nëse dikush nuk i zbaton ato me të vërtetë. Për më shumë, kur ne e ndajmë dhe e kategorizojmë mishin sipas cilësish të detajuara, ne i quajmë ato "dëshira të mishit."

Për shembull karakteristika të tilla si lakmia, xhelozia, dhe urrejtja, janë të padukshme por mund të paraqitën nëpërmjet veprave në çdo moment për sa kohë që ato qëndrojnë në zemrat tona. Prandaj Perëndia i konsideron edhe ato si mëkate.

Në këtë mënyrë, nëse ti nuk i largon këto dëshira të mishit, ato zbulohen me anë të sjelljes, dhe kur dëshirat e mishit zbulohen në këtë mënyrë, ne i quajmë ato "vepra të mishit." Në të kundërt, kur veprimet e detajuara të natyrës mëkatare vihen së bashku, ato quhen "mish."

Me fjalë të tjera, kur ne e ndajmë mishin në veprime të detajuara, ne i quajmë ato "vepra të mishit." Nëse ti ke ndërmend të godasësh dikë, kjo lloj zemre i përket "dëshirave të mishit," dhe nëse ti në të vërtetë e godet këtë person, kjo është "vepër e mishit."

Cili është kuptimi frymëror i "mishit" siç përkufizohet te Zbulesa 6:3?

> *"Dhe Zoti tha: Fryma im nuk do të hahet gjithnjë me njeriun, sepse në shthurjen e tij ai nuk është veçse mish."*

Ky varg na kujton se Perëndia nuk dëshiron të jetë përgjithmonë me njerëzit që nuk jetojnë sipas Fjalës së Tij dhe që kryejnë mëkate e bëhen "mish."

Mirëpo, Bibla na thotë, se në të gjitha kohërat, Perëndia ishte me njerëz frymërorë siç ishte Abrahami, Moisiu, Elia, Noeu dhe Danieli, të cilët kërkuan vetëm të vërtetën dhe jetuan sipas Fjalës së Perëndisë. Prandaj, duke ditur se njerëzit mishërorë të cilët nuk jetojnë sipas Fjalës së Perëndisë nuk mund të shpëtohen, ti duhet të përpiqesh të largosh nga vetja, jo vetëm veprat e mishit, por edhe dëshirat e mishit.

Njeriu i mishit nuk do të trashëgojë mbretërinë e Perëndisë

Meqë Perëndia është dashuri, Ai na jep të drejtën të jemi fëmijët e Tij, dhe Frymën e Shenjtë si dhuratë për ata që kuptojnë se janë mëkatarë, që pendohen për mëkatet e tyre dhe pranojnë Jezus Krishtin si Shpëtimtar. Kur ti merr Frymën e Shenjtë si dhuratë dhe shpirti yt rilind nëpërmjet Frymës së Shenjtë, shpirti yt i vdekur rigjallërohet.

Kështuqë, ti je në gjendje të marrësh shpëtimin dhe të kesh jetë të përjetshme, sepse ti nuk je më njeri i mishit, por njeri i frymës. Megjithatë, nëse vazhdon të jetosh në veprat mishit, ti nuk do të je i shpëtuar sepse Perëndia nuk do të jetë me ty.

Veprat e mishit përcaktohen me hollësi tek Galatasve 5:19-21,

> *"Dhe veprat e mishit janë të zbuluar dhe janë: kuroreshkelja, kurvëria, ndyrësia, shthurja, idhujtaria, magjia, armiqësimi, grindjet, xhelozitë, mëritë, zënkat, përçarjet, tarafet, smira, vrasjet, të dehurit, grykësia dhe gjëra të ngjashme me këto, për të cilat po ju paralajmëroj, si kurse ju thashë edhe më parë, se ata që i bëjnë këto gjëra nuk do të trashëgojnë mbretërinë e Perëndisë."*

Jezusi gjithashtu na thotë te Mateu 7:21, *"Jo çdo njeri që më thotë: 'Zot, Zot' do të hyjë në mbretërinë e qiejve; por do të hyjë ai që kryen vullnetin e Atit tim që është në qiej."* Duke na thënë herë pas here në Bibël që i padrejti i cili nuk jeton sipas vullnetit të Tij por kryen veprat e mishit nuk mund të hyjë në parajsë, Perëndia dëshiron që të gjithë të marrin shpëtimin vetëm me anë të besimit dhe të arrijnë parajsën.

Nëse dëshiron të marrësh shpëtimin me anë të besimit

Te Romakët 10:9-10 lexojmë, *"Sepse, po të rrëfesh me gojën tënde Zotin Jezus, dhe po të besosh në zemrën tënde se Perëndia e ngjalli prej së vdekurish, do të shpëtohesh. Sepse me zemër, njeriu beson në drejtësi dhe me gojë bëhet rrëfim për shpëtim."*

Lloji i besimit që dëshiron Perëndia është ai me të cilin ti beson me zemrën tënde dhe rrëfen me gojën tënde. Me fjalë të tjera, nëse me të vërtetë beson në zemrën tënde që Jezusi u bë Shpëtimtari yt duke u ringjallur ditën e tretë pas kryqëzimit të Tij, ti shfajësohesh duke i larguar mëkatet dhe duke jetuar sipas Fjalës së Tij. Kur rrëfen me gojën tënde dhe jeton në këtë mënyrë sipas vullnetit të Tij, ti mund të shpëtohesh sepse rrëfimi yt është i vërtetë.

Te Romakët 2:13 shkruan, *"Sepse jo ata që dëgjojnë ligjin janë të drejtë para Perëndisë, por ata që e zbatojnë ligjin do të shfajësohen."* Shkrimet gjithashtu na thonë te Jakobi 2:26, *"Sepse, sikurse trupi pa frymën është i vdekur, ashtu edhe besimi, pa vepra, është i vdekur."*

Ti mund ta tregosh besimin tënd me vepra vetëm atëherë kur beson fjalën e Perëndisë, jo kur e ruan si njohuri. Kur dituria mbillet në zemrën tënde, më pas do të vijojnë veprimet.

Prandaj, nëse më parë ke urryer, ti mund të transformohesh në një person që i do të tjerët. Nëse ti ke qene hajdut, ti mund të transformohesh në një person që më nuk vjedh. Nëse ti akoma jeton në errësirë me dashurinë për botën dhe rrëfen besimin tënd vetëm me gojë, besimi yt është i vdekur sepse nuk ka të bëjë fare me shpëtimin.

Gjithashtu te 1 Gjonit 1:7 shkruan, *"Por, po të ecim në dritë, sikurse Ai është në dritë, kemi bashkësi njeri me tjetrin, dhe gjaku i Jezus Krishtit, Birit të tij, na pastron nga çdo mëkat."*

Kur e vërteta është në ty, ti ecën natyrshëm në dritë sepse jeton sipas së vërtetës. Ti bëhesh i drejtë, në sajë të besimit në zemrën tënde, ndërsa ti del jashtë errësirës dhe shkon në dritë duke larguar tutje mëkatet. Në të kundërtën, ti gënjen Perëndinë nëse ti vazhdon të jetosh në errësirë duke kryer mëkate dhe ligësi. Në këtë mënyrë ti duhet të fitosh shpejt besimin të shoqëruar me vepra.

Ti duhet të ecësh në dritë

Perëndia na urdhëron të luftojmë kundër mëkatit deri në pikën e derdhjes së gjakut tonë (Hebrenjve 12:4), sepse Ai dëshiron që ne të jemi të përsosur ashtu siç Ai është i përsosur (Mateu 5:48), dhe të shenjtë ashtu siç Ai është i shenjtë (1 Pjetrit 1:16).

Në kohën e Dhiatës së Vjetër, njerëzit shpëtoheshin vetëm nëse veprat e tyre ishin të përsosura; atyre nuk u duhej të hidhnin tutje mëkatet në zemrat e tyre sepse ishte e pamundur për njerëzit si qenie njerëzore të çlironin vetveten nga mëkatet nëpërmjet fuqisë së tyre.

Nëse mund të largosh tutje mëkatet e tua, Jezusi nuk kishte pse të vinte në mish. Mirëpo, Jezusi u kryqëzua për shkak se ti vetë nuk mund ta zgjidhesh problemin e mëkatit e as të shpëtohesh, dhe Ai i jep çdokujt që beson Frymën e Shenjtë si dhuratë që e drejton atë person te shpëtimi.

Në këtë mënyrë, ti mund të largosh tutje çdo lloj ligësie me ndihmën e Frymës së Shenjtë, kur Ai vjen në zemrën tënde, të bën të vetëdijshëm ndaj mëkatit, drejtësisë dhe gjykimit.

Prandaj, ti nuk duhet të kënaqesh vetëm që ke pranuar Jezus Krishtin, por lutu me zjarr, hidh tutje çdo lloj ligësie dhe ec në dritë me ndihmën e Frymës së Shenjtë derisa ti të jesh në gjendje të marrësh pjesë në natyrën hyjnore.

E vetmja mënyrë për të zotëruar parajsën është të kesh besim frymëror të shoqëruar me vepra ashtu siç e gjejmë tek Mateu 7:21, *"Jo çdo njeri që më thotë: 'Zot, Zot' do të hyjë në mbretërinë e qiejve; por do të hyjë ai që kryen vullnetin e Atit tim që është në qiej."* Ti duhet të bësh gjithashtu çdo përpjekje derisa të arrish masën e besimit të Atit, sepse banesa në vendet qiellore do të përcaktohet nga masa e besimit të çdo personi.

Shpresoj që të marrësh pjesë në natyrën hyjnore dhe të zotërosh Jerusalemin e Ri në të cilin është i vendosur froni i Perëndisë.

2. Mbretëria e qiejve ka pësuar dhunë

Perëndia na lë të korrim atë që mbjellim dhe na shpërblen sipas veprave tona sepse Ai është i drejtë. Kështu që edhe në parajsë çdo njeri shpërblehet ndryshe në banesën qiellore në bazë të masës së besimit të tij dhe shpërblim i ndryshëm i jepet çdo personi, aq sa ai shërben dhe e përkushton jetën e tij për mbretërinë e Perëndisë. Perëndia, i cili madje sakrifikoi pa e kursyer Birin e Tij të vetëm për të na dhënë parajsën dhe jetën e përjetshme, pret me padurim që fëmijët e Tij të hyjnë dhe të jetojnë përjetë me Të në vendet me të mira qiellore brenda parajsës, Jerusalemit të Ri.

Gjatë gjithë historisë së botës, kombet e forta në përgjithësi kanë luftuar kundër kombeve relativisht të pafuqishme dhe kanë zgjeruar territoret e tyre. Për të pushtuar territorin e kombit tjetër, një komb duhet të pushtonte atë komb dhe ta mundte në luftë.

Në të njëjtën mënyrë, nëse ti je fëmijë i Perëndisë me qytetari qiellore, ti duhet të përparosh drejt parajsës me shpresë të zjarrtë, sepse ti e di këtë shumë mirë. Disa mund të mrekullohen duke menduar se si kemi guxim të përparojmë drejt parajsës, e cila është mbretëria e Perëndisë së plotfuqishëm. Prandaj, ne duhet së pari të kuptojmë domethënien frymërore të shprehjes "mbretëria e qiejve pëson dhunë" dhe se si mund ta marrim atë me forcë.

Nga ditët e Gjon Pagëzorit

Jezusi na thotë tek Mateu 11:12, *"Dhe qysh nga ditët e Gjon Pagëzorit e deri tash mbretëria e qiejve po pëson dhunë dhe të dhunshmit e grabitën."* Periudha e ditëve para Gjon Pagëzorit u referohej ditëve të Ligjit, gjatë të cilave njerëzit shpëtoheshin me anë të veprave të tyre.

Dhiata e Vjetër është hija e Dhiatës se Re; profetët profetizuan rreth Mesisë dhe i kanë informuar njerëzit rreth Jehovës. Megjithatë, që nga ditët e Gjon Pagëzorit, me mbylljen profecive të Dhiatës së Vjetër u hap era e re e Dhiatës së Re, i quajtur Premtimi i Ri.

Shpëtimtari ynë Jezusi u shfaq në periudhën e historisë se njerëzimit jo si një hije por si Vetë Qenia. Gjon Pagëzori filloi të dëshmonte për Jezusin i cili erdhi në këtë rrugë. Që atëherë, ka filluar era e hirit gjatë të cilës çdokush mund të marrë shpëtimin duke pranuar Jezusin si Shpëtimtarin e tij dhe më pas pranon Frymën e Shenjtë.

Çdokush që mund të pranojë Jezus Krishtin dhe beson në emrin e Tij merr të drejtën për t'u bërë fëmijë i Perëndisë dhe të hyjë në parajsë. Megjithatë, Perëndia e ka ndarë parajsën në disa banesa dhe lejon secilin prej fëmijëve të Tij ta zotërojë në bazë të masës së besimit të tij ose të saj sepse Perëndia është i drejtë dhe shpërblen çdo individ sipas asaj çfarë ka bërë ai ose ajo. Për më tepër, vetëm ata që janë plotësisht të shenjtëruar duke jetuar sipas Fjalës, dhe kanë përfunduar në mënyrë të përkryer misionin e tyre mund të hyjnë në Jerusalemin e Ri në të cilin ndodhet froni i Perëndisë.

Prandaj, ti duhet të tregohesh i fortë që të arrish vendin më të mirë qiellor brenda parajsës, sepse ti do të kesh një vend të ndryshëm banimi sipas masës së besimit tënd edhe pse vetë hyrja për në parajsë arrihet me anë të besimit.

Nga ditët e Gjon Pagëzorit në ardhjen e dytë të Zotit tonë mbi re, kushdo që përparon në drejtim të parajsës do ta zotërojë atë. Jezus na thotë te Gjoni 14:6, *"Unë jam udha, e vërteta dhe jeta; askush nuk vjen tek Ati përveçse nëpërmjet meje."*

Perëndia na thotë ne që askush nuk vjen tek Ati përveçse nëpërmjet Jezusit sepse Ai është udha që të çon në qiell, vetë e vërteta dhe jeta. Për këtë arsye, Ai erdhi në botë, duke shpallur Perëndinë që ne të mund ta kuptojmë Atë më qartë, dhe na mësoi ne Vetën, se si mund të shkojmë në parajsë duke u bërë model tek ne.

Parajsa është e ndarë në disa banesa

Parajsa është mbretëria e Perëndisë ku do të jetojnë përgjithmonë fëmijët e tij të shpëtuar. Ndryshe nga kjo botë, ajo është mbretëria e paqes pa ndryshime dhe korruptim. Është plot me gëzim e lumturi, pa sëmundje, pikëllim, dhimbje a vdekje, sepse armiku Satan dhe mëkati nuk janë aty.

Edhe nëse përpiqemi të imagjinojmë se si mund të jetë parajsa, ti do të jesh plotësisht i habitur dhe i çuditur kur të shikosh bukurinë e vërtetë të parajsës dhe shkëlqimin e saj. Sa të mrekullueshme Perëndia i plotfuqishëm dhe Krijuesi i universit do ta ketë bërë parajsën, vendin ku do jetojnë përgjithmonë fëmijët e Tij. Nëse do ta analizosh Biblën me kujdes, do të gjesh se parajsa është e ndarë në shumë banesa.

Jezusi thotë te Gjoni 14:2, *"Në shtëpinë e Atit tim ka shumë banesa; përndryshe do t'ju thoja. Unë po shkoj t'ju përgatis një vend."* Edhe Nehemia gjithashtu përmend disa "qiej": *"Vetëm ti je Zoti! Ti ke bërë qiejt, qiejt e qiejve dhe tërë ushtrinë e tyre, dheun dhe tërë ato që qëndrojnë mbi të, detet dhe gjithçka që është në ta. Ti i mban gjallë tërë këto gjëra dhe ushtria e qiejve të adhuron"* (Nehemia 9:6).

Në kohët e lashta, njerëzit mendonin që kishte vetëm një qiell por në ditët e sotme me zhvillimin e shkencës, ne e dimë që ka hapësira të panumërta përveç hapësirës që mund të shikojmë me syrin tonë të lirë. Për çudinë tonë, Perëndia e ka përmendur këtë fakt në Bibël.

P.sh, mbreti Solomon rrëfeu që ka shumë qiej, *"Po a është e vërtetë që Perëndia banon mbi tokë? Ja, qiejt dhe qiejt e qiejve nuk mund të të nxënë dhe aq më pak ky tempull që kam ndërtuar!"* (1 Mbretërve 8:27) Apostulli Pal rrëfeu tek e 2 Korintasve 12:2-4 se u rrëmbye në parajsë në qiellin e tretë dhe tek Zbulesa 21 përshkruan Jerusalemin e Ri në të cilin ndodhet froni i Perëndisë.

Prandaj ti duhet të pranosh që parajsa nuk përbëhet vetëm nga një vendbanim, por nga shumë banesa. Unë do ta klasifikoj parajsën në disa vende në bazë të masës së besimit dhe do t'i quajmë ato: Parajsë, Mbretëria e Parë, Mbretëria e Dytë, Mbretëria e Tretë dhe Jerusalemi i Ri. Parajsa është për ata që kanë pak besim; Mbretëria e Parë është për ata të cilët kanë më shumë besim se ata në Parajsë; Mbretëria e dytë është për ata të cilët kanë më shumë besim se ata në Mbretërinë e Parë; Mbretëria e Tretë është për ata të cilët kanë më shumë besim se ata në Mbretërinë Dytë. Në Mbretërinë e Tretë është Fryma e Shenjtë e Jerusalemit të Ri ku ndodhet froni Perëndisë.

Mbretëria e qiejve pëson dhunë nga ata që kanë besim

Në Kore, ka disa ishuj siç janë Ul-Lung dhe Xhexhu, zona malore dhe bujqësore, qytete dhe vende të vogla e të mëdha, dhe zona metropolitane. Në kryeqytetin e Seulit, ndodhet rezidenca zyrtare e presidentit, Çeong Ua Dae.

Si komb, Koreja është e ndarë në shumë qarqe për qëllime lehtësuese administrative, po ashtu mbretëria e qiejve është e ndarë në banesa të ndryshme në bazë të një standardi të rreptë. Me fjalë të tjera, banesa jote përcaktohet nga niveli në të cilën ti ke jetuar sipas zemrës së Perëndisë.

Perëndia është shumë i kënaqur kur ti jeton me shpresën e parajsës, sepse është prova që ti ke besim dhe në të njëjtën kohë është rruga e shkurtër për të fituar betejën kundër Satanit dhe për t'u shenjtëruar duke hedhur me shpejtësi veprat dhe dëshirat e mishit.

Pasi pranon Jezus Krishtin, ti e kupton që është e lehtë të çlirohesh nga veprat e mishit por nuk është aq e lehtë të braktisësh dëshirat e mishit, vetitë e mëkatit të rrënjosur në ty.

Prandaj ata që kanë besim të vërtetë vazhdimisht përpiqen të luten dhe të agjërojnë që të mund të bëhen fëmijë të shenjtë të Perëndisë përmes flakjes së dëshirave të mishit.

Parajsa fitohet vetëm me anë të besimit dhe çdo banesë është e përcaktuar në bazë të asaj që ka bërë dikush, sepse parajsa është vendi ku Perëndia sundon me drejtësi dhe dashuri. Me fjalë të tjera, banesa për atë të nivelit të parë të besimit është ndryshe nga banesa për atë të nivelit të dytë ose të tretë të besimit e kështu edhe për të katërtin. Sa më lart të jesh në nivelin tënd të besimit aq më e bukur do të jetë banesa në parajsë ku do të hysh.

Ti duhet të përparosh drejt parajsës

Nëse i përmbush kërkesat për të hyrë në parajsë, ti duhet të luftosh për të përparuar drejt Mbretërisë se Parë dhe për vende më të mira banimi brenda parajsës. Ndërsa përparon drejt parajsës, kundër kujt lufton ti? Është një betejë e vazhdueshme kundër djallit për të mbajtur fort besimin tënd në këtë botë dhe për të përparuar drejt portave të qiellit.

Armiku Satan bën çmos për t'i bërë njerëzit që të kundërshtojnë Perëndinë që ata të mos të hyjnë në qiell; i bën të dyshojnë që të mos kenë besim; dhe në fund i drejton drejt vdekjes duke i shtyrë për të mëkatuar. Për këtë arsye, ti duhet ta shkatërrosh djallin. Ti nuk do të hysh në një banesë më të mirë përveç nëse i përngjan Zotit duke luftuar kundër mëkatit deri në pikën e derdhjes së gjakut tënd.

Imagjino një boksier që duron çdo lloj stërvitje të vështirë për t'u bërë kampion bote. Boksieri e di që nëpërmjet kësaj stërvitje të vështirë ai mund të bëhet kampion bote dhe më pas mund t'i gëzohet nderit, shëndetit dhe mirëqenies. Megjithatë, ai duhet të kalojë përmes kësaj stërvitje të dhimbshme dhe të luftojë kundër vetes së tij derisa të fitojë titullin e kampionit.

Është e njëjta gjë duke mbajtur fort parajsën dhe duke përparuar në drejtim të saj. Ti duhet të luftosh për t'u bërë i shenjtë dhe për të flakur tutje çdo lloj ligësie dhe të përmbushësh të gjitha detyrat e dhëna nga Perëndia. Ti duhet të fitosh betejën frymërore për të zotëruar parajsën duke u lutur vazhdimisht edhe nëse armiku Satan vazhdimisht të pengon në betejën për të përparuar drejt mbretërisë qiellore.

Një gjë që ti duhet të dish është se lufta kundër djallit nuk është aq e vështirë. Çdokush që ka besim është në gjendje të fitojë betejën kundër armikut Satan sepse Perëndia e ndihmon dhe e drejton atë me ushtrinë e Tij qiellore, me engjëjt, dhe me Frymën e Shenjtë.

Ne duhet të mbajmë parajsën duke përparuar në drejtim të

saj dhe të arrijmë fitore me besim. Pasi fiton titullin e kampionit boksieri duhet të përpiqet ta mbajë titullin. Megjithatë, lufta për të hyrë në parajsë është lumturi dhe e këndshme sepse sa më shumë ti arrin fitore aq më e lehtë bëhet barra e mëkatit. Sa herë që fiton një betejë, ti je shumë i lumtur dhe beteja bëhet e lehtë ditë pas dite sepse çdo gjë shkon mirë me ty, dhe ti mund të gëzosh shëndet të mirë po aq sa edhe shpirti gëzon mbarësi.

Përveç kësaj, edhe nëse një boksier bëhet kampion bote dhe pranon nder, shëndet, dhe mbarësi, çdo gjë zhduket me vdekjen e tij. Kurse, lavdia dhe bekimet që ti merr pas betejës në përparimin drejt parajsës zgjasin përgjithmonë.

Për çfarë, atëherë, duhet të luftosh dhe të bësh më të mirën? Ti duhet të jesh një person i zgjuar i cili arrin parajsën më të mirë duke përparuar në drejtim të saj, në kërkim të jetës së përjetshme dhe jo të gjërave tokësore.

Nëse dëshiron të përparosh me besim drejt parajsës

Kur Jezusi shpjegon parajsën, Ai i mëson njerëzit përmes shëmbëlltyrave që përmbajnë gjëra tokësore kështu që njerëzit të mund t'i kuptojnë më mirë. Një për tyre është shëmbëlltyra e kokrrës së sinapit.

> *"Ai u propozoi atyre një shëmbëlltyre tjetër duke thënë: Mbretëria e qiejve i ngjan një kokrre sinapi, të cilën e merr një njeri dhe e mbjell në arën e vet. Ajo, pa dyshim, është më e vogla nga të gjitha farërat; por, kur rritet, është më e madhe se të gjitha barishtet, dhe bëhet një pemë, aq sa zogjtë e qiellit vijnë dhe gjejnë strehë në*

degët e saj" (Matëu 13:31-32).

Kur prek një copë letër me stilolaps, mbetet një pikë e vogël. Kokrra e sinapit është pothuajse sa madhësia e saj. Edhe kjo farë e vogël do të rritet e do të bëhet një pemë e madhe ku zogjtë e qiellit do të vijnë dhe do të gjejnë strehë. Jezusi e përdor këtë shëmbëlltyrë për të treguar procesin e rritjes së besimit; edhe nëse tani besimi yt është i vogël, ti mund ta kthesh atë në një besim të madh.

Te Mateu 17:20, Jezusi na thotë, *"Dhe Jezusi u tha atyre: Prej mosbesimit tuaj; sepse në të vërtetë, unë po ju them, se po të keni besim sa një kokërr sinapi, do t'i thoni këtij mali: 'Zhvendosu nga këtu atje,' dhe ai do të zhvendoset; dhe asgjë nuk do të jetë e pamundshme për ju."* Në përgjigje të kërkesës së dishepujve të Tij *"Na e shto besimin,"* Jezusi përgjigjet te Luka 17:6, *"Po të kishit besim sa një kokërr sinapi, do të mund t'i thonit këtij mani: 'Shkulu me gjithë rrënjë dhe mbillu në det,' dhe ai do t'ju bindej."*

Ti mund të mendosh si mund të lëvizësh një pemë ose një mal duke e urdhëruar me besimin e madhësisë së kokrrës së sinapit. Megjithatë, madje edhe shkronja më e vogël apo edhe një pikë, në asnjë mënyrë nuk do të hiqet nga fjala e Perëndisë.

Atëherë, cili është kuptimi frymëror i këtyre vargjeve? Kur ti pranon Jezusin dhe Frymën e Shenjtë, të jepet besim sa një kokërr sinapi. Ky besim i vogël do të mbijë dhe do të rritet kur ti ta mbjellësh në fushën e zemrës tënde. Kur besimi të rritet e të bëhet i madh, ti mund të lëvizësh një mal thjesht duke e urdhëruar atë dhe do të manifestosh veprat e fuqishme të Perëndisë duke bërë të verbrin të shohë, të shurdhrin të dëgjojë, memecin të flasë dhe të vdekurin të ngjallet.

Nuk është e drejtë që të mendosh se ti nuk ke besim sepse ti nuk je në gjendje të tregosh veprat dhe fuqinë e Perëndisë ose sepse ke probleme në familjen tënde ose në biznes. Ti je duke ecur në rrugën e jetës së përjetshme duke marrë pjesë në kishë, lavdërime dhe lutje, sepse ti ke besim sa një kokërr sinapi. Ti thjeshtë nuk i përjeton veprat e fuqishme të Perëndisë sepse masa e besimit tënd është ende e vogël.

Për më tepër, besimi yt që është i vogël sa një kokërr sinapi duhet të rritet dhe të bëhet besim i madh sa të lëvizë një mal. Ashtu siç mbjell një farë rrushi dhe e kultivon atë ndërsa mbin, lulëzon dhe prodhon frytin e saj, në të njëjtën mënyrë edhe besimi yt rritet përmes një procesi të ngjashëm.

Ti duhet të zotërosh besim frymëror

Është e njëjta gjë me përparimin drejt mbretërisë qiellore. Ti nuk mund të hysh në Jerusalemin e Ri vetëm duke thënë "po, unë besoj." Ti duhet ta mbash atë, hap pas hapi, duke filluar nga Parajsa derisa në Jerusalemin e Ri. Për të arritur në Jerusalemin e Ri, ti duhet të dish qartë se si mund të mbërrish. Nëse nuk e di rrugën, ti nuk mund ta mbash atë fort dhe do të dështosh pavarësisht përpjekjeve të tua.

Izraelitët që dolën nga Egjipti murmuritën kundër Moisiut dhe u ankuan sepse nuk kishin mjaft besim sa për të hapur Detin e Kuq. Atëherë Moisiu, i cili kishte besim të madh sa të lëvizte malet, iu desh të ndante Detin e Kuq në dy pjesë. Megjithatë, besimi i izraelitëve nuk u rrit edhe pasi qenë dëshmitarë të hapjes së detit të Kuq.

Më pas, ata bënë imazhin e një viçi dhe u përulën para tij, ndërsa Moisiu ishte duke agjëruar dhe duke u lutur në malin e Sinait për të marrë Dhjetë Urdhërimet (Eksodi 32), *"Më lër, pra, të veproj, në mënyrë që zemërimi im të ndizet kundër tyre dhe t'i konsumoj; por nga ti do të bëj një komb të madh"* (v. 10). Izraelitët akoma nuk kishin besim frymëror për t'iu bindur Perëndisë edhe pse kishin parë shumë mrekulli e shenja përmes Moisiut.

Në fund, brezi i parë i izraelitëve në kohën e Eksodit nuk mund të hynin në Kanan përveç Jozueut dhe Kalebit. Si ishte brezi i dytë i Eksodit me Jozueun dhe Kalebin? Sapo priftërinjtë duke mbajtur Arkën e Perëndisë u vendosen në lumin Jordan nën udhëheqjen e Jozueut, uji ndaloi së rrjedhuri dhe të gjithë izraelitët mundën ta kalonin.

Për më tepër, nën bindjen e urdhrit të Perëndisë, ata marshuan përreth qytetit të Jerikos për shtatë ditë duke brohoritur, dhe më pas Jerikoja e fortë u shkatërrua. Ata mundën të përjetonin veprat e mrekullueshme të fuqisë së Perëndisë jo se kishin ndonjë fuqi fizike, por sepse ata iu bindën udhëzimeve të Jozueut, i cili kishte besim të madh sa mund të lëvizte një mal. Për më tepër, në këtë kohë izraelitët kishin besim frymëror.

Si mund të zotëronte Jozueu një besim aq të madh e aq të fortë? Jozueu kishte mundur të trashëgonte përvojën dhe besimin e Moisiut me të cilin kishte kaluar dyzet vjet në shkretëtirë. Ashtu siç trashëgoi Eliseu dyfishin e frymës së Elias duke e ndjekur atë deri në fund, Jozueu, si pasardhës i Moisiut, i cili njihej nga Perëndia, u bë një njeri me besim të madh duke i shërbyer dhe iu bindur Moisiut ndërkohë që e ndiqte. Si rezultat, ai shfaqi vepra të fuqishme, duke ndaluar madje edhe diellin dhe hënën (Jozueu 10:12-13).

E njëjta gjë ndodhi me izraelitët që ndoqën Jozueun. Brezi i parë i Eksodit, që ishin 20 vjeç e lart, kishin vuajtur për katër dekada dhe vdiqën në shkretëtirë. Por, pasardhësit që ndoqën Jozueun mundën të hynin në Kanan sepse kishin arritur të zotëronin besimin frymëror përmes vuajtjeve dhe sprovave të ndryshme.

Ti duhet të kuptosh qartë besimin frymëror. Disa njerëz thonë se në të kaluarën kishin një besim kaq të mirë sa mund të ishin shërbëtorë besnik në kishat e tyre. Por, tani thonë se nuk janë më besnik sepse besimi i tyre disi është venitur. Pohimi i tyre nuk është i vlefshëm pasi besimi frymëror nuk ndryshon kurrë. Besimi i tyre në të kaluarën ndryshoi sepse nuk ishte besim frymëror, por besim si njohuri. Nëse në të vërtetë do të kishte qenë besim frymëror, ai nuk do të ishte venitur e nuk do të kishte ndryshuar edhe pas një kohe të gjatë.

Supozojmë që kemi një shami të bardhë. Ndërsa të tregoj shaminë, unë të pyes, "a beson se kjo shami është e bardhë?" Ti me siguri do të thuash, "Po." Por, imagjino pasi kanë kaluar dhjetë vjet dhe unë të pyes ty duke mbajtur të njëjtën shami, "Kjo shami është e bardhë. A e beson?" Si do të përgjigjeshe? Askush nuk do të ishte skeptik për ngjyrën e saj ose të thotë se shamia është e zeze, edhe pas kalimit të një kohe të gjatë. E njëjta shami të cilën besova të ishte e bardhë përpara dhjetë apo njëzet vjetësh, edhe sot unë vazhdoj të besoj që ajo është e bardhë.

Këtu kemi një shëmbëlltyrë tjetër. Nëse shkon për pelegrinazh në tokën e Shenjtë, do të shohësh se atje shesin fara sinapi të mbështjella në zarf. Një ditë, një burrë bleu dhe e mbolli farën e sinapit në fushë por ato nuk mbiu; forca e jetës në farat vdiq pasi ato ishin lënë për një kohë të gjatë pa u mbjellë.

Në të njëjtën mënyrë, edhe nëse e ke pranuar Jezus Krishtin, ke marrë Frymën e Shenjtë dhe ke besim sa një kokërr sinapi, Fryma e Shenjtë në ty mund të zbehet nëse kalon një kohë e gjatë dhe ti nuk e mbjell besimin në fushën e zemrës tënde. Për këtë arsye 1 Thesalonikasve 5:19 na paralajmëron, *"Mos e shuani Frymën."* Besimi yt, edhe nëse është i vogël sa një kokërr sinapi tani, mund të rritet gradualisht kur e mbjell në fushën e zemrës dhe e tregon besimin tënd me vepra. Por, zjarri i Frymës mund të shuhet nëse nuk jeton sipas fjalës së Perëndisë për një kohë të gjatë që nga fillimi i pranimit të Frymës së Shenjtë.

Zotërimi i parajsës me anë të besimit frymëror

Prandaj, duhet të jetosh sipas fjalës së Perëndisë nëse ke pranuar Jezus Krishtin dhe ke marrë Frymën e Shenjtë. Duke iu bindur fjalës së Perëndisë, ju duhet të hidhni tutje mëkatet, të luteni, të keni bashkësi me vëllezërit dhe motrat në Zotin, të përhapni Fjalën dhe të doni njeri-tjetrin.

Besimi yt do të rritet ndërkohë që ti kultivon besimin në këtë mënyrë. P.sh ndërsa ti je në bashkësi me vëllezërit në besim, besimi yt është në gjendje të rritet, sepse ti mund t'i japësh lavdi Perëndisë duke dëshmuar dhe zhvilluar biseda me njeri-tjetrin për të vërtetën.

Ti mund të vëresh që besimi i dikujt mund të ndikohet nga ata me të cilët kalon kohë. Nëse prindërit kanë besim të mirë, fëmijët e tyre kanë mundësi të kenë besim të mirë. Nëse miku yt ka besim të mirë, edhe besimi yt rritet sepse besimi yt ngjan me atë të mikut tënd.

Në të kundërt, duke qenë se armiku Satani përpiqet të të marrë besimin, ti jo vetëm që duhet të armatosesh me fjalën e Perëndisë gjatë gjithë kohës, por duhet gjithashtu të lutesh vazhdimisht për të fituar betejën frymërore, duke qenë i gëzuar gjithmonë dhe duke dhënë falënderime në çdo rrethanë me autoritetin dhe fuqinë e Perëndisë.

Atëherë, besimi yt që është sa një kokërr sinapi do të rritet e do të bëhet një pemë e madhe plot me gjethe e lule dhe do të prodhoj shumë fryte në fund. Ti do të jesh në gjendje të lavdërosh Perëndinë duke prodhuar me bollëk nëntë frytet e Frymës së Shenjtë, frytin e dashurisë frymërore dhe frytin e dritës.

Ti e di se sa shumë mundim dhe durim duhet të ketë një fermer nga momenti i mbjelljes së farës deri në korrjen e të mbjellave. Në të njëjtën mënyrë, ne nuk mund ta zotërojmë parajsën thjesht duke marrë pjesë në kishë. Ne duhet të luftojmë edhe frymërisht për ta bërë atë tonën.

Kur ungjillëzon, ti mund të takosh njerëz që të thonë se duan të bëjnë një sasi të madhe parash dhe të shijojnë jetën në fillim dhe më pas kur të plaken të shkojnë në kishë. Sa të pamend që janë! Ti nuk e di se çfarë mund të ndodhë nesër ose kur do të kthehet Zoti ynë. Për më tepër, ti nuk mund të arrish besimin brenda një dite; besimi nuk rritet brenda një kohe të shkurtër. Sigurisht, ti mund të kesh besim si njohuri sa të duash. Por, besim frymëror të dhënë nga Perëndia mund të kesh vetëm kur të kuptosh fjalën e Perëndisë dhe të jetosh me zjarr sipas saj.

Një fermer nuk e mbjell farën kudo. Ai merr një copë toke jopjellore dhe duke e plehëruar e bën më parë pjellore. Pastaj ai mbjell fara në fushë dhe kujdeset për to duke i ujitur, plehëruar e kështu me radhë. Vetëm atëherë farat do të jenë në gjendje të rriten mirë dhe ai mund të ketë të korra me bollëk.

Në të njëjtën mënyrë, nëse ti ke besim të vogël sa një kokërr sinapi, ti duhet ta mbjellësh dhe ta kultivosh besimin tënd, që ai të rritet e të bëhet një pemë e madhe, mbi të cilën mund të vinë e të pushojnë shumë zogj.

Nga njëra anë, "zogu" te shëmbëlltyra e mbjellësit tek Mateu 13:1-9 nënkupton armikun, djallin që ha farat e fjalës së Perëndisë, që ranë përgjatë rrugës.

Ndërsa zogjtë te Mateu 13:31-32 nënkupton njerëzit, *"Mbretëria e qiejve i ngjan një kokrre sinapi, të cilën e merr një njeri dhe e mbjell në arën e vet. Ajo, pa dyshim, është më e vogla nga të gjitha farërat; por, kur rritët, është më e madhe se të gjitha barishtet, dhe bëhet një pemë, aq sa zogjtë e qiellit vijnë dhe gjejnë strehë në degët e saj."*

Ashtu siç rrinë dhe pushojnë shumë zogj në një pemë të madhe, kur besimi yt rritet deri në masën e tij të plotë, shumë njerëz mund të pushojnë shpirtërisht në ty sepse ti je në gjendje të ndash besimin dhe t'i forcosh ata me hirin e Perëndisë.

Sa më shumë që shenjtërohesh, aq më shumë mund të zotërosh dashurinë dhe mirësinë frymërore. Si rezultat ti do të tërheqësh shumë njerëz dhe kjo është një rrugë e shkurtër për të përparuar me energji drejt parajsës.

Jezusi thotë tek Mateu 5:5, *"Lum ata që janë zemërbutë, sepse ata do ta trashëgojnë tokën."* Ky pasazh të mëson se sa më shumë rritet besimi yt aq më zemërbutë bëhesh, dhe aq më shumë do të trashëgosh në parajsë.

Lavdi të ndryshme në parajsë sipas nivelit të besimit

Apostulli Pal komenton mbi ringjalljen e trupave tonë te 1 Korintasve 15:41, *"Tjetër është lavdia e diellit dhe tjetër lavdia e hënës dhe tjetër lavdia e yjeve; sepse ndryshon në lavdi ylli nga ylli."* Secili do të marrë një masë lavdie të ndryshme në parajsë sepse Perëndia shpërblen në bazë të asaj që ai ose ajo ka bërë.

Këtu, "lavdia e diellit" i referohet lavdisë që do të zotërojnë ata të cilët janë plotësisht të shenjtë dhe besnik mbi të gjithë shtëpinë e Perëndisë. "Lavdia e hënës" i referohet lavdisë së njerëzve të cilët nuk arrijnë shkëlqimin e diellit dhe "lavdia e yllit" i referohet lavdisë se njerëzve që kanë besim më të dobët se ata të lavdisë së hënës.

Fraza, "ndryshon në lavdi ylli nga ylli" do të thotë që ashtu si një yll ndryshon në bazë të shkallës së ndriçimit, secili prej nesh do të marrë shpërblime dhe kategori të ndryshme qiellore pas ringjalljes edhe pse hyjmë në të njëjtën banesë brenda tij.

Në këtë mënyrë, Bibla na thotë se secili prej nesh do të ketë lavdi të ndryshme kur të hyjmë në parajsë mbas ringjalljes. Kjo na bën të kuptojmë që banesa jonë qiellore dhe shpërblimi ynë do të jenë të ndryshëm në bazë të masës së besimit frymëror që ne zotërojmë, duke hedhur tutje mëkatet, dhe se sa besnikë jemi ndaj mbretërisë së Perëndisë përderisa jetojmë në këtë botë.

Mirëpo, njerëzit që janë të këqij dhe dembelë në largimin e mëkateve të tyre e që nuk kanë qenë besnik në detyrat e tyre, nuk do të jenë në gjendje të hyjnë në parajsë, por do të hidhen jashtë në errësirë (Mateu 25). Prandaj, ti duhet të përparosh fuqishëm me besim drejt parajsës së bukur.

Si të përparosh drejt parajsës

Njerëz në këtë botë harxhojnë tërë jetën e tyre për të fituar pasuri të cilat nuk mund t'i zotërojnë përgjithmonë. Disa punojnë shumë për të blerë një shtëpi duke shtrënguar rripat e tyre, ndërsa të tjerët studiojnë shumë duke mos fjetur mjaftë për të pasur një punë të mirë. Nëse njerëzit përpiqen shumë për të pasur një jetë më të mirë këtu në këtë botë, jetë që zgjatë për një kohë të shkurtër, sa përpjekje duhet të bëjmë për jetën e përjetshme në parajsë? Le të shqyrtojmë me hollësi se si mund të përparojnë drejt parajsës.

Së pari, ti duhet t'i bindesh fjalës së Perëndisë. Ai të nxit të vazhdosh të punosh për shpëtimin tënd me frikë e dridhje (Filipianëve 2:12). Armiku Satan dhe djalli do të përpijnë besimin tënd kur nuk qëndron zgjuar. Ti duhet të shikosh fjalën e Perëndisë si *"më të ëmbël se mjalti, mjalti nga hualli"* (Psalmi 19:10) dhe të jetosh në të. Ti do të shpëtohesh jo kur të thërrasësh Jezusin, "Zot, Zot" por kur të veprosh në bazë të vullnetit të Perëndisë me ndihmën e Frymës së Shenjtë.

Së dyti, ti duhet të veshësh parzmoren e plotë të Perëndisë. Që të jesh i fortë në Zotin në fuqinë e tij të madhe dhe të marrësh qëndrim kundër intrigave të djallit, ti duhet të veshësh të gjithë parzmoren e Perëndisë. Lufta jote nuk është kundër mishit dhe gjakut, por kundër principatave, kundër autoriteteve, kundër fuqive të errësirës dhe kundër forcave shpirtërore të djallit në mbretëritë qiellore. Për këtë arsye, kur vesh parzmoren e plotë të Perëndisë, ti do të jesh në gjendje t'i bësh ballë, kur dita e të ligut të vijë, dhe të qëndrosh akoma mbasi të kesh bërë gjithçka (Efesianëve 6:10-13).

Për më tepër, ti duhet të qëndrosh i fortë me brezin e së vërtetës shtrënguar rreth belit, me parzmoren e drejtësisë në vend, dhe me këmbët e pajisura me gatishmërinë që vjen nga ungjilli i paqes. Në fund të përgatitjes, merr mburojën e besimit, me të cilën mund të shuash të gjitha shigjetat flakëruese të të ligut. Merr përkrenaren e shpëtimit dhe shpatën e Frymës, e cila është fjala e Perëndisë. Dhe lutu në Frymë me çdo kusht e me çdo lloj lutje e kërkesë. Me këtë në mendje, ji vigjilent dhe gjithmonë vazhdo në lutje (Efesianët 6:14-18). Banesa jote në parajsë do të përcaktohet nga fakti sesa do ta vendosesh plotësisht parzmoren e Perëndisë dhe sa do ta shkatërrosh armikun Satan dhe djallin.

Se treti, ti duhet të kesh dashuri frymërore gjatë gjithë kohës. Me anë të besimit, ti do të jesh në gjendje të hysh në parajsë, dhe me shpresë për parajsën, ti do të jesh në gjendje të qëndrosh në të vërtetën. Me fuqinë e dashurisë, ti mund të shenjtërohesh dhe të jesh besnik në të gjitha detyrat e tua.

Për më tepër, ti do të jesh në gjendje të hysh në Jerusalemin e Ri, në vendin më të bukur në parajsë kur të përmbushësh dashurinë e përsosur. Për të jetuar në Jerusalemin e Ri, ku Perëndia është dashuri, ti duhet të përmbushësh dashurinë e përsosur.

Ashtu si apostulli Pal na thotë te 1 Korintasve 13:13, *"Tani, pra, këto tri gjëra mbesin: besimi, shpresa dhe dashuria; por më e madhja nga këto është dashuria,"* ti duhet të avancosh në drejtim të parajsës me dashuri frymërore. Veç kësaj, ti duhet të dish se banesa qiellore në parajsë do të përcaktohet sipas sasisë që ti e ke përmbushur dashurinë.

3. Kurora dhe banesa të ndryshme qiellore

Njerëzit në ketë botë tri dimensionale nuk mund të dinë rreth parajsës e cila është pjesë e botës katër dimensionale. Megjithatë, si një njeri i besimit, ti bëhesh i lumtur dhe plot me gëzim edhe me tingullin e fjalës "parajsë," sepse mbretëria qiellore është shtëpia jote në të cilën ti do të jetosh përgjithmonë. Nëse ti mëson në hollësi për parajsën, jo vetëm shpirti yt do të bëhet mirë por edhe besimi yt do të rritet shpejt sepse ti mbushesh plot me shpresë për mbretërinë qiellore.

Në parajsë ka shumë banesa që Perëndia ka përgatitur për fëmijët e Tij (Ligji i Përtërirë 10:14; 1 Mbretërve 8:27; Nehemia 9:6; Psalmi 148:4; Gjoni 14:2). Secili prej jush do të zotëroj një banesë të ndryshme në bazë të masës së besimit, dhe sepse Perëndia është i drejtë, Ai të le korrësh atë për të cilën ti mbjell (Galatasve 6:7) poashtu të shpërblen në bazë të asaj çfarë ke bërë (Mateu 16:27; Zbulesa 2:23).

Siç e kam përmendur, mbretëria e qiellit është e ndarë në vende të ndryshme si Parajsa, Mbretëria e Parë, Mbretëria e Dytë, dhe Mbretëria e tretë në të cilën ndodhet Jerusalemi i Ri. Froni i Perëndisë është në Jerusalemin e Ri, ashtu si rezidenca zyrtare e presidentit të Koresë, Cheong Wa Dae, që është në kryeqytetin e Seulit, dhe rezidenca zyrtare e presidentit të Shteteve të Bashkuara, Shtëpia e Bardhë, është në kryeqytetin e Uashington, D.C.

Bibla na tregon gjithashtu për disa lloje kurorash të cilat do të jepen si shpërblim për fëmijët e Perëndisë. Ndërmjet shumë misione, si duke sjelle shumë shpirtra të Perëndia dhe duke ndërtuar Shenjtërinë e Tij janë të denjë për shpërblimin më të madh.

Ka disa mënyra për t'i sjellë shpirtrat tek Perëndia. Ti mund të marrësh pjesë në ungjillëzimin e njerëzve, të përpiqesh duke dhënë ndihma të ndryshme, ose t'u ungjillëzosh njerëzve drejtpërdrejt duke punuar besnikërisht për mbretërinë e Perëndisë me talentet e tua të ndryshme. Këto mënyra indirekte për t'i sjell shpirtrat te Perëndia gjithashtu janë të rëndësishme për të zgjeruar mbretërinë e Perëndisë ashtu siç çdo pjesë e trupit tënd është e domosdoshme për ty.

Sidoqoftë, pjesëmarrja e drejtpërdrejtë në ungjillëzimin e njerëzve dhe të ndërtuarit e shenjtores në të cilën njerëzit mblidhen të adhurojnë, meritojnë shpërblimin më të madh sepse këto janë në harmoni me shuarjen e etjes se Jezusit dhe shpagimit të gjakut të Tij.

Janë disa standarde me anë të së cilave ti fiton një kurorë në parajsë, dhe shkalla e vlerës së tyre ndryshon nga një kurorë në tjetrën. Nëpërmjet kurorës së çdo personi, ti do të jesh në gjendje të dallosh masën e shenjtërisë së tij apo saj, çmimin dhe banesën qiellore, ashtu siç ishin në gjendje njerëzit të dallonin nivelin shoqëror të njerëzve nga rrobat që mbanin në kohërat e monarkisë.

Le të ngulmojmë drejt lidhjeve të masës së besimit, banesave qiellore dhe kurorave shpërblyese.

Parajsa për njerëzit në nivelin e parë të besimit

Parajsa është vendi më i ulët në qiell, por përsëri atje ekziston një gëzim e lumturi të paimagjinueshme, dhe është një vend i bukur e i qetë në krahasim me këtë botë. Për më tepër, sa vend i hareshëm duhet të jetë për faktin se aty nuk do të ketë asnjë mëkat. Parajsa është vend më i mirë sesa kopshti i Edenit ku Perëndia vendosi Adamin dhe Evën pasi i krijoi.

Parajsa është një vend i bukur ku Lumi i Jetës, i cili fillon nga froni i Perëndisë, rrjedh në Mbretërinë e Tretë, Mbretërinë e Dytë, dhe Mbretërinë e Parë. Në anën tjetër të lumit qëndron pema e jetës që prodhon dymbëdhjetë fruta, dhe që e nxjerr frytin e saj çdo muaj (Zbulesa 22:2).

Parajsa është për ata që e kanë pranuar Jezus Krishtin por që nuk kanë veprat e besimit. Kjo është për njerëzit në nivelin e parë të besimit që mezi marrin shpëtimin dhe Frymën e Shenjtë, dhe që mezi hyjnë në parajsë. Asnjë kurorë dhe shpërblim nuk u jepet atyre sepse nuk treguan vepra të besimit.

Ne gjejmë te Luka 23:43 që Jezusi i tha kriminelit që ishte kryqëzuar në anë të Tij, *"Në të vërtetë po të them: sot do të jesh me mua në parajsë."* Në të vërtetë kjo nuk do të thotë se Jezusi qëndron vetëm në parajsë; Jezusi është kudo në qiell sepse Ai është Zot i Parajsës. Gjithashtu lexojmë në Bibël se Jezusi, pas vdekjes, shkoi në Varrin e Epërm, jo në parajsë.

Te Efesianët 4:9 shtohet pyetja, *"Tani kjo: 'Ai u ngjit,' ç'do të thotë tjetër përveç se ai më parë edhe kishte zbritur në pjesët më të ulta të dheut?"* Gjithashtu te 1 Pjetrit 3:18-19 gjejmë, *"Sepse edhe Krishti ka vuajtur një herë për mëkatet, i drejti për të padrejtët, për të na çuar të Perëndia. U vra në mish, por u ngjall nga Fryma, me anë të së cilës ai shkoi t'u predikojë frymërave që ishin në burg."* Me fjalë të tjera, Jezusi shkoi në varrin e epërm, predikoi ungjillin dhe u ringjall në ditën e tretë.

Për më tepër, thënia e Jezusit, "Sot do të jesh me mua në parajsë," do të thotë që Jezusi parashikoi faktin se me anë të besimit krimineli do të shpëtohej dhe do të përfundonte në parajsë. Krimineli mezi mori shpëtimin dhe shkoi në parajsë sepse ai vetëm e pranoi Jezusin pak përpara vdekjes së tij, dhe nuk bëri asnjë përpjekje të luftonte kundër mëkateve të tij ose të përmbushte detyrat e tij për mbretërinë e Perëndisë.

Mbretëria e Parë e qiellit

Ç'lloj vendi është Mbretëria e Parë në qiell? Ashtu siç ka një ndryshim të madh mes Parajsës dhe kësaj bote, Mbretëria e Parë e qiellit është në mënyrë të pakrahasueshme një vend më i lumtur dhe më i gëzueshëm sesa Parajsa.

Nëse lumturia e dikujt që ka shkuar në Mbretërinë e Parë do të krahasohej me lumturinë e një peshku të kuq në një akuarium, lumturia e atij që ka shkuar në Mbretërinë e Dytë mund të krahasohet me lumturinë e një balene në oqeanin e pafund të Paqësorit. Ashtu si peshku i kuq që ndjehet më i lumtur dhe i rehatshëm kur është në një akuarium, ai që ka shkuar në Mbretërinë e Parë ndjehet i kënaqur me të qenit atje dhe ndjen lumturi të vërtetë.

Tani ti e di që ka ndryshime në masën e lumturisë midis çdo banese qiellore. A mund ta imagjinosh se çfarë jete të lavdishme do të shijojë ai që do të jetojë në Jerusalemin e Ri, aty ku ndodhet froni i Perëndisë? Do të jetë madhështore, e bukur dhe do të ngelesh pa frymë përtej asaj që mund të kesh imagjinuar ndonjëherë. Prandaj duhet të rritesh zellshëm në besim duke shpresuar për Jerusalemin e Ri dhe duke mos u kënaqur vetëm me arritjen e Parajsës ose të Mbretërisë së Parë.

Nëse bëhesh fëmijë i Perëndisë duke pranuar Jezus Krishtin si Shpëtimtarin tënd me ndihmën e Frymës së Shenjtë, ti shumë shpejtë mund të arrish në nivelin e dytë të besimit, ku përpiqesh të jetosh me anë të fjalës së Perëndisë. Në këtë fazë, ti përpiqesh të zbatosh fjalën e Tij po aq edhe sa e mëson atë, por ti akoma nuk je i përsosur duke jetuar sipas saj.

E njëjta gjë ndodh me një bebe që nuk ka mbushur ende një vit, e cila përpiqet më kot që të qëndrojë në këmbë, pavarësisht se rrëzohet vazhdimisht. Pas shumë praktikash, ai përfundimisht mund të qëndrojë, të ecë gjatë dhe së shpejti mund edhe të vrapojë. Sa tërheqëse dhe e dashur duhet të jetë bebja për këtë nënë nëse bebja vazhdon të rritet në atë mënyrë?

E njëjta gjë ndodhë edhe me etapat e besimit. Ashtu siç bebja përpiqet të qëndrojë në këmbë, të ecë e të vrapoj sepse ai është i gjallë, besimi i cili ka edhe jetë brenda tij përparon për të arritur nivelin e dytë, dhe më pas, nivelin e tretë. Kështu, Perëndia u jep Mbretërinë e Parë atyre të besimit të nivelit të dytë, sepse Perëndia i do ata.

Një kurorë e pavdekshme

Ti do të marrësh një kurorë në Mbretërinë e Parë të qiellit. Ka disa lloje kurorash në qiell ashtu si vetë qielli që është i ndarë në shumë banesa siç janë, kurora e pavdekshme, kurora e lavdisë, kurora e jetës, kurora prej ari dhe kurora e drejtësisë. Midis këtyre kurorave, kurora e pavdekshme do t'u jepet atyre që hyjnë në Mbretërinë e Parë.

Te 2 Timoteut 2:5-6 lexojmë, *"Në fakt një është Perëndia,*

dhe një i vetëm është ndërmjetësi midis Perëndisë dhe njerëzve: Krishti Jezus njeri, i cili e dha vetën si çmim për të gjithë, për dëshmim në kohën e caktuar." Ndërsa ne marrim shpërblim për veprat tona në këtë botë, ne marrim shpërblim edhe kur ecim në rrugën e ngushtë për të arritur parajsën.

Një atlet merr medalje ari ose kurorë dafine vetëm kur ai ka garuar në bazë të rregullave dhe ka fituar. Në mënyrë të ngjashme, edhe ti do të jesh në gjendje të marrësh një kurorë vetëm kur garon në bazë të fjalës së Perëndisë ndërkohë që përparon fuqishëm drejt parajsës.

Jezusi thotë, *"Jo çdo njeri që më thotë: 'Zot, Zot' do të hyjë në mbretërinë e qiejve; por do të hyjë ai që kryen vullnetin e Atit tim që është në qiej"* (Mateu 7:21). Edhe nëse dikush pohon se i beson Perëndisë, por injoron ligjin shpirtëror, ligjin e Perëndisë, atij nuk do t'i jepet ndonjë kurorë sepse besimi i tij është vetëm si njohuri dhe ai është si një atlet i cili nuk garon në bazë të rregullave.

Megjithatë, edhe nëse besimi yt është i dobët, ti do të shpërblehesh me një kurorë të pavdekshme nëse përpiqesh të konkurrosh në garë në bazë të rregullave të Perëndisë. Ti do të marrësh një kurorë të pavdekshme sepse do të konsiderohesh se ke marrë pjesë dhe ke garuar në bazë të rregullave.

Gara e njeriut me besim është një luftë frymërore kundër djallit dhe mëkatit. Çmimi më i madh për atë që fiton garën duke mposhtur armikun djall do të jetë një kurorë e pavdekshme.

Supozo sikur merr pjesë vetëm në shërbesën e adhurimit të së dielave në mëngjes dhe pasditeve takohesh me miqtë e tu. Në këtë rast, ti nuk mund të marrësh as kurorën e pavdekshme sepse tashmë e ke humbur betejën me armikun Satan.

1 Korintasve 9:25 pohon, *"Dhe kushdo që merr pjesë në garë kontrollon vetën në të gjitha; dhe ata e bëjnë këtë për të marrë një kurorë që prishet, kurse ne për një kurorë që nuk prishet."*

Ashtu si gjithsecili që konkurron në lojë zhvillon stërvitje të vështirë dhe garon në bazë të rregullave, për të arritur qiellin edhe ne duhet të bëjmë shumë stërvitje dhe duhet të jetojmë sipas të vullnetit të Perëndisë. Kur shohim se Perëndia përgatit një kurorë që nuk do të prishet asnjëherë për ata që përpiqen të jetojnë sipas ligjit të Tij në këtë botë duke kujtuar përpjekjet e tyre, ne e dimë sa shumë dashuri ka Perëndia ynë.

Veç kësaj, ndryshe nga Parajsa, shpërblimet janë përgatitur për ata që kanë arritur Mbretërinë e Parë. Lavdia dhe shpërblimet e vërteta do t'u jepen atyre që hyjnë në këtë vend sepse në emër të Zotit përpiqen për mbretërinë e Perëndisë.

Mbretëria e Dytë

Mbretëria e Dytë e qiellit është një nivel më lart se Mbretëria e Parë. Njerëzit në nivelin e tretë të besimit që jetojnë sipas fjalës së Perëndisë, mund të hyjnë në Mbretërinë e Dytë. Afër kryeqytetit të Koresë në Seul, ka qytete satelite dhe rreth këtyre qyteteve ndodhen periferitë.

Në të njëjtën mënyrë në qiell, Jerusalemi i Ri është vendosur në mes të Mbretërisë së Tretë, përreth Mbretërisë së Tretë ndodhet Mbretëria e Dytë, Mbretëria e Parë dhe Parajsa. Por kjo nuk do të thotë që çdo banesë qiellore është shpërndarë siç janë shpërndarë qytetet në këtë botë.

Me njohuritë e kufizuara njerëzore, ne nuk mund t'i kuptojmë me saktësi qiellin me misteret dhe mrekullitë e tij. Ti mund të përpiqesh të kuptosh sa më shumë që është e mundur, por përsëri ti nuk do të mund ta kuptosh saktësisht edhe nëse mundohesh ta përshkruash me imagjinatën dhe mendjen tuaj. Ti mund ta kuptosh parajsën me rritjen e besimit tënd sepse qielli nuk mund të shpjegohet me asgjë në këtë botë.

Mbreti Solomon, i cili gëzoi pasuri, mirëqenie, dhe fuqi, vajtoi në moshën e tij të vonë, *"Kotësi e kotësive, thotë Predikuesi; 'Kotësi e kotësive; gjithçka është kotësi.' Çfarë përfitimi ka njeriu nga gjithë mundi i tij, kur mundohet nën rrezet e diellit?"* (Predikuesit 1:2-3)

Gjithashtu, Jakobi 4:14 na kujton, *"Ndërsa nuk dini për të nesërmen. Sepse ç'është jeta? Është avull që duket për pak, dhe pastaj humbet."* Pasuria dhe mirëqenia e njeriut në këtë botë zgjatë vetëm pak dhe humbet shpejt.

E krahasuar me jetën e përjetshme, jeta që ne jetojmë sot është si një mjegull që shfaqet për pak dhe pastaj venitet. Por kurora që jep Perëndia është e përjetshme, nuk prishet dhe ka një çmim kaq të çmuar dhe të vlefshëm që do të jetë burimi i krenarisë së përjetshme të dikujt.

Atëherë, sa e pakuptimtë do të jetë jeta e dikujt nëse nuk i japim lavdi Perëndisë ndërsa ai rrëfen besimin e tij në të. Megjithatë, nëse dikush është në nivelin e tretë të besimit, për shkak se ai e bën çdo me sinqertët, ai shpesh do të dëgjojë fqinjët e tij duke thënë, "Duke të parë ty, unë vetë duhet të filloj të marr pjesë në kishë!"

Në këtë mënyrë, ai i jep lavdi Perëndisë dhe kjo është arsyeja pse Perëndia e shpërblen me kurorën e lavdisë.

Një kurorë lavdie

Te 1 Pjetrit 5:2-4, ne gjejmë porosinë e Perëndisë ndaj nesh,

"Ruani tufën e Perëndisë që është midis jush, duke e mbikëqyrur jo me detyrim, por me dëshirë, jo për përfitim të pandershëm, po me vullnet të mirë, dhe jo si zotëronjës mbi ata që ju janë besuar, por duke u bërë shembull për tufën. Dhe kur të shfaqët kryebariu, do të merrni kurorën e lavdisë që nuk fishket."

Nëse hyn në nivelin e tretë të besimit, ti do të ndjesh aromën e Krishtit sepse të folurit dhe sjellja jote ndryshojnë aq shumë sa ti bëhesh drita dhe kripa e botës, ndërkohë që braktis mëkatet e tua duke u bërë ballë atyre, deri në pikën e derdhjes së gjakut. Nëse një person, i cili më parë zemërohej lehtë dhe fliste kundër të tjerëve, tani bëhet i durueshëm dhe flet vetëm mirë për të tjerët, për të fqinjët do të thonë, "Sa shumë që ka ndryshuar që kur u bë i krishterë." Në këtë mënyrë Perëndia do të lavdërohet për të.

Për më tepër, kurora lavdisë që nuk prishet do t'i dhurohet atij që është shembull i mirë për tufën, sepse ai lavdëron Perëndinë duke i flakur me dëshirë mëkatet e tij dhe duke qenë besnik në detyrat e dhëna nga Perëndia në këtë tokë. Ajo që ne kemi bërë në emër të Zotit, dhe ajo që kemi bërë për të përmbushur detyrat tona ndërsa kemi hedhur tutje mëkatet tona, do të grumbullohet si çmim në qiell.

Lavdia e kësaj botë do të prishet, por asnjë pjesë e lavdisë që ti i jep Perëndisë nuk do të venitet kurrë, dhe do të kthehet tek ty si kurore lavdie që nuk do të prishet kurrë.

Ndonjëherë, ti mund të pyesësh vetën, "Ai njeri duhet të jetë i përsosur në çdo aspekt, duke i përngjarë sjelljes së Zotit, meqenëse është shumë besnik në punën e Perëndisë. Por, atëherë pse e ka ende të ligën brenda vetës?"

Në këtë rast, ai nuk është ende i shenjtëruar plotësisht duke luftuar kundër mëkateve të tij, por i jep lavdi Perëndisë duke bërë më të mirën në përmbushjen e detyrave të tij. Prandaj ai do të marrë një kurorë lavdie që nuk do të venitët kurrë.

Atëherë, pse quhet "kurorë lavdie"? Shumë njerëz marrin një çmim të paktën një herë në jetën e tyre. Sa më i madh të jetë çmimi që merr, aq më i lumtur dhe krenar do të bëhesh ti. Gjithsesi, duke e kujtuar pas njëfarë kohe, ti do të fillosh të ndjesh se lavdia e kësaj bote është e pavlerë. Kjo ndodh sepse fleta e lavdërimit do të kthehet në një copë letre të vjetër, trofeu do të mbulohet nga pluhuri, dhe kujtesa, dikur e fortë, do të venitet.

Përkundrazi, lavdia që do të marrësh në parajsë nuk do të ndryshojë kurrë. Për këtë arsye Jezusi na thotë, *"Përkundrazi mblidhni për vetë thesare në qiell, ku as tenja as ndryshku nuk prishin dhe ku vjedhësit nuk shpërthejnë dhe nuk vjedhin"* (Mateu 6:20).

Prandaj "kurora e lavdisë" kur krahasohet me kurorat e kësaj bote, tregon se lavdia dhe shkëlqimi i saj do të jenë të përjetshme. Duke parë se edhe një kurorë në parajsë është e përjetshme dhe nuk prishet, ti mund të imagjinosh se sa e përsosur do të jetë gjithçka atje.

Atëherë, si do të ndihen njerëzit në vendin më të ulët të Parajsës ose Mbretërisë së Parë kur dikush që ka marrë një kurorë lavdie të vijë për t'i vizituar ata? Në qiell, njerëzit në banesat më të ulëta çmojnë dhe admirojnë nga thellësia e zemrës se tyre personin në pozicion më të lartë, i përulen atij, madje edhe pa ngritur sytë e tyre ashtu si përulet njeriu përpara mbretit.

Megjithatë, njerëzit nuk e urrejnë atë person apo nuk janë xheloz sepse e keqja nuk ekziston në parajsë. Por, njerëzit e shikojnë atë me respekt dhe dashuri. Në parajsë, ti nuk ndjehesh i parehatshëm ose krenar edhe nëse ti përulesh me respekt ose merr respekt nga të tjerët sepse ti jeton në një banesë më të lartë. Njerëzit thjesht tregojnë respektin e tyre ose i mirëpresin të tjerët me dashuri, duke e konsideruar njeri-tjetrin si një qenie të çmuar.

Mbretëria e tretë

Mbretëria e Tretë e qiellit është për ata që jetojnë plotësisht me anë të fjalës së Perëndisë dhe kanë besimin e martirëve, duke i konsideruar se jetrat e tyre nuk janë të denja sepse ata duan Perëndinë me shumë. Njerëzit në nivelin e katërt të besimit janë të gatshëm të vdesin për Perëndinë.

Shumë të krishterë u vranë gjatë ditëve të fundit të Dinastisë Çosun në Kore. Gjatë asaj kohe kishte shumë përndjekje dhe shtypje kundër krishterimit. Madje, qeveria premtoi shpërblime për ata që njoftonin vendndodhjen e të krishterëve. Megjithatë, misionarët nga Shtetet e Bashkuara dhe Evropa nuk kishin frikë nga vdekja por e përhapën ungjillin me më shumë zjarr. Shumë u vranë derisa ungjilli arriti lulëzimin që e shikojmë sot.

Prandaj, nëse dëshiron të jesh misionar në një vend tjetër, të këshilloj të kesh besimin e një martiri. Edhe nëse dikush vuan për shkak të vështirësive ndërsa është duke punuar si misionar në një vend të huaj, ai do të jetë në gjendje të punojë me gëzim dhe falënderim sepse ai e di që vuajtjet dhe dhimbjet e tij do të shpërblehen me bollëk në parajsë.

Disa mund të mendojnë, "Tani, unë jetoj në një komb ku nuk ka përndjekje, sepse këtu ka liri fetare. Por ndjehem keq që nuk mund të vdes për mbretërinë e Perëndisë edhe pse kam besim të madh për të vdekur si martir." Gjithsesi, kjo nuk është çështja. Në ditët e sotme nuk është e nevojshme të vdesësh si një martir për të përhapur ungjillin, si në ditët e kishave të hershme.

Sigurisht, nëse është e nevojshme atëherë duhet të ketë edhe martirë. Por, nëse ke mundësi të bësh më shumë vepra për Perëndinë, me besim për të sakrifikuar madje edhe jetën tënde, a nuk do të jetë Ai më i kënaqur me ty, edhe nëse nuk vdes si martir?

Për më tepër, Perëndia që heton zemrën tënde e di se ç'lloj besimi do të tregosh në situata kur jeta jote kërcënohet për shkak të ungjillit; Ai e njeh thellësinë dhe qendrën e zemrës tënde. Mund të jetë më e çmuar që të jetosh si një martir i gjallë, siç na thotë një fjalë e urtë, "Të jetosh është më e vështirë sesa të vdesësh."

Në jetën tonë të përditshme, ne mund të kalojmë përmes shumë çështjeve ku vendoset jeta dhe vdekja, për të cilat na kërkohet besimi i një martiri. Për shembull, është e pamundur të agjërosh ditë e natë pa një vendim dhe besim të fortë, sepse dikush lutet dhe agjëron për të marrë përgjigje nga Perëndia duke rrezikuar të humbë jetën e tij. Atëherë, ç'lloj njerëzish mund të hyjnë në Mbretërinë e Tretë të qiellit? Në të mund të hyjnë ata që janë plotësisht të shenjtëruar.

Në ditët e kishave të hershme, duke qenë se kishte shumë

njerëz që ishin në gjendje të vdisnin për Jezus Krishtin, shumë prej mund të kenë qenë të përzgjedhur për Mbretërinë e Tretë. Megjithatë, sot, vetëm një numër jashtëzakonisht i vogël njerëzish, që dallohen në mënyrë të veçantë për shkak të flakjes së mëkateve të tyre përpara Perëndisë, mund të hyjnë në Mbretërinë e Tretë, pasiqë ligësia e njerëzve është e madhe në tokë.

Ata me besimin e etërve mund të hyjnë në Mbretërinë e Tretë sepse mund t'i flakin tutje të gjitha mëkatet duke mposhtur çdo lloj vuajtjeje dhe mundimi, duke u shenjtëruar plotësisht, dhe duke qenë besnik deri në vdekje. Prandaj, Perëndia i konsideron ata të çmuar; Ai bën që engjëjt dhe ushtritë qiellore t'i ruajnë, dhe i mbulon me renë e lavdisë.

Kurora e jetës

Ç'lloj kurore do të marrin njerëzit në Mbretërinë e Tretë? Atyre do t'u jepet kurora e jetës, ashtu siç ka premtuar Jezusi te Zbulesa 2:10, *"Ji besnik deri në vdekje dhe unë do të të jap kurorën e jetës."*

Këtu, "të qenit besnik" nuk do të thotë thjesht që të jesh besnik në detyrat e tua në kishën tënde. Është tepër e rëndësishme të flakësh tutje çdo lloj ligësie duke luftuar kundër mëkateve të tua deri në pikën e derdhjes së gjakut, pa bërë kompromis me botën. Kur arrin të kesh një zemër të pastër dhe të shenjtë, duke luftuar kundër mëkatit deri në vdekje, ti do të marrësh kurorën e jetës.

Kurora e jetës do të jepet kur ti jep jetën tënde për të afërmit dhe miqtë e tu dhe kur këmbëngul në shtrëngime pasi u ke rezistuar sprovave (Gjoni 15:13; Jakobi 1:12).

Për shembull, kur përballen me sprova, shumë njerëz durojnë me gjysmë zemre duke mos qenë mirënjohës, zemërohen nga padurimi, ose i ankohen Perëndisë.

Përkundrazi, nëse dikush e mposht çdo lloj mundimi me gëzim, ai mund të konsiderohet plotësisht i shenjtëruar. Një njeri që e do shumë Perëndinë mund të jetë besnik deri në vdekje dhe mund ta mposhtë çdo lloj mundimi me gëzim.

Përveç kësaj, ka ndryshime të mëdha në cilësitë e jetëve të njerëzve në varësi të nivelit ku ata janë, në nivelin e parë, të dytë, të tretë, ose të katërt të besimit. I ligu vetë nuk mund të lëndojë dikë që është në nivelin e katërt. Edhe kur një sëmundje e veçantë e sulmon atë, ai menjëherë vihet në dijeni.

Në këtë mënyrë, ai vendos dorën mbi atë pjesë të sëmurë të trupit, dhe shumë shpejt shërohet. Për më tepër, nëse një person është në nivelin e pestë të besimit, asnjë sëmundje nuk mund ta sundojë atë sepse në çdo kohë e rrethon drita e lavdisë.

Qëllimi kryesor i Perëndisë për të kultivuar qenien njerëzore në tokë është të edukojë dhe të fitojë fëmijë të vërtetë që mund të hyjnë në Mbretërinë e Tretë e më lart. Çdo banesë në qiell është e bukur dhe e lumtur, por parajsa në kuptimin e vërtetë është Mbretëria e Tretë e më lartë, ku vetëm shenjtëria e Perëndisë dhe fëmijët e përsosur mund të hyjnë dhe të jetojnë. Është një zonë e veçuar për fëmijët e vërtetë të Perëndisë që kanë jetuar në bazë të vullnetit të Tij. Atje, ata janë në gjendje të shohin Zotin ballë për ballë.

Për më tepër, duke qenë se Perëndia i dashurisë dëshiron që çdokush të vijë në Mbretërinë e Tretë të qiellit dhe më lart, ai të ndihmon që të shenjtërohesh me ndihmën e Frymës së Shenjtë duke të dhënë hirin dhe fuqinë e tij kur lutesh me zjarr dhe dëgjon fjalën e jetës.

Fjalët e Urta 17:3 na thotë, *"Poçi është për argjendin dhe furra për arin, por ai që provon zemrat është Zoti."* Zoti pastron secilin prej nesh për të na bërë fëmijët e Tij të vërtetë.

Unë shpresoj që ti të shenjtërohesh shpejtë duke flakur tutje mëkatet e tua dhe duke luftuar kundër tyre deri në pikën e derdhjes së gjakut, dhe të zotërosh besimin e përsosur që Perëndia dëshiron që ne të kemi.

Jerusalemi i Ri

Sa më shumë të dish përreth qiellit, aq më misterioz ai do të të duket. Jerusalemi i Ri është vendi më i bukur në qiell dhe atje qëndron froni i Perëndisë. Disa mund ta keqkuptojnë dhe të mendojnë se të gjithë shpirtrat e shpëtuar do të jetojnë në Jerusalemin e Ri, ose i gjithë qielli është Jerusalemi i Ri.

Por, nuk është kështu. Te Zbulesa 21:16-17, përmasat e qytetit të Jerusalemit të Ri janë të shënuara: gjerësia, gjatësia dhe lartësia, ku secila prej tyre është rreth 2200 kilometra e gjatë. Perimetri i tij është rreth 9000 kilometra. Kjo është një zonë pak më vogël sesa Qyteti i Ndaluar në Kinë.

Nëse i gjithë qielli do të ishte Jerusalemi i Ri, qielli mund të mbushej plot e përplot me të gjithë shpirtrat e shpëtuar. Megjithatë, mbretëria e qiellit është hapësirë e paimagjinueshme, dhe Jerusalemi i Ri është vetëm një pjesë e saj.

Atëherë, kush i përmbush kushtet për të hyrë në Jerusalemin e Ri?

"Lum ata që i lajnë veshjet e tyre, që të kenë të drejtën për drurin e jetës dhe për të hyrë në portat e qytetit" (Zbulesa 22:14).

Këtu, "veshja" i referohet zemrës tënde dhe veprave të tua, dhe "të lash veshjet" do të thotë që të përgatisësh vetën tënde si nuse e Jezus Krishtit me sjellje të mirë përderisa vazhdon të pastrosh zemrën tënde.

"E drejta për drurin e jetës" tregon se ti do të shpëtohesh me anë të besimit dhe do të shkosh në parajsë. "Të hysh në portat e qytetit" do të thotë që të kalosh përmes portave me margaritarë të Jerusalemit të Ri, pasi të kalosh portat e çdo mbretërie qiellore në bazë të rritjes së besimit tënd. Domethënë, sipas nivelit që je i shenjtëruar, ti mund t'i afrohesh më shumë Qytetit të Shenjtë ku ndodhet froni i Perëndisë.

Kështu që, ti mund të hysh në Jerusalemin e Ri vetëm kur je në nivelin e pestë të besimit në të cilin ti e kënaq Perëndinë duke u shenjtëruar plotësisht dhe duke qenë besnik në të gjitha detyrat e tua. Besimi që pëlqehet nga Perëndia është ai lloj që është aq i besueshëm sa prek zemrën e Perëndisë apo bën që Ai të të pyesë, "Ç'mund të bëj për ty," madje përpara sesa t'i kërkosh diçka. Është besimi i përsosur frymëror, besimi i Jezus Krishtit që veproi në çdo gjë sipas zemrës së Perëndisë.

Jezusi ishte Perëndia në vetë natyrën e tij, por Ai nuk e çmoi këtë si diçka ku të mbahej fort për të qenë barabartë me Perëndinë. Ai e zbrazi veten e tij, duke marrë trajtën e një shërbëtori. Ai e përuli vetveten duke u bërë i bindur deri në vdekje (Filipianëve 2:6-8).

Prandaj, Perëndia e lartësoi Atë madhërisht dhe i dha një

emër që është përmbi çdo emër (Filipianëve 2:9), lavdinë për t'u ulur në të djathtë të Perëndisë dhe autoritetin për të qenë Mbret i mbretërve, dhe Zot i zotëve.

Gjithashtu, për të hyrë në Jerusalemin e Ri, ashtu si Jezusi, edhe ti duhet të jesh i bindur gjer në vdekje nëse ky është vullneti i Perëndisë. Disa nga ju mund të pyesni veten, "Me sa duket, bindja deri në vdekje është përtej aftësive të mia. A jam unë në gjendje të shkoj në nivelin e pestë të besimit?"

Në të vërtetë, një rrëfim i tillë vjen nga besimi yt i dobët. Pasi mëson rreth Jerusalemit e Ri, askush prej jush nuk do të thoshte diçka të tillë, përderisa shpreson më shumë për jetën e përjetshme në një vend kaq të bukur.

Ndërsa përshkruaj me pak fjalë veçoritë dhe lavdinë e Jerusalemit të Ri, zgjero imagjinatën tënde dhe shijo harenë dhe pamjen joshëse të Qytetit të Shenjtë.

Bukuria e Jerusalemit të Ri

Ashtu si një nuse përgatitet bukur dhe hijshëm për të takuar dhëndrin e saj, Perëndia e përgatit dhe e zbukuron Jerusalemin e Ri në mënyrën më të bukur. Bibla e përshkruan këtë te Zbulesa 21:10-11,

> "Dhe më çoi në Frymë mbi një mal të madh dhe të lartë, dhe më tregoi qytetin e madh, Jerusalemin e shenjtë, që zbriste nga qielli, nga Perëndia, duke pasur lavdinë e Perëndisë. Dhe shkëlqimi i saj i ngjante me një gur shumë të çmuar, si gur diaspri kristalor."

Për më tepër, muri është ndërtuar prej guri diaspri kristalor dhe muret e qytetit kanë dymbëdhjetë themele. Dymbëdhjetë portat janë të ndërtuara prej dymbëdhjetë margaritarëve, ku secila portë është bërë prej një margaritari të vetëm, dhe ku rrugët e qytetit janë prej ari të kulluar, si kristal i tejdukshëm (Zbulesa 21:11-21).

Pse i ka përshkruar Perëndia me hollësi rrugën dhe muret midis ndërtesave të tjera të bukura të qytetit? Në këtë botë, është ari që njerëzit e konsiderojnë si më të vlefshmin dhe që duan ta zotërojnë. Njerëzit preferojnë arin ndoshta i cili jo vetëm që është i çmuar, por kurrë nuk e humbet vlerën e tij edhe pas kalimit të kohës.

Megjithatë, në Jerusalemin e Ri, madje dhe rruga mbi të cilën njerëzit do të ecin është prej ari, dhe muri i qytetit është prej gurësh të ndryshëm të çmuar. A mund ta imagjinosh sesa të bukura do të jenë tiparet e tjera të mureve të brendshme të qytetit? Prandaj edhe Perëndia e përshkruan rrugën dhe murin e qytetit në këtë mënyrë.

Qyteti nuk ka nevojë as për diell e as për llamba për ta ndriçuar, sepse drita e Perëndisë shkëlqen dhe nuk do të ketë kurrë natë. Aty ndodhet Lumi i Ujit të Jetës, i pastër si kristali, që buron nga froni i Perëndisë dhe i Qengjit në rrugën e madhe të qytetit.

Në secilën anë të Lumit ka rërë bregdeti prej ari dhe argjendi dhe poashtu pema e jetës e cila sjell në prodhim dymbëdhjetë fryte, dhe jep fryte çdo muaj. Njerëzit shëtisin nëpër kopshte të cilat Perëndia i ka zbukuruar me pemë e lule të ndryshme. I gjithë qyteti është i mbushur me paqe dhe lumturi prej dritës vezulluese dhe dashurisë së Zotit tonë Jezu Krishtit, për të cilën nuk mund të përshkruhet dot me fjalët e kësaj bote. Vetëm duke i parë këto pamje të mahnitshme dhe të shndritshme, ti do të ngazëllohesh; shtëpitë janë prej ari e gurësh të çmuar dhe rrugët janë prej ari të kulluar me shkëlqim verbues. Kjo është përtej botës tënde imagjinuese dhe lavdia e madhështia e saj nuk mund të krahasohen dot.

"Dhe qyteti nuk ka nevojë për diell, as për hënë që të ndriçojnë në të, sepse lavdia e Perëndisë e ndriçon atë, dhe llamba e tij është Qengji" (Zbulesa 21:23).

"Dhe pashë një qiell të ri dhe një dhe të ri; sepse qielli i parë dhe dheu i parë kishin shkuar, dhe deti nuk ishte më. Dhe unë, Gjoni, pashë qytetin e shenjtë, Jerusalemin e ri, që zbriste nga qielli, nga Perëndia, që ishte bërë gati si nuse e stolisur për burrin e vet" (Zbulesa 21:1-2).

Atëherë, për kë është përgatitur ky Qytet i Shenjtë kaq i bukur? Perëndia ka bërë gati Jerusalemin e Ri për të gjithë të shpëtuarit, për fëmijët e Tij të vërtetë që janë po aq të shenjtë e të përsosur sa Ai Vetë. Prandaj Perëndia na nxitë të jemi plotësisht të shenjtë, duke thënë, *"Hiqni dorë nga çdo dukje e ligë,"* (1 Thesalonikasve 5:22). *"Jini të shenjtë sepse unë jam i shenjtë,"* (1 Pjetërit 1:16) dhe, *"Jini, pra, të përkryer, ashtu siç është i përsosur Ati juaj, që është në qiej"* (Mateu 5:48).

Megjithatë, edhe pse njerëzit janë plotësisht të shenjtëruar, disa do të hyjnë në Jerusalemin e Ri, ndërsa të tjerët do të mbesin në Mbretërinë e Tretë të qiellit në varësi të nivelit që i përngjajnë zemrës së Perëndisë dhe se sa i përmbushin detyrat e tyre. Njerëzit që hyjnë në Jerusalemin e Ri nuk janë vetëm të shenjtëruar por gjithashtu e kënaqin Perëndinë duke e kuptuar zemrën e Tij dhe duke iu bindur deri në vdekje sipas vullnetit të Tij.

Të supozojmë një familje me dy djem. Një ditë, babai kthehet nga puna dhe thotë se ka etje. Djali më i madh e dinte shumë mirë që babai i tij preferonte pijet freskuese kështu që i sjell të atit një gotë me arançatë. Për më tepër, ai i bëri masazh babait dhe e ndihmoi atë të qetësohet. Përkundrazi, më i vogli i solli një gotë me ujë dhe më pas u kthye në dhomën e tij për të studiuar. Duke e njohur mirë atin e tyre, cili nga të dy bëri që babai i tyre të ndjehej me rehat dhe më i kënaqur? Sigurisht, djali më i madh.

Në mënyrë të ngjashme, ka dallim mes atyre që hyjnë në Jerusalemin e Ri, dhe atyre që hyjnë në Mbretërinë e Tretë të Qiellit sipas nivelit që e kënaqin Perëndinë dhe sa besnik kanë qenë ndaj çdo gjëje duke njohur zemrën e Perëndisë.

Jezusi e diferencon besimin e nivelit të pestë si besimi i kënaqshëm i Perëndisë në mënyrë që të bëjë të kuptosh më thellë vullnetin e Perëndisë. Perëndia na thotë se kënaqet shumë me njerëzit që janë shenjtëruar me anë të besimit. Ai na thotë se gëzohet me ata që kanë etje për të shpëtuar njerëzit nëpërmjet ungjillit. Perëndia thotë se ata që janë besnik në zgjerimin e mbretërisë dhe drejtësisë së Tij, janë të dashur në sytë e Tij.

Kurora prej ari ose kurora e drejtësisë

Banorëve të Jerusalemit të Ri do t'u jepen si shpërblim kurora prej ari ose kurora e drejtësisë. Këto kurora janë më të lavdishmet në qiell dhe vishen për raste të veçanta si në një festë të madhe. Zbulesa 4:4 na thotë, *"Dhe rreth e qark fronit ishin njëzet e katër frone, dhe mbi frone pashë ndenjur njëzet e katër pleq të veshur me petka të bardha; dhe mbi kryet e tyre kishin kurora."* Njëzet e katër pleq janë zgjedhur për t'u ulur përreth fronit të Perëndisë. Këtu "pleq" nuk u referohet atyre që kanë pozicion si plak në kishë, por njerëzve që janë pranuar si ata që jetojnë sipas zemrës së Perëndisë. Ata janë plotësisht të shenjtëruar dhe përmbushin në zemrat e tyre shenjtëroren e dukshme dhe shenjtëroren e padukshme.

Te 1 Korintasve 3:16-17, Perëndia na thotë se Fryma e Tij i konsideron zemrat tona si shenjtërore. Prandaj, Ai do të "shkatërrojë" çdokënd që e turpëron këtë shenjtërore. Të ndërtosh një shenjtërore të padukshme të zemrës është të bëhesh një njeri i frymës duke hedhur tutje mëkatet, dhe të ndërtosh një shenjtërore të dukshme është të përmbushësh plotësisht detyrimet e tua në këtë botë.

Numri "njëzet e katër," i "njëzet e katër pleqve" nënkupton të gjithë ata njerëz të cilët jo vetëm që hyjnë përmes portës së shpëtimit nëpërmjet besimit, si dymbëdhjetë fiset e Izraelit, por janë edhe plotësisht të shenjtëruar si dymbëdhjetë dishepujt e Jezusit. Kur njihesh si fëmijë i Perëndisë me anë të besimit, ti bëhesh pjesëtar i popullit të Izraelit, dhe për më shumë, ti do të jesh në gjendje të hysh në Jerusalemin e Ri nëse je i shenjtëruar dhe besnik, ashtu siç ishin dymbëdhjetë dishepujt e Jezusit. "Njëzet e katër pleqtë" simbolizojnë njerëzit që janë plotësisht të shenjtëruar, plotësisht besnik në detyrat e tyre, dhe që njihen nga Perëndia. Ai i shpërblen ata me kurorën prej ari, sepse besimi i tyre është më i çmuar se ari i kulluar.

Për më tepër, Perëndia u jep kurorën e drejtësisë atyre njerëzve të cilët jo vetëm që hedhin tutje mëkatet e tyre, por edhe plotësojnë detyrimet e tyre për kënaqësinë e Tij nëpërmjet besimit të pëlqyeshëm të Perëndisë, ashtu siç bëri apostulli Pal.

Pali u përball më shumë vështirësi dhe përndjekje për hir të drejtësisë. Nëpërmjet besimit ai bëri çdo përpjekje dhe duroi çdo gjë për të arritur drejtësinë dhe mbretërinë e Perëndisë, nëse hante ose pinte, e në çdo gjë që ai bënte, ai lavdëronte Perëndinë dhe tregonte fuqinë e Tij kudo që shkonte. Prandaj, ai mund të rrëfente me besim, *"Sepse ushtrimi i trupit është i dobishëm për pak gjë, kurse perëndishmëria është e dobishme për çdo gjë, sepse përmban premtimin e jetës së tashme dhe të asaj që do të vijë"* (2 Timoteut 4:8).

Ne kemi studiuar qiellin, mënyrën se si ti mund të përparosh drejt tij; banesat e ndryshme dhe shpërblimet e kuroravë sipas masës së besimit të çdo individi.

U bëfsh një i besimtar krishterë i pjekur i cili nuk rend pas gjërave që prishen, por pas atyre gjërave të cilat janë të përjetshme, dhe nëpërmjet besimit përparon drejt parajsës dhe gëzon lavdinë dhe lumturinë e përjetshme në Jerusalemin e Ri. Për këtë unë lutem, në emër të Zotit tonë Jezus Krisht.

Autori:
Dr. Xherok Li

Dr. Xherok Li lindi në Muan, në provincën Xheonam, në Republikën e Koresë së Jugut, në vitin 1943. Në të njëzetat, për shtatë vite, Dr. Li vuajti nga një numër sëmundjesh të pashërueshme dhe ishte në pritje të vdekjes pa asnjë shpresë shërimi. Një ditë, në pranverën e vitit 1974, motra e tij e drejtoi te një kishë dhe kur u gjunjëzua për t'u lutur, Perëndia i gjallë e shëroi menjëherë nga të gjitha sëmundjet.

Që nga momenti që Dr. Li takoi Perëndinë e gjallë nëpërmjet asaj përvoje të mrekullueshme, ai e ka dashur Perëndinë me gjithë zemrën dhe sinqeritetin e tij, dhe në vitin 1978 pati thirrjen për t'u bërë shërbëtor i Perëndisë. Ai u lut me zjarr që të mund ta kuptonte qartë vullnetin e Perëndisë dhe që ta zbatonte atë plotësisht, dhe iu bind të gjithë fjalës së Perëndisë. Në vitin 1982, ai themeloi Kishën Manmin në Seoul, Koreja e Jugut, dhe në kishën e tij kanë ndodhur shërime të mrekullueshme dhe mrekulli të tjera.

Në vitin 1986, Dr. Li u vajos si pastor në Asamblenë Vjetore të Kishës së Jezusit në Sungkiul të Koresë, dhe katër vite më vonë në vitin 1990, predikimet e tij filluan të transmetohen në Australi, SHBA, Rusi, Filipine dhe shumë vende të tjera nëpërmjet radiove Far East Broadcasting Company, Asia Broadcast Station, dhe Washington Christian Radio System.

Tri vite më vonë, në vitin 1993, revista amerikane *Christian World* zgjodhi Kishën Qendrore Manmin si një nga "50 Kishat e Para në Botë" dhe ai mori një Doktoraturë Nderi në Teologji nga kolegji Christian Faith College, Florida, SHBA, dhe më pas në vitin 1996 një Doktoraturë në Ungjillëzim nga Kingsway Theological Seminary, Ajoua, SHBA.

Që nga viti 1993, Dr. Li ka drejtuar misione në botë nëpërmjet shumë kryqëzatave, përtej detit në Tanzani, Argjentinë, Uganda, Japoni, Pakistan, Kenia, Filipine, Honduras, Indi, Rusi, Gjermani, Peru, Republikën Demokratike të Kongos dhe në Nju Jork të SHBA-së. Në vitin 2002 gazetat më të mëdha të krishtera në Kore e quajtën atë një "pastor botëror" për punën e tij në një numër kryqëzatash të ndryshme përtej detit.

Duke filluar nga Maj 2016, Kisha Qendrore Manmin është një bashkësi me më shumë se 120,000 anëtarë dhe me 10,000 kisha lokale në vend dhe jashtë vendit në mbarë botën, si dhe ka dërguar në mision më shumë se 102 misionarë në 23 vende, si në Shtetet e Bashkuara, Rusi, Gjermani, Kanada, Japoni, Kinë, Francë, Indi, Kenia dhe shumë vende të tjera.

Deri më sot, Dr. Li ka shkruar 104 libra, ku përfshihen librat bestseller *Shijo Jetën e Përjetshme përpara Vdekjes, Jeta Ime Besimi Im I dhe II, Mesazhi i Kryqit, Masa e Besimit, Qielli I & II, Ferri,* dhe *Fuqia e Perëndisë.* Librat e tij janë përkthyer në më shumë se 76 gjuhë.

Shkrimet e tij të krishtera botohen në *The Hankook Ilbo, The JoongAng Daily, The Çosun Ilbo, The Dong-A Ilbo, The Seoul Shinmun, The Hankyoreh Shinmun, The Kyunghyang Shinmun, The Korea Economic Daily, The Korea Herald, The Shisa News,* dhe *The Christian Press.*

Aktualisht Dr. Li është themelues dhe president i një numri organizatash misionare dhe shoqatash: përfshirë Kryetar, Kisha e Shenjtërisë së Bashkuar e Jezus Krishtit; President i Përhershëm, Shoqata e Misionit të Rilindjes së Krishterimit Botëror; Themelues dhe Kryetar Bordi, Rrjeti Global i Krishterë (GCN); Themelues dhe Kryetar Bordi, Rrjeti Botëror i Doktorëve të Krishterë (WCDN); dhe Themelues dhe Kryetar Bordi, Seminari Ndërkombëtar Manmin (MIS).

Libra të tjerë të fuqishëm nga i njëjti autor

Qielli I & II

Një përshkrim i detajuar i vendit të jashtëzakonshëm që shijojnë qytetarët e qiellit dhe një përshkrim i bukur i niveleve të ndryshme në mbretëritë qiellore.

Mesazhi i Kryqit

Një mesazh i fuqishëm zgjimi për të gjithë ata që janë të shpirtërisht në gjumë. Në këtë libër, do të gjeni arsyen pse Jezusi është Shpëtimtari i vetëm dhe dashuria e vërtetë e Perëndisë.

Ferri

Një mesazh i rëndësishëm nga Perëndia për të gjithë njerëzimin, i cili nuk dëshiron që asnjë shpirt të bjerë në humnerat e ferrit! Ju do të zbuloni histori të pazbuluar më parë të realitetit të tmerrshëm të hadesit dhe ferrit.

Zgjohu Izrael

Pse i ka mbajtur Perëndia sytë e Tij mbi Izraelin që nga fillimi i botës deri më sot? Çfarë plani ka Perëndia për Izraelin për ditët e fundit, i cili pret Mesinë?

Jeta Ime, Besimi Im I & II

Një aromë frymërore me erën më të këndshme e cila del nga jeta që ka lulëzuar me dashurinë e pamatshme për Perëndinë, në mes të dallgëve të egra, ftohtësisë dhe dëshpërimit më të thellë.

www.urimbooks.com

www.ingramcontent.com/pod-product-compliance
Lightning Source LLC
LaVergne TN
LVHW021802060526
838201LV00058B/3209